KB254114

백범^{白凡} 김구의 28원칙

: 자주정신과 주체의식, 자존감을 갖게 하는 중요한 마인드

백범白凡 김구의 28원칙

자주정신과 주체의식, 자존감을 갖게 하는 중요한 마인드

김옥림 지음

씽크북

참다운 나를 위한
김구의 인생멘토링

대한민국의 영원한 자유와 평화의 등불이자, 칠십 평생을 온 힘을 다해 조국의 독립과 민족을 위해 헌신한 우리의 위대한 스승 백범白凡김구. 그 어떤 미사여구로도 그의 우뚝하고 정결한 민족정신을 표현한다 한들, 다할 수는 없을 것이다. 그만큼 김구 선생은 우리나라의 근대사에서 매우 중요한 위치를 점하고 있다.

하여, 광복 70년을 맞는 올해, 이 책을 쓰게 된 것은 김구 선생의 삶을 되돌아봄으로써 지난 날 독립에 갈망했던 우리민족의 아픔을 되새기고, 또한 조국을 찾기 위해 목숨을 아낌없이 바쳤던 선열들의 애국애족의 마음을 되살려 그분들의 헌신과 희생이 조금도 헛되지 아니하였음을 감사함과 동시에 그 뜻을 마음 깊이 새겨 다시는 이 땅위에 비운의 역사가 되풀이 되지 않게 하겠다는 후세들의 결연한 마음을 아뢰고, 그 중심에는 언제나 김구 선생이 함께 하기 때문임을 깊이 감사드리며 선생의 뜻을 받들기 위해서이다.

그리고 김구 선생의 고귀한 삶을 통해 그가 인생에서 중요하게 생각했

던 것을 짚어봄으로써 이 시대를 살아가는 이들에게 큰 가르침이 됨은 물론 각자의 인생에 큰 귀감이 될 것이기 때문이다. 특히, 그 어느 때보다도 어려움을 겪고 있는 우리의 젊은 세대들에게는 금과옥조金科玉條와 같아 이를 마음에 새겨 실행한다면 반드시 원하는 것을 얻음으로써 행복한 인생을 누리게 될 것을 조금도 의심치 않기 때문이다.

김구 선생은 우리나라 근대사의 걸출한 인물들 중 가장 영향력을 끼친 대표적인 인물이다. 가난한 집에서 태어나 어린 시절 혼자서 한글을 깨치고 천자문을 깨칠 만큼 배움에 목말라 했던 그는 비록 짧은 기간이었지만 여러 차례 글방 선생에게 글을 익혔다. 김구 선생은 그 자체만으로도 즐거워했으며, 배움의 가치를 깨달았다. 그리고 평생 존경했던 스승 고능선을 만남으로써 인간의 도리와 삶의 가치에 대해 배웠다. 특히, 김구 선생이 인간관계에서 제일 중요하게 생각했던 '의리'에 대해 배운 것은 그의 인생에서 절대적인 영향을 끼쳤다.

선생은 주로 의리가 어떤 것인지에 대해 말씀하셨다. 아무리 뛰어난 재주와 능력이 있는 사람이라도 의리에서 벗어나면 그 재능이 도리어 화근이 된다고 하셨다. 또 사람의 처세는 마땅히 의리에 근본을 두어야 한다는 것과, 일을 할 때에는 판단, 실행, 계속의, 세 단계로 사업을 성취해야 한다는 등의 좋은 말씀을 많이 들려주셨다.

김구 선생의 말에서 보듯 스승에게 배운 '의리'의 정신은 김구 선생에겐 하나의 신념이 되었다. 김구 선생은 사사로운 개인관계에서도 그렇고, 임시정부요인으로 일할 때도 늘 의리를 중시함으로써 사람들에게 깊은 신뢰와 믿음을 주었다. 의리를 헌신짝 버리듯 하는 요즘 사람들에겐 귀감이 되기에 부족함이 없다, 하겠다. 이처럼 김구 선생은 배움과 가르침을 준 스승을 매우 소중하게 생각했다.

김구 선생은 자주정신과 주체의식을 매우 중요하게 생각하였다. 이러한 김구 선생의 마음을 잘 엿 볼 수 있는 말이다.

나라는 내 나라요 남들의 나라가 아니다. 독립은 내가 하는 것이지 다른 사람이 하는 것이 아니다. 우리 민족 삼천만이 저마다 이 이차를 깨달아 행한다면, 우리나라가 완전한 독립이 아니 될 수 없고, 또 좋은 나라 큰 나라로 길이 보존되지 아니 할 수 없는 것이다.

김구 선생의 말에서 보듯 그의 가슴엔 자주독립에 대한 열망이 가득했음을 잘 알 수 있다. 우리민족이 저 마다 이를 깨달음으로써 함께 힘을 모아 실행하자고 강조했던 김구 선생의 결연한 의지가 마음을 숙연케 한다.
자주정신과 주체의식은 자존감을 갖게 하는 중요한 마인드이다. 이것이 있고 없느냐에 따라 삶의 가치가 완전히 달라지기 때문이다. 김구 선생이 주장한 자주정신과 주체의식을 길러 행한다면 좋은 결과를 얻게 될 것이다.

김구 선생은 우리나라가 하나로 통일되어 민주국가를 세우기를 갈망하였다. 국민이 주인이 되어 나라를 이끌어가는 민주국가야 말로 가장 이상적인 국가라고 생각했다. 같은 민족이 각기 다른 나라를 세운다는 것은 진정한 통일국가가 아니기 때문에, 김구 선생은 자신의 마지막 남은 인생을 걸고 많은 사람들의 반대에도 불구하고 북한을 방문했던 것이다.

칠십 평생 잘 하나 못하나 독립운동을 해왔다. 이제 마지막으로 독립운동을 하려는데 너희들은 왜 길을 막느냐. 내가 가려는 것은 바로 나라와 여러분들을 위해 가려는 것이다. 내가 가면 공산당에 붙들려서 오지 못할까 염려해서인 줄로 안다. 그러나 내가 살면 얼마를 사느냐. 제발 나의 길을 막지 말라.

이 말엔 하나의 통일국가를 이루기 위해 심혈을 기울이는 김구 선생의 사상과 철학이 잘 나타나 있다. 김구 선생의 바람인 통일국가는 아직도 요원하기만 하다. 우리 후세들이 힘을 모아 자주적으로 평화통일을 이룰 수 있다면, 김구 선생은 더 말할 나위 없이 기뻐할 것이다. 국민 모두가 통일정신과 민주정신을 가슴에 새겨 실천해 옮겨야겠다.

이 책은 김구 선생의 삶과 사상과 철학, 평생 추구했던 자주독립의 정신을 28가지로 분석하여 짚어보았다. 첫째는 김구 선생의 삶과 사상과 철학을 바탕으로 하여 그와 비슷한 마인드를 가진 세계적인 인물들과의 비교 분석을 통해 김구 선생의 가르침을 실체적이고 현실에 맞게 제시하였다. 둘째는 글 속에 등장 하는 인물들과 책, 사자성어, 격언, 유명인들의 명언 등에 각주를 달아 이해의 폭을 넓힘으로써 상식의 깊이를 쌓도록 배려하였다. 셋째는 김구 선생의 사상과 철학과 삶을 각 꼭지마다의 핵심내용에 맞게 사자성어를 넣어 배움의 깊이의 폭을 넓히도록 구성하였다.
책은 어떤 방식으로 구성하느냐에 따라 전달의 의미가 달라진다. 새로운 방식으로 구성한 작가의 의도가 독자들에게 충분히 전달되어, 독자들이 살아가는데 있어 작은 도움이라도 된다면 기쁨으로 여겨 크게 감사할 것이다.

　끝으로 광복 70주년을 맞아 평소 가슴 깊이 존경하는 김구 선생의 삶을 책을 통해 이야기할 수 있어서 무엇보다 의미가 깊고 행복하다. 이 책을 대하는 독자들의 삶이 지금 보다 더 가치 있고 행복하길 기원드린다.

광복 70주년을
뜨거운 가슴으로 맞이하며.
김옥림

Contents

인간을 사랑하고
인간관계를 중요히 하다

어진사람은 지위의 높고 낮음을 가리지 않는다

인자무적仁者無敵이라는 말이 있다. 어진 사람에게는 적이 없다는 말이다. 어진사람은 우쭐해하거나 교만하지 않는다. 또한 경거망동하지 않으며 매사에 사려 깊게 행동한다. 어느 누구에게도 거부감을 주지 않는다. 이러다 보니 어진 사람을 적을 삼거나 경쟁의 대상자로 삼지 않는 것이다.

그러나 어질지 못한 사람은 누구에게나 함부로 말하고 행동함으로써 눈살을 찌푸리게 하고 거부감을 줌으로써 적을 지게 한다. 그래서 어질지 못한 사람을 가까이 하려고 하지 않는다. 가까이 해봐야 좋을 게 없다는 걸 잘 알기 때문이다.

이렇듯 삶을 살아가는 데 있어 어진 사람이 되느냐, 그렇지 않느냐는 매우 중요하다. 그러면 어진 사람이 되기 위해서는 어떻게 해야 할까, 라는 생각에 이르게 될 것이다. 또 이에 대해 어진 사람은 타고나는 걸까, 아니면 후천적인 노력에 의해서 만들어지는 것일까, 라는 의문을 갖게 된다. 결론적으로 말하면 선천적으로 타고난 성품에도 있지만 자신이 만드는 것이다. 이에 대해 공자孔子(B.C 551~479 중국 춘추전국시대 사상가. 학자. 유교의 시조. 어록모음집 『논어』)는 다음과 같이 말했다.

仁遠乎哉 我欲仁斯仁至矣 인원호재 아욕인사인지의

'인덕이 어디 멀리 있는 것인가, 내가 어질고자 하면 어짐에 이른다' 라는 뜻이다. 즉, 어진 성품은 후천적인 노력으로도 얼마든지 만들 수 있다는 말이다. 옳은 말이다. 한때 온당치 못한 일로 원성을 샀던 사람이 자신의 잘못을 깊이 뉘우치고, 선하고 어진 사람으로 변화한 예를 종종 볼 수 있다. 이를 보면 공자가 한 말은 매우 지당하다고 할 수 있다.

어진 사람은 대개 소통능력이 좋다. 그것은 상대에게 거부감을 주지 않기 때문인데, 예나 지금이나 이는 시대를 초월하여 결코 변하지 않는 진리이다.

어진 사람은 누구에게나 겸허하고 공손하다

일본에 빼앗긴 조국의 독립을 위해 평생을 조국과 민족에게 헌신한 김구가 호를 백범白凡이라고 한데는 그 만한 이유가 있다. 백정범부白丁凡夫, 즉 천한 직업의 백정白丁과 보통의 사내라는 범부凡夫라는 말에서 따서 지었다. 이를 보더라도 김구는 지위의 높고 낮음, 배우고 배우지 못하고, 잘 살고 못 사는 것 등에 편견을 두지 않고 누구에게나 겸허하고 스스로 자신을 낮추었다. 이는 마음이 어질지 못하면 절대로 할 수 없다.

그런데 사람들 중에는 김구의 호 백범을 흰색의 호랑이인 백호白虎로 잘못 알고 있는 사람들이 의외로 많다. 임시정부의 주석이라는 신분에는 백호白虎, 즉 백범이 잘 어울리니 그렇게 생각하는 것도 무리는 아니다.

김구는 사람을 대할 때 차별을 두지 않았다. 사람은 누구나 평등하다고 생각했으며 누구에게나 겸허하게 대했다. 김구가 그렇게 생각하는 데 있

어 영향을 끼친 것으로는

첫째는 김구의 집안 내력에서 볼 수 있다. 김구는 신라 마지막 임금인 경순왕의 자손이다. 고려시대에는 공신으로 살았지만, 조선 중기 때 선조인 김자점이 반역죄를 지은 후 화를 면하기 위해 신분을 감추고 평민으로 살아왔다. 그런 연유로 선조 중엔 변변한 벼슬을 지낸 사람이 없었다. 김구의 부친은 존위로서 세금을 거두는 일을 한 게 고작이었다. 뿐만 아니라 양반 같지 않은 양반들에게 온갖 멸시와 천대를 받아야만 했다. 김구는 이런 불편한 마음을 해소하기 위한 목적으로 양반이 되기 위해 과거에 응시했지만 부정과 부패에 만연한 과거제도에 회의를 느껴 포기하고 말았다. 김구는 이런 집안 내력으로 인해 양반에 대한 불신감이 컸다. 그 반면에 평민이나 천민에 대해서는 따뜻한 마음을 품고 있었다. 그들에게서 강한 동질감을 느꼈던 것이다. 그의 이런 생각이 누구에게나 겸허한 마음이게 했다.

둘째는 김구가 동학東學의 영향을 받은 까닭이다. 김구는 열여덟에 동학에 입도하였다. 그리고 접주(동학군 각 지역의 책임자)가 되어 관군과 일본군에 대항해 전투에 나섰지만 패하고 말았다. 김구는 동학에 입도하면서 인내천人乃天, 즉 '사람은 곧 하늘'이라는 의미로 사람이 그만큼 소중한 존재라는 동학사상에 깊이 매료되었다. 동학은 김구에게 인간에 대한 예의를 갖게 하는 데 큰 영향을 끼쳤다.

셋째는 개신교에 입교하면서 인간에 대해, 신학문에 대해 지대한 영향을 받았다. 믿음, 소망, 사랑이라는 기독교정신은 사람을 사랑하고 아끼는 마음을 갖게 했으며, 훗날 독립운동을 하는데 있어 크게 작용하였다. 이 세 가지가 김구가 사람들을 차별하지 않고 평등하고 겸허하게 대하는 데 크게 영향을 끼쳤던 것이다.

사람이 어질다고 하는 것은 모든 사람을 사랑하는 마음을 말한다. 사람이 안 다는 것은 그 사람됨이 바른 사람인가 바르지 못한 사람인가, 또는 지혜가 있나 없나를 분별할 줄 아는 것을 말한다. 다시 말해 사람이 안다는 것은 마치 재목을 쌓을 때 곧은 나무를 굽은 나무위에 쌓아서 그 굽은 나무를 반듯하게 바로 잡는 것과 같은 지혜가 있는 것을 말한다.

이는 『논어』에 나오는 말로 어진 사람은 사람을 대할 때 편견이나 차별을 두지 않고 대하고, 잘못된 것은 바로 잡아 바르게 함을 말한다. 김구는 이러한 마인드가 잘 갖춰져 있었다. 그 또한 굽은 나무와 같은 시절이 있었는데, 동학 운동과 독립운동을 하면서 겪은 시련과 고통은 굽은 나무와 같은 김구를 반듯한 나무가 되게 했다.

덕망이 있는 자가 사람을 대할 줄 안다. 높게 처하려면 말에 있어서 사람들에게 겸손해야 한다. 사람들을 인도하려면 사람들의 앞에서가 아니라 뒤에서 해야 한다. 그러므로 덕망이 있는 자가 사람을 대할 줄 안다. 훨씬 앞에 있어도 그 사람들은 거북하게 생각하지 않는다. 따라서 덕망이 있는 자는 누구와도 다투지 아니함으로 이 세상의 아무도 그와 다투지 않는다.

이는 노자老子(B.C 570~B.C 479? 도가의 창시자이자 학자. 저서 『도덕경』)가 한 말로 덕의 중요성을 말한다. 여기서 말하는 덕德이란 어질다는 것을 의미한다. 덕 있는 사람이 어진 것은 바로 덕은 어짐을 의미하기 떠문이다.

김구는 많은 동료들이나 아랫사람들에게 무한한 신뢰를 받았지만, 언제나 자신을 낮추고 뒤에다 두었다. 이를 잘 알게 하는 이야기이다.

김구가 광복 후 조국으로 돌아와 지방을 순회할 때 가는 곳마다 '환영 국부國父 김구 주석'이란 현수막을 해 놓으면, 그것을 보고 "국부는 한 나라에 한 분, 이승만 박사뿐이니 내 이름 앞에는 국부라는 말을 쓰지 말라고 했다. 그리고 김구를 따르는 많은 사람들은 당연히 김구가 초대 대통령이 되어야 한다고 말했지만, 대한민국의 초대 대통령은 이승만 박사가 되어야 한다고 그는 입버릇처럼 말했다. 이는 무엇을 말하는가. 사심이 없이 자신을 낮추고 상대를 높여주는 마음이 없인 절대 할 수 없는 일이다. 이처럼 김구는 덕으로써 사람들을 대했던 것이다.

그러나 이승만은 달랐다. 언제나 그는 자신을 먼저 생각했다. 이승만은 무슨 일이든 자신에게 양보하는 김구를 외면하는 등 신의를 저버리는 행동을 서슴지 않았다. 김구는 이승만을 동지의 예로 대했지만 이승만은 정치적 라이벌로 생각했던 것이다. 이런 점이 김구와 이승만이 확연히 다른 차이점이다. 언제나 결과가 그 사람을 말해주듯 김구는 사후에 민족의 영원한 영웅으로 존경받지만, 이승만은 독재자로서 비판과 비난을 면치 못한다. 역사는 언제나 제자리로만 흘러가는 물처럼 정직하다는 것을 잘 보여준다고 하겠다.

어진 사람은 억지로 되지 않는다. 마음의 바탕이 되어야하고, 수양을 쌓아야만 할 수 있다. 이런 점에서 김구는 현자의 자질을 타고난 사람이라고 해도 지나침이 없을 것이다.

현자는 자신에겐 엄중하고 남에게는 관대하다

현자, 즉 어진 사람은 남에게는 한없이 관대하고 겸허하지만 자신에게는 냉혹하리만치 엄중하다. 자신에게 엄중하지 않으면 남에게 관대할 수 없다. 그런데 이렇게 하기 위해서는 많은 노력이 뒤따른다. 자신을 스스로 엄격하게 함으로써 내면의 힘을 기르게 되는데, 뼈를 깎는 그통이 따르기 때문이다. 다시 말해 인내하고 견딤으로써 그 누구와 어떤 상황에서도 흔들리지 않고 현자의 본분을 다 하게 되는 것이다.

현자는 자기 자신에게 엄격하지만 남들한테는 아무것도 요구하지 않는다. 그는 언제나 자신의 처지에 만족하며 자신의 운명에 대해 하늘을 원망하거나 남들을 비난하지 않는다. 그는 낮은 자리에 있으면서 운명에 순종한다. 그러나 어리석은 자는 지상에서 행복을 찾으려다 종종 위험에 빠진다. 활이 과녁을 맞히지 못하면 궁수는 자산을 탓하지 남을 탓하지 않는다. 현자도 그처럼 처신한다.

이는 공자의 말로 현자의 본분에 대해 잘 알게 한다.

김구가 어질고 강직한 성품을 지닐 수 있었던 것은 가난과 역경 속에서도 흔들리지 않고 다양한 독서를 통해 마음의 밭을 기름지게 함은 물론 배움을 소홀히 하지 않은 까닭이다.

김구의 이런 마인드는 영국으로부터 인도의 독립을 실현시킨 마하트마 간디^{Mahatma Gandhi}(1869~1948. 민족운동 지도자. 저서 『인도 자치』, 『윤리종교』)와 닮아 있다. 간디는 조국의 독립을 위해 몸을 사리지 않고 자신이 할 수 있는 최선의 방법을 선택했다. 그가 추구한 비폭력무저항운동은 평화적인 항거였지만 그랬기에 더 많은 인내를 요구했다. 간디 또한 온갖 고난과 시련 속에서도 자신에게 엄중하고 남에게는 관대했다. 이런 그의 노력은 국민들을 감동시킴으로써 하나의 마음으로 결집시키는데 중추적인 역할을 했으며 마침내 독립을 이끌어 낼 수 있었다.

그리고 김구의 마인드와 맞닿아 있는 또 한사람으로는 넬슨 만델라^{Nelson Rohihlahla Mandela}(1918~2014. 남아프리카 공화국의 흑인 인권운동가. 아프리카 민족회의 회장. 남아프리카 공화국 최초의 흑인 대통령. 주요저서 『험난한 자유의 길^{No Easy Walk to Freedom}』)를 들 수 있다. 넬슨 만델라는 탄압받는 동족과 조국의 민주화를 위해 350년이나 지배해오던 백인 중심의 국민당 기본 강령인 '아파르트헤이트'를 폐지하고 '진실과 화해위원회'를 발족하여 화해와 용서를 통해 자유민주주의를 실현시키며 남아프리카공화국을 민주국가의 반열에 올려놓았다. 그가 이렇게 하기 위해 치러야했던 시련과 고통은 상상을 초월한다. 그는 무려 27년 동안 감옥에 갇혔으며, 연금과 구금으로 평생의 절반을 영어의 몸으로 보내야 했다. 넬슨 만델라 또한 자신에게는 엄중하고 타인에게는 겸허하고 관대했다. 그랬기에 그는 많은 국민들은 물론 전 세계인들로부터 존경을 받았다.

많은 사람들은 자신에게는 너그러우면서 타인에게는 엄격한 잣대를 들이댄다. 어째서 이 같은 일이 일어날까. 스스로를 볼 때는 너무 가까운 거리에서 바라보는 반면 타인을 볼 때는 너무 먼 거리에서 윤곽만을 어렴풋이 보기 때문이다. 이 거리를 반대로 두고 차분히 타인을 관찰하면 타인은 그만큼 비난받아 마땅한 존재가 아니며, 자신은 생각만큼 너그럽게 허용할 만한 존재가 아니라는 사실을 깨닫게 된다.

이는 프리드리히 니체^{Friedrich Wilhelm Nietzsche}(1844~1900. 19세기 독일의 철학자. 시인. 주요작품 『차라투스트라는 이렇게 말했다』, 『인간적인 너무나 인간적인』)의 말로 니체의 서양적 관점이나 동양적 관점의 공자의 생각이 다르지 않음을 알 수 있다. 니체의 말에서 보듯 대개의 사람들은 자신에게는 한없이 너그러워 반복되는 실수에도 아랑곳 하지 않는다. 하지만 남의 실수에 대해서는 용납하지 않을 뿐만 아니라 비난을 퍼붓는다. 그러니 어떻게 어진 마음을 가질 수 있단 말인가. 끊임없이 자신의 마음을 갈고 닦음으로써 어진 마음을 기르게 되고 현자의 마음을 갖게 되는 것이다.

관인대도寬仁大度라는 말이 있는데, 이는 마음이 너그럽고 어질며, 인정이 있고 도량이 크다는 말이다. 김구는 이 말처럼 자신에게는 엄중하고 타인에게는 관대하고 겸허했다. 이에 대한 일화이다.

김구가 세 번째 투옥으로 서대문감옥에 있을 때였다. 7, 8명을 수용하는 감방에 무려 37명에서 48명까지 수감했다. 몸을 움직이기도 힘든 최악의 환경이었다.

그러던 어느 날 잠을 자는 중 오줌을 누던 사람의 실수로 오줌이 담긴 오줌통이 떨어지는 바람에 김구를 비롯해 다른 수형자들이 잠에서 깨어나 난리법석을 떨었다. 다른 수형자들은 오줌통을 떨어뜨린 사람을 향해 온갖 욕설과 악담을 퍼부어댔지만, 김구는 별 말없이 얼굴과 몸에 묻은 오줌을 쓱쓱 닦고는 다시 누워 잤다.

이 이야기에서 보듯 김구의 너그럽고 어진 마음이 다른 사람들과는 확연히 다르다는 걸 알 수 있다. 보통 사람이었더라면 악담은 하지 않았다 해도 욕설정도는 했을 것이다. 하지만 김구는 그러지 않았다.

세상에 내가 퍽도 어리석지. 내가 먼저 탈옥하여 혼자 쉽게 도망치려다가 그가 내게 애걸하는 모습이 눈에 아른거려 이중의 험한 곳으로 다시 들어가서 구해주었건만, 지금 내가 빈털터리로 자가를 찾은 줄 알고 나를 보면 금전적으로 손해를 볼까봐 거절하는 것이 아닌가. 그 사람의 행실인즉 크게 꾸짖을 것도 없다.

김구가 인천감옥을 탈옥할 때 혼자 탈옥을 해도 됨에도 불구하고 위험을 무릅쓰고 조덕근을 비롯해 3명의 죄수를 도와주어 탈옥케 하였다. 탈옥을 한 후 김구가 조덕근을 찾아갔는데 그가 이 핑계 저 핑계를 대며 나타나지 않자 김구가 그에 대한 생각으로 한 말이다. 김구의 너그럽고 어진 성품을 잘 알게 하는 이야기이다.

다른 사람들 같으면 목숨 걸고 구해주었더니 천하에 나쁜 사람이라고 욕을 퍼부어대고 이 사람 저 사람마다 붙들고 흥을 보았을 것이다. 과연 대인다운풍모를 잘 보여주는 이야기이다.

김구가 많은 국민들로부터 존경받는 것은 조국과 민족을 위해 헌신했다는 것만이 아니라, 진실로 사람을 사랑할 줄 아는 어진 마음에 있다.

시대의 흐름에 따라 사람들의 마음이 점점 더 이기심으로 가득 차는 것을 볼 수 있다. 자신의 유익을 위해서라면 물불을 가리지 않는 이들의 그릇된 행동은 사람들의 눈살을 찌푸리게 한다. 그러다 보니 타인에 대한 배려와 양보에 인색하다. 이 모두는 치열한 경쟁이 빚은 결과이다. 지금과 같은 시대적 상황을 그대로 둔다면 인간성이 상실된 사회로 전락하게 될 것이다.

인간이 만물의 으뜸인 것은 깨달음의 동물이기 때문이다. 사람은 누구나 잘 못을 할 수 있고, 어질지 못한 행동을 벌일 수도 있다. 그런데 문제는 이를 그냥 방치한다면 자신이나 타인에게 화가 미친다는 것이다. 이는 곧 공멸을 불러 올 수도 있다. 우리 사회가 긍정적이고, 희망적인 사회가 되기 위해서는 타인을 이해하고, 배려하고, 자신을 낮추고 겸허하게 말하고 어질게 행동해야 한다.

가고가하加高加下, 즉 어진 사람은 지위의 높고 낮음을 가리지 않는다, 는 말처럼 김구의 가르침을 마음에 새겨 행한다면 자신은 물론 나와 너, 우리 모두가 긍정적인 삶으로 인해 행복하게 살아가게 될 것이다.

어진 마음을 기르기 위해 반드시 해야 할 것들

어진 것을 근본으로 삼고 이치를 탐구함으로써 착한 것을 밝히고, 힘써 그것

을 실천한다면 반드시 자신이 원하는 것을 성취할 수 있다.

_ 격몽요결擊蒙要訣

01. 나 하나쯤이야, 하는 마음을 버려야 한다. 이런 마음은 자신을 편협하
고 이기심으로 가득 차게 만든다.

02. 자신에게는 엄중하고 타인에게 관대해야 한다. 이를 통해 타인과 자신
을 유기적으로 이끌어 냄으로써 돈독한 유대관계를 형성하게 된다.

03. 상대방의 입장에서 생각해 보는 자세를 길러야 한다. 이를 통해 상대
를 이해할 수 있게 됨으로써 아름다운 인간관계를 지속시키게 된다.

04. '생각하는 대로 된다' 는 말이 있듯 늘 긍정적으로 생각하고 행동해야
한 다. 이를 통해 타인을 긍정적으로 바라보게 되고, 자신을 낮추고 타
인을 높여줌으로써 어진 사람으로 살아가게 된다.

05. 사람은 누구나 잘 못을 할 수 있고, 어질지 못한 행동을 벌일 수도 있다.
그런데 문제는 이를 그냥 방치한다면 자신이나 타인에게 화가 미친다는
것이다. 이는 곧 공멸을 불러 올 수도 있다. 이를 경계해야 한다.

인간을 사랑하는 마음을 가져야 한다

인간이 인간을 사랑하고 함께 살아야 한다는 것은 자연의 섭리이다. 인간은 혼자서는 절대로 존재할 수 없는 연약한 존재이기 때문이다. 그러나 여럿이 함께 하면 큰 힘을 발휘할 수 있고, 지혜를 모아 창의적이고 생산적인 삶을 살아갈 수 있는 강인한 능력을 지닌다. 인간은 운명적으로 다른 인간을 통해서만 살아갈 수 있는 상호의존적인 존재인 것이다.

단군의 건국이념인 홍익인간 弘益人間을 보더라도 이를 잘 알 수 있다. 홍익인간의 홍 弘은 '넓다' 라는 뜻이며, 익 益은 '이롭게 하다' 라는 뜻이다. 즉, '널리 인간 세계를 이롭게 하다' 라는 의미이다. 그러니까 인간 개개인이 모두 이렇게 살아야 한다는 것이다. 이것이 곧 인간의 도리이며 본질인 것이다.

그런데 이를 벗어나는 행동을 한다면 그것은 인간의 도리와 본질에 반하는 불합리하고 이기적인 일일 수밖에 없다. 인간이 인간을 사랑한다는 것은 천명 天命인 것이다.

德不孤 必有隣 덕불고 필유인

『논어論語』 이인里仁 편에 나오는 말로 '덕이 있는 사람은 외롭지 않고 반드시 이웃이 있다' 는 말로 이런 사람은 누구나에게 사랑을 받는다. 그 이유는 덕을 배품으로써 자신의 사랑을 남에게 주는 까닭이다.

사람은 누구나 자신에게 잘 해주는 사람, 따뜻하게 대해주는 사람, 사랑으로 이끌어주는 사람, 배려하고 양보하는 잘 하는 사람, 관심을 갖고 너그럽게 대해주는 사람에게 끌리게 된다. 그래서 그 사람과 좋은 관계를 맺고 싶어 한다. 그런 사람은 유익이 될지언정 해가 되지 않는다고 믿기 때문이다.

덕이 있는 사람은 사람을 진정으로 사랑할 줄 아는 사람이다. 그래서 덕이 있는 사람은 외롭지 않고 어디를 가더라도 환영을 받는 것이다.

'덕德' 과 '애愛' 는 본시 하나라고 할 수 있다. '덕이 곧 사랑이고, 사랑이 곧 덕' 이기 때문이다. 그래서 덕이 있는 사람은 사랑을 베풀 줄 알고, 사랑이 있는 사람은 덕을 베풀 줄 아는 것이다. 그래서 '사람을 사랑하는 마음', 즉 '애민사상愛民思想' 을 반드시 마음에 새겨 실천해야 한다.

인간을 사랑하는 마음이 참 인간의 마음이다

"백범 선생은 모든 사람을 존중했다."

이는 김구의 비서였던 선우진이 한 말이다. 모든 사람을 존중한다는 것은 인간을 사랑하는 마음이 없이는 절대로 할 수 없다. 존중이란 의미에는 '사랑'에 대한 예의가 포함되어 있기 때문이다. 모든 사람을 사랑하고 존중하는 마음은 선하고 어진 마음이 있어야만 할 수 있다. 이처럼 하기 위해서 자신을 한껏 낮춰야만 한다. 모든 사람을 섬기는 마음의 자세는 바로 이런 마음에서 나오는 것이다. 김구는 자신을 섬기듯 지위가 높든 낮든 편견을 두지 않고 섬기는 자세로 대했던 것이다. 이를 잘 알게 하는 이야기이다.

김구는 귀국 후 경교장에서 생활을 했는데 경제적으로 여의치 못했다. 지원금이 들어오면 직원들의 월급을 챙겨주었지만 지원금이 신통치 않았다. 그러다 보니 경교장에 근무하는 직원들에게 월급을 주지 못할 때가 많았다. 어쩌다 돈이 생기면 생활비조로 얼마간의 돈을 주기도 했는데 그것은 김구의 며느리인 안미생이 변통해서 챙겨주었던 것이다.

식사 때는 따로 상을 봐서 김구가 거처하는 2층에 올려다 주었다. 직원들은 아래층 식당에서 따로 식사를 했다. 경제적으로 어렵다 보니 김구에게는 쌀밥을 들게 하고, 직원들은 보리밥을 먹었다. 김구는 이런 사실에 대해 전혀 알지 못했다.

그러던 어느 날 아래층 식당으로 내려 온 김구가 우연히 직원들이 식사하는 것을 보게 되었다. 그들은 보리밥을 먹고 있었다.

"아니, 자네들은 왜 보리밥을 먹고 있는가?"

그러자 직원들은 보리밥이 좋아서 먹는다고 말했다. 하지만 김구는 그들이 하는 말을 믿지 않았다. 그들은 자신에게 걱정을 끼치고 싶지 않아서 그런다는 걸 눈치로 알았던 것이다.

"그래? 그럼 나도 내일부터는 식당에서 같이 먹겠네."

하고 말했다. 그러자 놀란 직원들이 말했다.

"선생님, 그러면 저희들이 불편해서 안 됩니다."

"아닐세. 나도 함께 먹겠네."

김구의 말에 직원들도 더 이상 어찌할 수가 없었다. 그 날 이후 김구는 아래층 식당에서 직원들과 함께 식사를 했다.

그러나 직원들이 하도 만류를 하는 바람에 떠밀리다시피 다시 2층에서 식사를 했다고 한다.

이 일화에서 보듯 김구는 자신의 신분 따위에는 별다르게 생각하지 않고, 직원들의 입장에서 생각하고 행동했다. 다시 말해 경제적으로 어려워 직원들은 보리밥을 먹는데 자신 혼자서만 쌀밥을 먹을 수 없었던 것이다. 그것은 인간에 대한 도리가 아니라고 여겼던 것이다. 자신의 입도 직원들의 입도 다 똑 같은 입이라고 생각했다.

김구가 이처럼 할 수 있었던 것은 직원들이 단지 자신이 부리는 아랫사람이 아니라 인격을 가진 존재, 즉 자신과 같이 동등한 존재라고 생각했던 것이다. 이는 인간에 대한 진실한 사랑 없이는 할 수 없는 행동이다. 이처럼 김구는 사람들을 사랑하고 존중했음을 알 수 있다.

사랑을 하는 자의 첫째 조건은 마음이 순결해야 한다. 상대방의 인격을 존중하지 않고는 진실한 사랑이라고 할 수 없다. 또한 그 마음과 뜻이 흔들림이 없어야 한다. 신의 앞에서도 부끄러움이 없고 동요함이 없어야 한다. 그리고 담대함과 용기를 지녀야 한다.

이는 앙드레 지드^{Andre Gide}(1869~1951. 프랑스의 소설가이자 비평가. 1947년 노벨문학상 수상. 주요작품 『좁은 문』, 『지상의 양식』, 『전원 교향곡』)가 한 말로 사람을 사랑하는 데는 마음이 순결해야 한다고 말하며, 마음이 순결해야 상대방의 인격을 존중할 수 있고 진실하게 사람을 사랑할 수 있다는 것이다. 참으로 설득력 있는 말이 아닐 수 없다.

김구가 모든 사람을 존중하고 사랑할 수 있었던 것은 그만큼 마음이 순결하고 진실했기 때문이다.

김구의 이런 마인드는 래프 N. 톨스토이^{Lev Nikolaevich Tolstoi}(1828~1910. 러시아 소설가. 사상가. 문명 비평가. 주요작품『전쟁과 평화』,『안나 카레니나』,『부활』)와 맞닿아 있음을 알 수 있다. 톨스토이는 러시아 남부 툴라 근교의 야스나야 폴랴나에서 명문 백작가의 넷째로 태어났다. 부유한 환경에서 태어나거나 자란 사람들은 대개 가난한 이들의 사정에는 관심이 없고 오만에 빠지거나 자기중심적이기 쉬운데 톨스토이는 예외였다. 그는 일찍이 부모를 여의며 극심한 외로움을 느꼈다. 그러면서 주변 사람들의 소중함을 깨달았고 사람에 대한 이해와 배려가 깊어졌다. 외로움을 통해 사람을 사랑하는 마음을 배운 것이다.

그러나 톨스토이는 죽음에 대해 끊임없이 생각했다. 죽음의 공포와 삶의 무상을 절감하고 심한 정신적 동요가 일어나기도 했다. 그는 과학, 철학, 예술 등에서 해법을 구하려 했으나 답을 얻지 못하고, 결국은 종교에 의탁했다. 인간의 보편적인 심성에 그도 예외는 아니었다. 톨스토이는 종교에 깊이 심취해 돈독한 신앙심을 키우면서 사람들을 이해하고 사랑하는 법을 배웠다. 그는 스스로를 낮추는 데 익숙했다. 모든 사람은 평등하기에 자신의 노예마저도 노예 신분에서 풀어 주었다.

다음은 인간에 대한 톨스토이의 사랑과 이해가 잘 드러나는 말이다.

글 읽을 줄 아는 몇 백만 러시아인들은 굶주린 갈가마귀처럼 입을 벌리고 우라들 앞에 서서 '우리나라의 지식인 작가 여러분, 당신들 자신과 우리들에게 합당한 문학의 양식을 주십시오. 살아 있는 말에 굶주리고 있는 우리들을 위해 써주십시오. 죽어 있는 말의 쓰레기에서 우리들을 풀어주십시오' 하고 요구하고 있다. 러시아인들은 아주 단순하고 정직하니까 우리는 그들의 요구에 응해야 한다. 나는 이 일에 대해서 무척 많이 생각했다. 그리고 내 재능을 다 바쳐 노력해야겠다고 마음먹었다.

톨스토이가 다닐렙스키에게 작가의 바람직한 자세에 대해 한 말이다. 톨스토이는 자신의 깨달음을 통해 톨스토이즘Tolstoyism이라는 자신만의 사상을 만들기도 했다. 톨스토이가 지금도 러시아국민들로부터 아낌없는 사랑과 존경을 받는 것은 그의 뛰어난 문학적 업적에도 있지만 그가 진실로 인간을 사랑할 줄 아는 휴머니스트였기 때문이다.

사랑은 아낌없이 주는 것이다.

이는 또 다른 톨스토이의 말로 자신의 깨달음을 통해 이렇게 말했던 것이다. 환경적으로 볼 때 김구는 가난했지만 톨스토이는 부유했다. 그런데 둘 사이에는 뚜렷한 공통점이 있다. 첫째는 인간을 존중하고 사랑했다. 둘째는 종교를 통해 인간을 사랑하는 마음을 배웠다. 김구는 개신교에 입교를 했고, 톨스토이는 러시아 정교회에 입교하여 돈독한 믿음을 쌓았던 것이다.

인간을 사랑하는 마음이 참 인간의 마음이다. 이런 관점에서 볼 때 김구는 참인간의 마음을 가진 휴머니스트였다.

진실한 마음으로 인간을 존중하고 사랑하라

마음이 진실한 사람은 거짓이 없다. 언제나 있는 것만 말하고 정직하게 행동한다. 진실한 마음은 결이 곧고 반듯하기 때문인데 김구는 마음에 흐트러짐이 없고, 그 이면은 따뜻한 인간미를 품고 있었다. 비바람을 맞으며 튼튼하게 뿌리를 내린 나무가 싱싱한 과일을 풍성하게 열리게 하듯 온갖 시련과 역경을 통해 인간을 존중하고 사랑하는 법을 배운 것이다.

때때로 줄기만이 자라고 꽃이 피지 않는 때가 있다. 또 꽃만 피고 열매가 열리지 않는 때가 있다. 진실이란 것을 알고 있는 사람은 진실을 사랑하고 있다고 말해도 좋다. 그러나 진실을 사랑한다고 해도 사랑함으로써 진실을 행하고 있다고는 말 할 수 없는 것이다.

이는 공자가 한 말로, 진실이란 것을 알고 있는 사람은 진실을 사랑하고 있다고 말해도 좋다고 말한다.

진실은 사랑을 통해서 증명된다. 아무리 자신이 진실하다고 말한다고 해도 진실한 행동을 보이지 않는다면 진실한 사람이라고 할 수 없다. 또 나아가 이런 사람은 진실한 사랑을 한다고 말할 수 없다. 이에 대해 조지 버나드 쇼George Bernard Shaw(1856~1950. 영국의 극작가. 평론가. 노벨문학상 수상. 주요작품 『인간과 초인』, 『피그말리온』, 『하트브레이크 하우스』)는 다음과 같이 말했다.

세상에는 자가를 사랑하고 또한 사랑받기를 원하면서도 남을 괴롭히고 해치면서 사랑을 멀리하는 자가 있다.

앞에서도 말했듯이 사람을 사랑하는 마음을 '애민사상愛民思想'이라고 하는데, 이는 진실한 마음을 갖고 진실하게 사랑할 때만이 보일 수 있는 고귀한 마인드이다. 그런데 버나드 쇼의 말처럼 자신은 남들로부터 존중받고 사랑받기를 원하면서 남을 무시하고 괴롭히고 상처를 준다면, 이는 이율배반적인 행위가 아닐 수 없다.

이기적인 사람은 자신이 사랑할 수 있는 사람을 필요로 한다. 그러나 관용적인 사람은 자신을 사랑해주는 사람, 즉 자신이 관용을 베풀 수 있는 사람을 필요로 한다. 사람은 사람 없이는 존재할 수 없다.

이는 임마누엘 칸트Immanuel Kant(1724~1804. 독일의 철학자. 18세기 철학에 있어 가장 뛰어난 인물로 평가 받음. 주요작품 『순수이성 비판』, 『실천이성 비판』, 『윤리 형이상학』)가 한 말로 이기적인 사람은 자신만 아는 관계로 모든 것이 자기중심적이다. 그러니 어떻게 남을 사랑할 수 있단 말인가. 하지만 관용적인 사람은 모든 것을 상대방의 관점에서 생각하고 행동한다. 이런 말과 행동은 상대방을 진실로 존중하고 사랑하게 만든다.

사람위에 사람 없고, 사람아래 사람 없는 법이다. 이런 원칙이 깨지면 사람이 사람을 통제하고 지배하게 됨으로써 자유와 평화를 상실하게 된다. 오직, 억압과 탄압과 구속만이 있을 뿐이다.

우리는 남의 것을 빼앗거나 남의 덕을 입으려는 사람이 아니라 가족에게, 이웃에게, 동포에게 주는 것으로 낙을 삼는 사람이다. 우리말에 이른바 선비요, 점잖은 사람이다.

그러므로 우리는 게으르지 아니하고 부지런해야 한다. 사랑하는 처자를 가진 가장은 부지런할 수밖에 없다. 한없이 주기 위함이다. 힘든 일은 내가 앞에서 하니 사랑하는 동포를 아낌이요, 즐거운 것은 남에게 권하니 사랑하는 자를 위하기 때문이다. 우리 조상 네가 좋아하는 인후지덕仁厚之德(어질고 후덕함을 덕으로 삼는 것)이란 것이다.

이는 김구의 말로 사람을 사랑하는 이유에 대해 자신의 생각을 잘 드러낸 말이다. 특히, '힘든 일은 내가 앞에서 하니 사랑하는 동포를 아낌이요, 즐거운 것은 남에게 권하니 사랑하는 자를 위하기 때문이다'라는 말은 김구의 애민사상을 엿볼 수 있는 가장 핵심적인 말이라고 하겠다.

이처럼 김구는 인간과 인간의 상호의존적인 관계가 사랑과 사랑으로 맺어진다는 것을 잘 알았던 것이다. 그랬기에 조국을 사랑하고 민족을 사랑함으로써 조국의 독립을 위해 평생을 목숨 바쳐 헌신할 수 있었다.

인간이 지닌 권리, 즉 천부인권天賦人權은 그 누구도 침해할 수 없다. 그것은 오직 하나님만이 할 수 있는 특권인 것이다. 그런데 인위적으로 이를 억압하고 통제한다면 그것은 천부인권에 반하는 몰상식하고 몰이해적인 행동이 아닐 수 없다.

지금 우리 사회는 가진 자가 가지지 못한 자에게, 높은 지위에 있는 자가 낮은 지위에 있는 자에게, 권력을 가진 자가 힘이 없는 자에게 갑질을 해대며 인권을 유린하고 있다. 이런 비생산적이고, 비창조적이고, 비인격적이고, 비윤리적인 행위는 자신을 불행하게하고 모두를 불행하게 하는 천부당만부당千不當萬不當한 일이다.

이런 모순적인 삶으로부터 벗어나 김구가 그랬듯이 행복한 나라, 행복한 사회를 위해 서로가 서로를 사랑하는 마음으로 최선을 다해야 한다. 이것이 바로 우리 각자에게 주어진 권리이며 의무임을 잊지 말아야하겠다.

인간을 사랑하는 마음을 기르는 법

남을 사랑하기에 인색하다면 남도 나를 헌신짝처럼 여길 것이다. 남을 소중히 대할 때 남도 나를 소중히 만들어 줄 것이다.

_동양명언

01. 인간이 인간을 사랑한다는 것은 천명天命이라는 사실을 인지하고 말하고 행동해야 한다. 그렇게 될 때 참 마음을 가진 존재로 자신을 변화시킬 수 있고 그럼으로써 자아를 실현하게 되는 것이다.
02. 인간을 사랑하는 마음을 길러야 한다. 그것은 곧 자신을 사랑하는 일이며 상대를 존중하는 일이라는 것을 알고 마음에 새겨 실천하라.
03. 순결한 마음을 길러야 한다. 마음이 순결해야 상대방의 인격을 존중할 수 있고 진실하게 사람을 사랑할 수 있게 된다. 사람을 진정으로 사랑하는 것, 그것은 참된 인간만이 보일 수 있는 아름답고 값진 행동이다.
04. 인간이 지닌 권리, 즉 천부인권天賦人權은 그 누구도 침해할 수 없다. 그것은 오직 하나님만이 할 수 있는 특권인 것이다. 그런데 인위적으로 이를 억압하고 통제한다면 그것은 천부인권에 반하는 몰상식하고 몰이해인 행동이 아닐 수 없다. 이런 생각과 행동으로부터 벗어나야 진정으로 사람을 사랑하게 되고, 자신 또한 사랑을 받게 된다.
05. 사람위에 사람 없고, 사람아래 사람 없는 법이다. 이런 원칙이 깨지면 사람이 사람을 통제하고 지배하게 됨으로써 자유와 평화를 상실하게 된다. 오직, 억압과 탄압과 구속만이 있을 뿐이다. 이를 반드시 명심해야 한다.

믿음과 신뢰를
중요히 하다

인간과 인간관계를 튼실하게 이어주기 위해서는 믿음과 신뢰를 갖춰야 한다. 믿음은 나와 상대방을 굳게 맺어줌으로써 상호간에 신뢰를 구축하게 하는 중요한 마인드이자 소통의 필수요소이다. 그런데 믿음이 없다면 서로를 불신하게 되고, 그 어떤 말을 하더라도 귀를 기울이지 않으려고 한다. 이런 불신관계에서는 신뢰를 쌓을 수 없다.

믿음과 신뢰는 개인과 개인, 개인과 단체, 개인과 기업, 단체와 단체, 기업과 기업, 국민과 국가, 국가와 국가 간에 있어 매우 중요하다. 믿음과 신뢰가 튼튼하다면 모든 것이 순조롭게 이어지지만, 불신으로 가득차면 태산이 무너져 내리 듯 불행한 사태에 직면하게 되기 때문이다.

믿음의 중요성에 대해 헬렌 켈러^{Helen Adams Keller}(1880~1968. 교육자. 사회주의 운동가. 작가. 프랑스 레지옹도뇌르 훈장 수훈. 자유의 메달. 주요작품『사흘만 볼 수 있다면』,『나의 스승 설리번』)는 다음과 같이 말했다.

믿음은 산산조각 난 세상을 빛으로 나오게 하는 힘이다.

헬렌 켈러의 말에서 보듯 믿음은 무너진 세상을 새롭게 재건시킬 만큼 중요하다. 또 이에 대해 동양적 관점에서 노자老子의 『도덕경道德經』 23장에는 다음과 같은 말이 나온다.

信不足焉 有不信焉 신부족언 유불신언

'믿음이 부족하면 불신이 생긴다.' 라는 뜻으로 '믿음이 가지 않으면 믿고 따르지 못한다.' 라는 말이다. 옳은 말이다. 신뢰가 가지 않는데 어떻게 믿고 따를 수 있겠는가. 그 대상이 대통령이든, 정부든, 장관이든, 국회의원이든, 변호사든, 의사든, 교수든, CEO든 그 누구라 할지라도 믿음이 부족하면 믿고 따르지 못하는 것은 당연지사다. 믿음과 신뢰는 인간이 살아가는 데 있어 가장 근본적이면서, 가장 소중하게 여겨야할 핵심적인 마인드이다.

믿음과 신뢰는 가장 근본적이고 가장 소중한 마인드이다

김구는 믿음과 신뢰를 매우 중요하게 여겼다. 인간관계에서 믿음과 신뢰가 깨지면 더 이상 나와 너, 우리라는 울타리가 무너진다는 것을 잘 알았기 때문이다. 특히 조국의 독립을 위해 함께 투쟁하는 동지들에게 있어 믿음과 신뢰는 목숨과도 같은 것이었다.

김구는 사람을 대할 때 늘 믿음과 신뢰로써 대했다. 처음 본 사람들 중에도 이 사람은 나를 배신하지 않을 거라는 확신을 갖고, 믿음에 눈으로 사람들을 대하면 상대에 대한 그의 믿음과 신뢰는 그대로 적중하였다. 김구의 이런 믿음과 신뢰의 원칙을 잘 알게 하는 이야기이다.

김구가 임시정부의 재무부장 및 상해민단 단장으로 재직하던 어느 날, 낯선 남자가 찾아왔다. 그는 자신을 일본에서 왔다며 소개를 한 뒤 독립운동을 하고 싶다고 말했다.

"당신들은 독립운동을 하면서 왜 일본 천황을 죽이지 못합니까?"

김구는 느닷없는 남자의 말에 이렇게 말했다.

"하급관리를 죽이기도 어려운데 어떻게 천황을 죽일 수 있겠소."

김구의 말에 남자가 말했다. 자신이 일본에 있을 때 일본 천황이 행차하는 것을 본 적이 있는데, 그 때 자신에게 폭탄이 있었더라면 민족과 조국의 원흉인 천황을 쉽게 죽였을 거라고 말했다. 그리고 그는 조국의 독립을 위해 자신이 직접 천황을 죽이겠으니 지원을 해달라고 간청하였다. 김구는 그의 말을 듣고 쾌히 승낙하였다. 그의 의지가 너무도 확고했음을 본 것이다.

김구는 철저히 비밀리에 거사를 준비하였다. 그리고 일 년여 동안 준비를 마친 다음 남자를 일본으로 보냈다. 일본으로 간 남자는 기회를 엿보다 기회가 오자 거사를 벌였다.

그러나 안타깝게도 실패로 끝나고 말았다, 하지만 이 사건은 전 세계에 보도되었고, 독립에 대한 대한민국의 확고한 의지를 보인 절호의 기회가 되었던 것이다. 그로인해 해외동포들로부터 격려와 함께 후원금이 답지하여 침체해 빠졌던 임시정부가 활기를 되찾기 시작했다.

김구 또한 조국에 있는 국민들과 해외동포 및 중국의 지도자와 중국국민들에게 대한민국 임시정부의 지도자로서 탁월한 면모를 여실히 보여주었다. 거사를 실행한 남자는 바로 이봉창의사이다.

그저께 선생께서 해진 옷 속에서 꺼내 주신 큰돈을 받아갈 때 눈물이 나더이다. 일전에 민단 사무실 직원들이 밥을 굶은 듯하여, 제 돈으로 국수를 사서 같이 먹은 일이 있습니다. 그런데 생각지 못한 돈뭉치를 믿고 주시니 아무 말도 못하겠더이다. 제가 이 돈을 마음대로 써 버리더라도, 선생님은 불란서 조계지에서 한 걸음도 못 나오실 터이지요. 과연 영웅의 도량이십니다. 제 일생에 이런 신임을 받은 것은 선생께 처음이요 마지막입니다.

이는 이봉창이 한 말로 그가 일본으로 거사를 벌이러 갈 때 김구는 그에게 폭탄 두 개와 돈 300원을 주었다. 그리고 말하기를 이 돈을 동경에 도착하기 전에 다 쓰라고 하면서, 동경에 도착해서 전보를 하면 다시 돈을 보내주겠다고 했다. 거사를 벌이고 마지막 가는 길에 그에 대한 아낌없는 사랑과 예우를 보여준 것이다. 이런 김구의 믿음과 신뢰에 대한 감사한 마음을 이처럼 표현한 것이다.

믿음과 신뢰에 대한 김구의 또 다른 이야기이다.

어느 날 임시정부로 어떤 청년이 찾아왔다. 그는 김구에게 조국을 위해 자신이 무엇인가를 하고 싶다고 말했다. 김구는 그 청년을 유심히 살펴보았다. 그 청년은 자신은 상해 홍구시장에서 채소장사를 한다고 말했다. 그리고는 채소장사 하는 이유를 큰 뜻을 이루기 위해서라고 말했다. 그러면서 자신을 지도해달라고 간청하였다. 그 청년의 굳은 의지에서 믿음과 신뢰를 본 김구는 그렇게 하겠다며 그의 요청을 수락하였다. 그리고 홍구공원에서 천황의 생일을 맞아 경축식을 하는 날을 거사일로 정해 철저히 준비하였다. 청년은 거사를 성공시키기 위해 날마다 홍구공원으로 가서 거사 벌일 위치를 이리저리 바꿔가며 연습을 하였다.

드디어 거사 날이 되었다. 청년은 그동안 연습한 대로 침착하게 거사의 기회를 엿보았다. 그리고 마침내 폭음과 함께 폭탄이 터지면서 경축장은 쑥대밭이 되었다. 이 날 거사로 상해파견 사령관인 시라카와 대장은 사망하고, 9사단장 우에다 중장은 발가락을 잘리고, 거류민단장은 사망했으며, 제3 함대 사령관 노무라는 오른쪽 눈을 잃었다.

이 사건으로 임시정부의 위상은 높아졌고, 조국에 있는 국민들과 해외 동포들에게 큰 희망과 위안이 되었다. 또한 전 세계에 대한민국의 위상을 널리 알리는데 큰 역할을 하였다. 홍구공원 거사의 주인공 청년은 윤봉길 의사이다.

나는 이번 일이 확실히 성공할 것을 미리부터 알고 있었소. 군이 일전에 내 말을 듣고 나서 하신 말씀 중에 '이제는 가슴속의 번민이 가라앉고 편안해진 다'고 한 것은 성공의 철석같은 증거로 믿고 있소. 내가 치하포에서 쓰치다를 죽이려 할 때 가슴이 울렁거렸으나, 고능선 선생이 가르쳐주신 '가지 잡고 나무에 오르는 것은 그다지 대단할 것은 없으나, 벼랑에 매달려 잡은 손을 놓을 수 있어야 장부라 할 수 있다'는 구절을 떠 올리고 마음이 가라앉았소. 군과 나의 결심행동이 서로 같은 까닭이 아니겠소.

이는 김구가 윤봉길에게 한 말로 그가 거사에 반드시 성공할 것을 믿고 신뢰한다는 것을 확고하게 보여준 말이다. 결국 윤봉길은 김구의 믿음처럼 거사에 성공하여 대한 남아의 기개를 세계만방에 떨쳤던 것이다. 역시 김구는 큰 도량을 가진 대인이자 현자라는 것을 알 수 있다.

스스로를 믿는 사람은 또한 남을 믿어서 원수도 형제처럼 될 수 있다. 스스로를 의심하는 사람은 남도 또한 의심하나니, 자신 이외에도 모두가 - 적국敵國

처럼 된다.

이는 『명심보감明心寶鑑』(중국 고전에 나와 있는 경구들을 가려 뽑아 1393년 명나라의 범립본이 편찬한 것으로써 우리나라에서는 1454년 조선시대 때 청주에서 처음 간행 된 학습서이다. 『명심보감』은 충과 효와 예 등 가정교육을 중심으로 해서 엮은 것으로 유교적 교양과 심성교육을 바탕으로 하고 있다.)에 나오는 말로 믿음을 갖기 위해서는 스스로를 믿어야 됨을 말하고, 자신을 믿는 자는 남은 물론 원수까지도 형제로 만들 수 있다고 말한다.

이런 관점에서 볼 때 김구가 보여준 믿음과 신뢰는 매우 유효적절하다고 할 수 있다. 김구는 자신이 믿고 신뢰할 수 있다고 생각하면 그가 누구든 그를 믿고 신뢰하였다. 그랬기에 그의 주변에는 믿음과 신뢰가 뛰어난 사람들이 많았다. 만일 김구가 이봉창과 윤봉길을 믿고 신뢰하지 않았더라면 그들의 충절을 꺾어버리고, 그로인해 그 또한 졸렬하고 치졸한 사람으로 전락하고 말았을 것이다.

자신을 믿는 자는 행동할 때 필요한 것들을 모두 수중에 갖고 있다. 중요한 문제거나 사소한 문제거나 어려운 일이거나 쉬운 일이거나 혼자 힘으로 얼마든지 해결할 수 있다.

발타자르 그라시안 이 모랄레스Baltasar Gracia`n y Morales(16세기 스페인 작가이자 철학자. 신부. 주요작품 『지혜의 기술』, 『영웅론』)가 한 말로 믿음과 신뢰에 대한 서양적인 관점도 동양적 관점과 같다는 것을 잘 보여준다. 이렇듯 믿음과 신뢰는 동서양을 떠나, 시대를 초월하여 그 어디에서도 매우 소중한 마인드라는 걸 알 수 있다.

자신을 믿고 신뢰하듯 남을 보는 눈을 길러라

사람을 믿는다는 것은 사람이 반드시 모두 성실하지 못하더라도 자기만은 홀로 성실하기 때문이며, 사람을 의심하는 것은 사람이 반드시 모두를 속이지 않더라도 자기가 먼저 스스로를 속이기 때문이다.

『채근담採根譚』(명나라 고전문학가인 홍자성 본명 홍응명의 어록으로 삼교일치의 처세철학서이다. 채근담은 경구풍의 단문 350여 조로 구성되어 있다. 중국에서는 잘 알려지지 않았으나 한국에서는 널리 읽혔다.)에 나오는 말로 사람을 믿고 신뢰하는 사람의 성실함을 말한다. 그리고 자신을 속이는 사람은 남을 믿고 신뢰할 수 없다는 것이다. 아주 적확한 지적이라고 하겠다. 대개 믿음과 신뢰성이 좋은 사람은 성실하다. 책임감 또한 강하다. 자신이 성실하고 책임감이 강하면 믿음과 신뢰성 또한 강해지기 때문이다.

이를 잘 알게 하는 이야기이다.

프랑스의 영웅 나폴레옹 보나파르트Napoleon Bonaparte(1769~1821. 프랑스제국의 황제1804~1815)가 순찰을 하던 중 갑자기 "정지!" 하는 소리가 들렸다. 보초를 서던 병사가 외친 말이다. 나폴레옹은 "나다!"하고 말했다. 그러자 보초가 말했다.

"나가 누구냐?"

"나는 나폴레옹이다. 경계근무를 잘 하나 순찰을 돌던 중이다. 그러니 어서 나를 통과시켜라."

하지만 보초는 아랑곳 하지 않고 움직이면 쏜다고 외쳤다. 그리고 아무리 총사령관이라 할지라도 직속상관의 지시 없이는 통과시킬 수 없다고 말했다.

"정말 안 되겠나?"

나폴레옹이 다시 말했다.

"네. 몇 번을 말씀하셔도 안 됩니다."

"할 수 없군."

나폴레옹은 병사의 단호한 말에 할 수 없이 막사로 돌아갔고 다음 날 보초병을 불렀다.

"어서 오게."

나폴레옹은 부드럽게 말했다. 그리고는 자신을 통과시키지 않은 것에 대해 어떻게 생각하느냐고 물었다. 그러자 병사가 말했다.

"저는 제 임무를 다 했다고 생각합니다. 만일 그것이 죄가 된다면 처벌을 달게 받겠습니다."

"그래? 처벌을 달게 받겠다고?"

"네. 사령관 각하!"

나폴레옹은 그의 말을 듣고 그의 책임감에 감동하여 그를 소위로 승진시켰다. 병사를 장교로 승진시킨다는 것은 그만큼 공을 크게 인정한다는 것으로, 나폴레옹은 병사의 믿음과 신뢰성을 높이 산 것이다. 이런 관점에서 볼 때 나폴레옹 또한 믿음과 신뢰성이 좋다는 걸 알 수 있다. 만일 나폴레옹이 총사령관으로서 병사를 벌했다면 그는 졸렬하고 치졸한 사령관이 되었을 것이다.

우리 자신에 대한 믿음을 가지는 것은 우리가 다른 사람을 믿을 수 있도록 만들어 준다.

이는 프랑수아 드 라 로슈푸코Francois de La Rochefoucault(1613~1680. 프랑스 고전 작가. 역설적인 진실을 경구로, 간결한 문체로 표현한 대표적인 작가이다. 주요 작품『잠언과 성찰』)가 한 말로, 그의 말 또한 자신에 대해 믿음을 갖는 것이 얼마나 중요한 것인지를 잘 알게 해준다.

무신불립無信不立 이란 고사성어가 있다. '믿음이 없으면 살아갈 수 없다' 는 뜻으로 세상을 살아가는데 있어 믿음이 매우 중요하다는 것을 말한다.

이렇듯 믿음과 신뢰는 인간의 삶에서 매우 중요하다. 그런데 보다 중요한 것은 상대에 대한 믿음과 신뢰를 갖기 위해서는 먼저 자신이 자신을 믿고 신뢰해야 한다는 것이다. 자신이 자신을 믿지 못하면 남 또한 믿지 못한다는 말이다.

이를 반영이라도 하듯 지금 우리사회는 각계각층을 막론하고 불신이 만연해 있다. 이런 불신으로 인해 부정부패가 팽배하고, 법과 질서가 흔들리고 있다. 이를 바로잡지 않으면 불행한 사태를 초래할지도 모른다.

지금 이 순간 자신의 믿음과 신뢰성에 대해 생각해보라. 과연 나는 스스로를 믿고 신뢰하는 지를. 그리고 상대에 대해 얼마나 믿고 신뢰하는 지를 말이다.

나는 우리의 힘으로, 특히 교육의 힘으로 반드시 이 일이 이루어질 것을 믿는다. 우리나라의 젊은 남녀가 이 마음을 가질진대 아니 이루어지고 어쩌랴.

이는 김구가 우리나라가 세계에서 가장 아름다운 나라가 될 것을 원한다면서, 그렇게 되기 위해서는 우리의 힘으로 특히 교육의 힘으로, 우리나라의 젊은이들이 반드시 이루게 할 것이라고 믿는 마음을 강하게 표출한 말이다.

김구는 늘 자신을 믿었고, 자신의 주변 사람들을 믿고 신뢰하였다. 그랬기에 우리겨레의 영원한 지도자로, 스승으로 존경받는 것이다.

늘 자신을 살펴 믿음과 신뢰를 길러야 한다. 이를 꾸준히 실천에 옮긴다면 어느 누구에게도 믿음과 신뢰를 줄 수 있다.

자신이 하는 일은 물론 자신이 원하는 삶을 살고 싶다면 믿음과 신뢰를 소중히 하라. 믿음은 보지 못하는 것을 믿게 하는 것이라는 말이 있듯, 누구에게든지 인정받기 위해서는 믿음과 신뢰가 돈독한 사람이 되어야함을 잊지 말아야겠다.

믿음과 신뢰를 마음에 새기는 자세

아무도 신뢰하지 않는 자는 누구의 신뢰도 받지 못한다.

_제롬 블래트너

01. 믿음과 신뢰를 기르기 위해서는 먼저 자신을 믿고 신뢰해야 한다. 자신을 믿지 못하면 남 또한 믿지 못 한다.
02. 마음으로부터 불신하는 마음을 버려야 한다. 이런 부정적인 마음은 스스로를 부정적이게 함으로써 어느 누구도 믿을 수 없게 만든다.
03. 믿음이 없이는 세상을 살아가기가 힘들다. 매사를 긍정적으로 생각하고 행동하면 다른 사람도 자신을 믿고 신뢰한다. 긍정적으로 말하고 행동하는 것, 이것이야말로 믿음과 신뢰를 쌓게 하는 참 좋은 방법이다.
04. 믿음과 신뢰는 인간이 살아가는 데 있어 가장 근본적이면서, 가장 소중하게 여겨야할 핵심적인 마인드이다.
05. 믿음과 신뢰가 튼튼하다면 모든 것이 순조롭게 이어지지만, 불신으로 가득차면 태산이 무너져 내리 듯 불행한 사태에 직면하게 된다. 믿음과 신뢰는 자신의 인생을 확고하게 하는 삶의 보증수표이다.

의리를
목숨처럼 여겨라

의리義理의 사전적 의미는 '사람으로서 지켜야할 바른 도리'를 말한다. 그러니까 사람답게 행해야할 양심적 규범이라고 할 수 있다. 즉, 양심에 반하지 않는 말과 행동이라는 것이다. 이런 의리는 친구 간에도, 직장동료 간에도, 스승과 제자 간에도, 부부 간에도, 형제자매 간에도 반드시 필요하다.

의리를 잘 지켜 행하면 사람과 사람사이가 물 흐르는 듯 원만하여 아름답고 행복하게 살아갈 수 있지만, 의리를 지켜 행하지 않으면 사람과 사람사이가 막히게 되어 서로를 불신하고 원성을 사게 된다.

의리를 잘 지켜 행하는 사람은 양심이 바르고 성품이 곧고 정직하다. 그래서 의리가 좋은 사람은 어딜 가든 거리낌이 없고 사람들로부터 환영을 받는다. 하지만 의리를 지키지 않는 사람은 양심이 비뚤어지고 성품이 간사스럽고 정직하지 못하다. 이런 사람은 어딜 가든 사람들로부터 원성을 사게 됨으로써 불행한 삶을 살게 된다.

이는 묵자墨子(B.C 5세기경. 춘추전국시대의 학자, 사상가.)가 한 말로 '의와 이는 하나다. 즉, 의로움은 곧 이로움이다'라는 의미이다. 다시 말해 의로움은 이익이 되어야 한다는 말이다.

묵자는 중국의 역사에서 매우 중요한 인물이다. 그는 천민 출신으로 지배 계층을 배격하고 가난하고 힘없는 이들을 대변하며, 인간은 누구나 평등하다는 논리를 펼쳤던 진보적인 사상가이다. 그는 인간의 도리란 서로 존중하고 사랑하며, 이익은 서로 나눔으로써 함께 해야 한다고 주장했다. 인간으로서 도리를 다할 때 인간의 가치가 바로 서고, 삶다운 삶을 살 수 있다고 주장했다. 묵자의 사상은 예수그리스도의 평등사상과 박애博愛(묵자는 이를 '겸애兼愛'라고 하였다.)를 많이 닮아 있어 많은 사람들로부터 배움을 요청받았고, 존경받은 인물이다. 이런 점에서 묵자의 사상은 공자나 맹자, 순자와 같은 사상가와는 그 본질을 달리한다.

묵자의 사상에서 보듯 의리는 사람과 사람사이에 반드시 지켜야 하는 목숨처럼 중요한 것인데도 이를 헌신짝 버리듯 하는 이들이 있다. 이는 자신을 경멸하고 모독하는 행위이며, 스스로를 사람들과 격리시키는 불완전한 행위이다. 이런 불완전한 행위에서 벗어나는 노력이 반드시 필요하다. 그것이 자신을 위하는 현명한 일이기 때문이다.

의리는 사람의 목숨처럼 소중하다

김구는 의리를 매우 소중히 여겼다. 의리는 사람이라면 당연히 지켜야 할 도리로 여긴 것이다. 의리는 김구에게는 신념과도 같은 것이었다. 김구는 생사가 달린 순간에도 의리를 지키기 위해 자신의 목숨을 건 일이 있다. 이를 잘 알게 하는 이야기를 보자.

김구는 스물한 살 때 일제의 민비시해사건으로 인해 분노에 차 있었다. 김구가 중국으로 가다가 안주에서 단발령 정지령과 삼남에서 의병이 봉기한다는 소식을 듣고 발길을 돌려 황해도 안악군 치하포로 돌아오는 길에 주막집에 들렀다. 그때 마침 단발을 하고 한복을 입은 사람을 보고는 단박에 그가 일본인이라는 것을 직감하고는 원수를 갚는 심정으로 많은 사람들이 지켜보는 가운데 그와 싸움을 벌여 죽이고 말았다. 김구는 그 사건으로 인해 구속이 되어 인천감옥에 투옥되었다.

김구는 온갖 고문을 겪으면서도 자신이 한 일에 대해 잘못이 없음을 고하고 당연시 하였다. 또한 그는 자신을 신문하던 인천부윤 이재정을 향해 호통을 쳤다. 자신은 백성된 '의리'로써 왜구를 죽였다고 말했다. 김구의 당당하고 의기에 찬 말은 많은 사람들을 놀라게 했다. 이러한 김구의 사정을 알게 된 고종황제는 사형중지를 명하였으며, 사형을 당할 뻔한 위기의 순간에서 살아날 수 있었다.

김구는 감옥살이를 하며 지내던 중 조덕근, 양봉구, 황순용, 김백석 등과 함께 탈옥을 결심하고는 간수를 유인하여 그가 아편을 피우고 정신을 잃자 바닥에 땅을 파 탈출로를 만들었다. 그리고는 담벼락에 줄사다리를 매었다. 그 순간 김구는 함께 탈옥을 감행하다 발각이라도 되는 날엔 자신에게 돌이킬 수 없는 치명적인 일이 생길 것을 염려하여 자신 혼자만 탈옥해야겠다고 생각했다. 그러나 이내 마음을 바꿔 생각했다.

자신이 혼자 탈옥한다면 더러운 죄인들을 속인 죄인들의 죄인이 되어 죽을 때까지 부끄러움을 견딜 수 없다고 생각한 것이다. 김구는 나왔던

구멍으로 다시 들어가 네 명을 모두 먼저 탈옥시키고는 자신은 갠 나중에 탈옥을 시도하였다. 그런데 먼저 탈옥한 자가 소리를 내는 바람에 들키고 말았다. 경무청과 순검청에서는 곧 바로 비상소집을 걸었다. 순간 간수들이 새까맣게 몰려들어 탈옥자들을 뒤쫓기 시작했다. 잠시 동안 숨죽이고 기회를 엿보던 김구는 간수들이 없는 틈을 타 있는 힘을 다해 담을 뛰어넘어 도망쳤다. 김구는 목숨을 건 끝에 탈옥에 성공하였다. 이로써 김구는 한국근대 최초의 탈옥사건의 주인공이 되었다.

이 사건을 통해 김구가 예사로운 인물이 아니라는 걸 알 수 있다. 그는 혼자 탈옥했으면 소리 없이 성공했을 것이다. 그런데 그는 자신과는 아무 상관도 없는 사람들과 의리를 지키기 위해 목숨을 건 감행을 시도한 것이다. 그로인해 김구는 도피하는 데 있어 전전긍긍할 수밖에 없었다. 하지만 그렇다고 해서 자신이 취한 선택에 대해 후회하지 않았다.

김구가 직면했던 위급한 경우에 처하게 되면 대개의 사람들은 자신만 생각하기 쉽다. 다른 이들을 생각한다는 것은 탈출하느냐 못하느냐, 하는 문제에 매우 중요하기 때문이다. 위급한 상황에서 남을 생각한다는 것은 쉬운 일이 아니다. 더군다나 자신과 아무 상관이 없다면 더더욱 그러하다.

김구는 감옥에 갇힌 사람들과의 사소한 약속도 저버리지 않는 진정성과 의리를 가진 참 사람이었다. 이런 김구의 성품은 이승만과의 관계에서도 잘 보여준다. 그는 대통령자리나 지원금 등에 있어서나 무엇이든 먼저 이승만에게 양보했다. 그러나 이승만은 달랐다. 그는 자신만 알았다. 의리 따위는 안중에도 없었다.

김구가 진정한 지도자라는 것은 남을 먼저 생각하고, 국민을 먼저 생각하는 그의 진정성과 의리에 있다.

마음은 겸손하고 허탈하게 가져야 한다. 마음이 겸손하고 허탈하면 곧 의리라는 것이 들어와 자리를 잡는다. 마음속에 의리라는 것이 들어와 자리를 잡게 되면, 자연 그 마음속에 허욕이라는 것이 들어가지 못한다.

이는 『채근담』에 나오는 말로 의리는 겸손한 마음에서 싹트는 것이라는 걸 알 수 있다.

김구의 의리는 바로 그의 겸손함에서 온 것이다. 김구는 자리에 연연해하거나 물질에 대한 욕심이 없었다. 그가 임시정부의 문지기라도 해서 나라를 찾는 일에 힘을 보태야겠다고 한 말에서 그의 그러한 성품을 잘 알 수 있다.

김구는 어떤 일에서든 남을 먼저 배려하고 생각했다. 이런 김구의 의리와 겸손함은 많은 사람들로부터 신뢰를 얻기에 충분했다.

의리에 관한 너무도 유명한 이야기이다.

윈스턴 L. 스펜서 처칠^{Winston Leonard Spencer Churchill} (1874~1965. 영국 수상을 두 번이나 역임한 명연설가 이자 영국의 대정치가. 노벨 문학상수상. 주요저서『제 2차 세계대전^{The Second World War}』)이 어린 시절 방학을 맞아 시골에 있는 별장으로 놀러갔다. 날씨가 더워 물놀이를 하던 중 발에 쥐가 나는 바람에 꼼짝없이 죽게 생겼다. 처칠은 큰소리로 도움을 요청했는데 그의 외침을 듣고 그곳을 지나가던 소년이 물로 뛰어들어 위기에 처한 처칠을 구해주었다.

그 일로 둘은 친구가 되었다. 처칠은 소년과의 이야기를 통해 그의 꿈이 의사라는 걸 알게 되었고, 그의 집이 가난하여 의학공부를 할 수 없다는 것 또한 알게 되었다. 런던으로 돌아온 처칠은 시골에서 있었던 일을 아버지께 말하고 소년을 런던으로 데려와 공부를 시켜달라고 부탁했다.

처칠의 말을 듣고 그의 아버지는 아들의 생명의 은인인 소년을 런던으로 오게 하여 공부를 시켜주었다. 처칠은 군인이 되었고, 소년은 의사가 되었다.

그런데 처칠이 전쟁터에서 그만 병에 걸리고 말았다. 생명이 위독하다는 말을 듣고 의사가 된 소년이 전쟁터로 달려왔다. 그는 의식이 가물가물한 처칠에게 주사를 놓았다. 그러자 죽어가던 처칠이 씻은 듯이 나았다. 의사가 된 소년은 얼마 전 연구를 하던 중 푸른곰팡이에서 균을 축출하여 페니실린을 만들어냈다. 그런데 마치 예정된 것처럼 처칠에게 주사를 놓아 그를 살려낸 것이다. 이런 기막힌 우연이 또 있을까. 마치 운명의 끈이 이어주듯 그 둘은 바늘과 실 같은 존재였다.

의사가 된 소년의 이름은 알렉산더 플레밍^{Alexander Fleming}(1886~1955. 노벨의학상수상)이다. 플레밍은 두 번이나 처칠의 목숨을 구해 주었던 것이다. 처칠이 두 번이나 살 수 있었던 것은 바로 '의리의 힘'이다. 처칠은 자신을 살려준 소년에게 의리를 지키기 위해 아버지에게 부탁하여 의학공부를 하게 도와주었고, 그로인해 위급한 상황에서 살아날 수 있었던 것이다.

이런 관점에서 볼 때 김구나 처칠이 큰 인물이 될 수 있었던 원동력은 바로 의리에 있다고 해도 지나친 말은 아니다. 이렇듯 의리를 지키면 자신이 위급할 때나 어려운 일에 봉착했을 때 귀중한 삶의 선물이 되어 돌아온다는 사실이다. 의리를 지킨다는 것은 사람의 도리이며 원칙인 것이다.

처세하는데 있어서는 마땅히 자기가 지킬 도리를 다할 것이며 의리를 지켜야 한다. 그러므로 세상의 저속한 말이나 풍문 그리고 남의 잘못까지도 일체 입에 담지 말아야 한다.

이는 율곡 이이^{栗谷李珥}(1537~1584. 조선시대 문인. 성리학자. 교육자. 병조판
서. 주요저서『성학집요』,『경연일기』)가 학문하는 방향에 대해 일러주기 위
해 지은『격몽요결^{擊蒙要訣}』에 나오는 말로써, 사람이 처세를 하는데 있어
의리가 얼마나 중요한 지를 잘 알게 해주는 말이라고 하겠다. 이처럼 의
리는 예나 지금이나 동서양을 막론하고 반드시 필요한 마인드이다.

의리가 없는 사람은 본분이 없는 사람과 같다

의리가 없는 사람은 매사에 있어 자기 멋대로 이다. 무슨 일이든 자기
중심적으로 생각하고 말하고 행동한다. 이런 사람은 사리분별 또한 희박
하여 눈살을 찌푸리게 하는 일을 종종 잘 벌인다. 그래놓고도 자신이 무
엇을 잘못했는지도 잘 모른다. 사람이 반드시 지켜야할 도리를 모르기 때
문이다.

열매를 맺지 않는 꽃은 심지 말아야 한다. 의리 없는 친구는 사귀어서는 안
된다.

『명심보감』에 나오는 말로 의리를 지키지 않는 자는 사람으로서, 친구
로서, 한 인격체로서도 자격이 없음을 말한다. 의리가 없는 사람은 사람
구실을 제대로 할 수 없기 때문이다. 이런 까닭에 의리가 없는 사람은 열
매를 맺지 못하는 꽃과 같다는 말은 그래서 더 공감을 자아내게 한다.

의리가 있는 선비는 자기 마음을 속이지 못하고, 청렴결백한 선비는 턱없이
남의 물건을 욕심내지 않는다.

이는『설원設苑』(B.C 6세기경 구체적인 사례를 들어 사회인의 마음가짐을 흥미롭게 설명한 중국고대 처세술을 집대성한 책으로 주제별로 총 20권이며, 700개의 잠언으로 이루어짐) 설총說叢 편에 나오는 말로 '의리가 있는 자는 자신을 속이지 못하고, 마음이 청빈한 자는 남의 물건을 탐하지 않는다' 고 갈한다.

그렇다. 의리는 정직한 마음에서 옴으로 그 어떤 상황에서도 거짓을 말하지 않으니 자명한 사실이다. 또한 청빈한 사람은 물욕이 없으니 아무리 산더미 같은 금은보화에도 마음이 동하지 않는 법이다.

김구는 오랜 임시정부시절을 보내며 국내에 있는 사람들과 해외동포들로부터 독립자금을 지원받았다. 하지만 그는 사적인 일에 한 푼도 쓴 적이 없고, 자신을 이롭게 하기 위해 거짓을 말한 적이 없다. 그만큼 김구는 의리에 있어서는 타의 추종을 불허한다. 또한 청렴결백하기가 흰 눈과 같이 맑고 깨끗했다. 이에 대한 일화이다.

상덕포로수용소에 포로로 잡혀 있는 신봉빈이란 여자가 김구에게 포로수용소에서 나가게 해달라고 청원서를 넣었다는 소식을 들었다. 그녀는 지신은 4, 29 홍구 폭탄사건 후 귀국한 이근영의 처제이며, 상해에서 민단 사무원으로 일하다가 체포되어 귀국한 송진표의 아내라고 했다. 그러면서 언니나 남편에게서 김구가 언니에 집에 들르면 냉면을 차려 특별히 대접했다는 이야기를 듣고 평소에 김구를 우러러 흠모 해 왔다는 것이다. 그런데 상동 평원에 왔다가 중국 유격대에게 잡혀 상덕포로수용소로 끌려왔으니 구출해 달라는 것이었다.

이에 김구는 중국 장개석위원장에게 부탁하여 노태준과 송면수를 보내 직접 신봉반을 조사하게 했다. 중국에서 활동하는 한국 독립운동가들 가은데 친한 사람이 있느냐는 물음에 그녀는 김구 선생을 잘 안다고 대답했다. 그래서 김구에게 편지를 보내서 구해주기를 청하면, 김구가 너를 구해줄 거라는 믿음이 있느냐고 물으니, 그녀는 김구 선생이 알기만 하면 반드시 구해줄 거라고 말했다.

김구는 그녀에 대해 모든 것을 알고 난 뒤 그녀가 석방되는데 도움을 주었다고 한다.

이 이야기에서 보듯 김구라면 충분히 자신을 포로수용소에서 구해줄 수 있다는 믿음을 신봉빈이 가졌다는 것을 잘 알 수 있다. 그것은 자신이 알고 있는 김구는 의리와 믿음을 소중히 한다는 것을 잘 알았기 때문이다.

이렇듯 김구는 의리와 신의로써 사람들을 대했고, 그의 그런 성품은 많은 이들로부터 믿음과 신뢰를 받게 하기에 조금도 부족함이 없었다.

의리를 기르고 지키며 살기 위해서는 인간관계에 휘둘리지 말고, 어떤 상황에서도 자신의 본분을 잃지 않는 것이 중요하다. 또한 부화뇌동하지 말고, 귀가 얇아지지 않도록 해야 한다. 그리고 자신이 옳다고 생각하는 일에서는 절대로 물러서지 말며, 그 누가 아무리 자신을 방해한다고 해도 절대 현혹되어 넘어가서는 안 된다.

이에 대해 프리드리히 니체^{Friedrich Wilhelm Nietzsche}는 다음과 같이 말했다.

타인을 알아가고 가까이 사귀어 친분을 공고히 하는 것을 사교 혹은 교제라고들 하나, 대다수의 사람들은 사회 속에서 타인과의 교제를 통해 자신의 순수성을 현저하게 잃어간다. 심지어 비열해지기까지 한다. 그렇기에 우리는 더욱 강인해져야 한다. 타인의 주장이나 인간관계에 휘둘리지 않고, 물들지 않고, 휩쓸리지 않고 본래의 자신을 지켜나가야 한다. 이를 위해서는 무언가를 버리는 단호함과 용기, 통찰력이 필요하다. 그런 자만이 고독을 두려워하지 않고, 오히려 고독 속에 자신을 온전히 내던지는 즐거움을 맛볼 수 있다.

요즘 우리사회를 보면 돈 문제로 인해 가족끼리 남남처럼 되고, 수십 년 막역지우莫逆之友가 원수처럼 변한다. 한 가족 같은 직장 동료들끼리 노조문제로 패가 갈려 서로를 비난하고 힐책하며 집단 소송을 제기하는 것도 마다하다하지 않는다. 이처럼 의리가 땅에 떨어져 쓰레기처럼 뒹구는 시대에 우리는 살고 있다.

니체의 말에서 보듯 의리를 지키며 산다는 것은 때론 외롭고 고독할 때도 있다. 사람들의 마음이 다 내 마음 같지 않기 때문이다. 그러나 인간답게 살기위해서는 반드시 의리를 지켜야 한다. 내가 조금 더 양보하고 배려하면 문제 될게 없다.

의리가 없는 사람은 본분이 없는 사람과 같다. 이런 사람으로 살아간다는 것은 스스로에게 치욕적인 일이다. 사람답게 의리를 지키며 살아가야 한다. 의리는 생명같이 참 소중한 것이다.

참인간의 도리인 의리를 지키며 사는 지혜

사람의 의리도 가난한 곳에서 끊어지고, 세상 인정은 돈이 있는 집으로 향한다.

_명심보감

01. 마음을 겸손히 하고 자신이 한 약속은 반드시 지켜야 한다. 이처럼 자신이 한 말을 철저히 지키면 의리를 기를 수 있다.

02. 타인의 주장이나 인간관계에 휘둘리지 말고, 물들지 말고, 휩쓸리지 말고 본래의 자신을 지켜나가야 한다. 자신의 마음을 강하게 단련시켜라.

03. 의리가 없는 사람은 가까이하지 말아야 한다. 그런 사람을 가까이 하다보면 인간의 본질을 잃게 된다.

04. 인간에 대한 예의를 가져야 한다. 예를 지키며 살아가다보면 사리에 밝아지게 됨으로써 인간의 도리를 지켜 행하게 된다.

05. 의리를 지키며 산다는 것은 때론 외롭고 고독할 때도 있다. 사람들의 마음이 다 내 마음 같지 않기 때문이다. 그러나 인간답게 살기위해서는 반드시 의리를 지켜야 한다.

예와 효의
근본을 다해야 한다

예禮는 인간의 가장 기본적인 도리이며 가장 인간다움을 드러내는 행위이다. 예를 갖추는 것과 예를 갖추지 않는 것으로 그 사람의 됨됨이를 평가한다. 예로부터 예를 갖춘 사람은 바르고 도덕적인 사람으로, 예를 갖추지 않는 사람은 비도덕적인 상놈으로 여겼다.

율곡 이이栗谷李珥는 예의 중요성에 대해 다음과 같이 말했다.

사람이 몸가짐을 늘 조심해서 예의에 어긋난 행동을 삼가야 한다. 사람은 늘 보고, 듣고, 말하고, 행동하는 것이 모두 예의에 맞아야 한다.

효孝 또한 인간의 삶에서 매우 중요한 도리이며, 자식이라면 반드시 행해야할 규범이다. 예로부터 제 아무리 학문이 뛰어나고, 재주가 출중하고, 높은 자리에 오른다 해도 효를 행하지 않으면 불효자로 낙인 찍혀 설 자리를 잃고 말았다.

나라에서는 효를 인간의 삶에 본보기로 삼고자 효자나 효녀, 효부 등을 발굴하여 후한 상을 내리고 비를 세워 만백성의 표본으로 삼았다.

예와 효는 인간으로서 마땅히 취해야 하는 기본적이고도 가장 으뜸인 인간의 도리인 것이다. 예와 효가 메말라가는 현대사회에서 우리는 왜 예를 지키고 효를 행해야하는지를 깊이 새겨 볼 일이다.

예와 효는 인간의 기본 도리이자 반드시 지켜야할 사회적 규범이다

김구는 효를 매우 중요하게 생각하였다. 김구에게 효의 중요성을 일깨운 것은 효자 이창매이다. 이창매는 연안 사람으로 아버지가 세상을 뜨자, 비바람을 맞아가며, 뜨거운 태양아래서도 한결같이 산소를 지키며 아버지를 모셨다. 그의 지극정성이 얼마나 깊은지 신발 벗은 자리에서부터 절하는 자리까지 걸어간 발자국과 무릎을 꿇었던 자리와 향합을 놓은 자리에는 영영 풀이 나지 않았다고 한다. 이 소식을 들은 임금은 이창매에게 효자 정문을 내리고, 그 내용을 비문에 적어 두고두고 백성들의 귀감으로 삼았다고 한다.

그 비문에 새긴 사적을 보면서 나는 순검들이 알세라 파눈물을 흘리면서 이창매에게 엎드려 죄를 청했다. 다 같은 사람의 자식으로 태어나서, 이창매는 부모가 죽은 뒤에도 저렇게 효성이 지극했으니, 그 부모 살았을 적에 오죽했을까. 이런 생각을 하자 내 뒤를 허둥지둥 따라 다니시느라 넋이 다 빠져서 한숨만 짓고 계신 어머님의 얼굴을 차마 쳐다볼 수가 없었다. 나는 얼마나 불효한 자식인가. 이창매가 무덤 속에서 다시 살아 나와서 나를 보고, 너는 "나무는 조용히 있고 싶어도 바람이 그치지 않는다"는 구절을 읽지 못했느냐고 꾸짖는 것만 같았다. 몸을 일으켜 출발할 때 이창매의 무덤을 다시 한 번

돌아보며 마음속으로 수없이 절을 했다.

이는 김구가 치하포사건으로 해주 감영에서 인천감옥으로 이감 되어갈 때 연안읍에서 약 5리쯤 되는 길가에 있는 효자 이창매 무덤 곁에서 잠시 쉴 때 이창매의 효에 감복해서 자신의 불효를 반성하면서 했던 말이다. 부모님에 대한 아들로서의 송구한 마음이 잘 나타난 말이라고 하겠다.

이렇게 효를 일깨운 김구는 아버지가 병환으로 자리에 눕자, 아버지가 할머니에게 했듯 자신도 단지斷指를 하려고 했으나, 어머니가 마음 상해할까하여 자신의 넓적다리 살을 칼로 잘라 불에 구워 아버지가 먹게 하고, 피는 마시게 했다. 그러나 살점이 작아 더 베어내려고 했으나 살점은 떨어지지 않고 고통만 더 심했다.

손가락을 자르거나 허벅지를 베어내는 것은 진정한 효자나 하는 것이지, 나 같은 불효자가 어찌 효자가 될 수 있으랴.

김구가 다리 살을 베어놓기만 하고 떼어내지 못한 자신을 자책하며 한 탄식이다. 하지만 김구의 아버지는 아들의 바람과는 달리 세상을 뜨고 말았다. 김구는 한동안 통증으로 고통을 겪었지만, 자식의 도리를 다하지 못한 것에 대해 후회를 하곤 했다.

나무는 잠잠 하려고 하나 바람이 그치지 않고, 자식은 섬기고자 하나 어버이 는 기다리지 않는다.

이는 맹자孟子(BC 371~BC 289. 중국의 고대철학자로 추나라 사람이다. 맹자는 사람은 누구나 태어날 때부터 착하다는 '성선설'을 주장한 것으로 유명하다. 주요저서로는 어록 『맹자』가 있다.)가 한 말로 아무리 자식이 도리를 다 하려고 하나 부모가 떠나면 아무 소용이 없음을 말한다. 그래서 살아생전 잘 모셔야 후회가 덜하다는 말이다.

김구의 효성은 어머니에게 극진했다. 김구의 어머니 곽낙원여사는 성품이 강직하고 비범하여 그 어떤 충격에도 흔들리는 법이 없었다.

나는 지금부터 '네'라는 말을 '자네'라고 고쳐 부르겠네. 그리고 잘못하는 일이 있더라도 말로 꾸짖고 회초리를 쓰지 않겠네. 듣건대 자네가 군관학교를 하면서 많은 청년을 거느린다고 하여 남의 사표가 된 것 같으니 나도 체면을 보아주자는 것일세.

이 말에서 보듯 김구의 어머니는 김구의 체면을 고려해 어투를 달리하고, 회초리가 아닌 말로 꾸짖겠다고 했다. 그런데 놀라운 것은 이 때 김구의 나이가 만 육십이었다. 김구는 나이 육십이 되어서야 비로소 어머니로부터 어른 대우를 받은 것이다.

그동안은 잘못을 했을 때 회초리로 맞았다는 것을 알 수 있다. 지금의 상식으로는 전혀 이해가 되지 않는다. 어쨌든 여기서 김구의 성품을 잘 알 수 있다. 임시정부의 중요 직책을 맡은 그가 어머니에게는 한낱 어린 자식에 불과했다. 김구의 훌륭한 점은 바로 여기에 있다. 어머니에게만큼은 그는 기꺼이 어린자식이 되었던 것이다.

부모가 자기를 사랑하면 기뻐하고 그 자애를 잊지 말아야 한다. 반대로 부모가 자기를 꾸짖을 때는 삼가 두려워하는 기색을 하되 원망하지 말아야 한다.

이는 『예기禮記』(중국 5경중 하나로 공자가 편찬했다고 전한다. 공자가 직접 쓴 책에는 '경' 자를 붙이는 관계로 원래 이름은 『예경』이다. 그런데 B.C 2세기경 대대와 소대가 원문을 손질을 하는 가운데 '경' 자가 빠지게 되었다고 한다. 『예기』에서는 그 주제의 곡례, 단궁, 왕제, 월령, 예운, 학기, 악기, 대학, 중용 등을 다루는데 있어 도덕적인 면을 매우 중요하게 보았다. 1190년 성리학파의 주자는 『예기』 중의 대학, 중용 2편을 각각 별개의 책으로 편찬하여 유교 경전인 『논어』, 『맹자』와 더불어 4서에 포함시켰다. 4서는 중국에서 유교입문서로 사용된다.)에 나오는 말로 김구가 어머니에게 순종하며 기꺼이 어린자식이 되었음이 얼마나 자식된 도리인지를 잘 알게 한다.

또한 김구의 사람됨의 그릇이 왜 큰지를 잘 알 수 있다. 김구의 성품이 이러했기에 임시정부시절 많은 사람들과 교분을 쌓는데 있어 부족함이 없었으며 잡음 또한 그리 없었다. 김구는 예와 효를 잘 지켜 행한 참 사람 이었다.

예와 효를 몸에 익혀 인간다운 풍모를 배워야 한다

예와 효는 우리나라를 비롯한 동양적 관점에서 뿐만 아니라 서양적 관 점에서 살펴보는 것도 좋을 듯하다. 사람이 살아가는 것은 말과 피부색 깔, 관습만 다를 뿐 그 본질은 같기 때문이다.

사무엘 존슨Samuel Johnson(1709~1784. 영국의 시인. 평론가. 주요작품 『런던』, 『덧없는 소망』)은 사람들의 왕래가 많은 시장터에 우두커니 서 있었다. 따 가운 햇볕이 거리를 뜨겁게 달궜지만 그는 아랑곳 하지 않았다. 지나가던 사람들은 그를 보고 이상스럽게 생각했지만 그에겐 아무런 문제도 되지 않았다.

존슨은 어린 시절 집이 가난했다. 그의 아버지는 노점상을 하며 책을 팔아 생계를 꾸렸다. 그러던 어느 날 아버지가 아파서 장사를 나갈 수 없자 존슨에게 대신 책을 팔아오라고 했다. 그러나 존슨은 창피하다며 아버지의 부탁을 거부하였다. 아버지는 아픈 몸을 이끌고 장사를 나갔다 그만 병이 더 심해지고 말았다. 결국 존슨의 아버지는 세상을 뜨고 말았다. 벌써 50년 전의 일이었다. 존슨은 유명한 시인이 되어 명성을 얻었지만, 어린 시절 불효했던 일을 되새기며 뜨거운 햇볕아래서 스스로를 벌하였던 것이다.

다음은 사무엘 존슨과는 반대되는 이야기이다.

미국 20대 대통령을 역임한 제임스 A. 가필드^{James Abram Garfield} (1831~1881)는 대통령 취임식 때 어머니를 모시고 취임식장에 나타났다. 취임식장의 많은 눈들이 일제히 그에게 쏠렸다. 가필드는 취임선서를 마치고 어머니를 소개하였다.

"여러분, 여기 계신 분은 제 어머니 이십니다. 저의 어머니는 제가 오늘날 대통령이 되도록 지극정성으로 길러주셨습니다. 저는 이 영광을 어머니께 바칩니다."

가필드가 말을 마치기가 무섭게 우레와 같은 박수 소리로 취임식장은 떠나갈 듯 요동쳤다. 그 자리에 참석한 사람들 모두 큰 감동을 받았던 것이다.

가필드는 2살이 채 안 돼 아버지를 여의었다. 어머니는 힘겹게 작은 농장을 운영하면서 가필드를 먹이고 입히고 가르쳤다. 여자 혼자 농장을 운영한다는 것은 보통 일이 아니었다. 하지만 그의 어머니는 언제나 웃음을 잃지 않고 열심히 사는 모습을 보여주었다. 가필드는 자애로운 어머니의 가르침을 받으며 자랐다. 그는 어린 나이에 어머니를 도와 일하면서 공부하였다. 그는 윌리엄스 대학을 마치고, 하이럼 대학교에서 고대 언어학과 교수가 되었다. 그리고 26세 때 학장이 되었다.

남북전쟁이 일어나자 가필드는 의용군 중령으로 임명되어 켄터키 주의 미들 크리크전투에서 승리하여 북군 최연소 준장이 되었으며, 이후 소장이 되었다. 그 후 오하이오 상원의원이 되었고, 미국 제 20대 대통령선거에서 대통령에 당선하였다. 가필드의 삶은 아브라함 링컨의 인생여정과 많이 닮았다. 그 또한 인생의 승리자였다.

두 팔에 자식을 안고 있는 어머니를 보는 것처럼 매력 있는 일은 없다. 그리고 여러 자식에게 둘러싸인 어머니처럼 존귀한 것은 없다.

이는 요한 W. 뵌 괴테^{Johann Wolfgang von Goe' the}(1749~1832 독일 최고 시인. 소설가. 과학자. 정치가. 독일 고전주의 문학의 대표작가. 바이마르대공화국의 정무를 담당하는 추밀참사관, 추밀고문관, 내각수반으로 약 10년간 정치활동을 했다. 주요작품 『파우스트』, 『젊은 베르테르의 슬픔』, 『이탈리아 기행』)가 한 말로 어머니의 자애로움과 존귀함을 잘 표현하였다.

평생을 자식을 위해 헌신한 김구의 어머니 곽낙원여사와 가필드의 어머니루크레사 가필드는 어머니의 존귀함을 잘 보여준다. 이들 어머니는 훌륭한 인품과 지극한 사랑으로 자식을 가르치고 본이 됨으로써 김구를 가장 존경받는 민족의 지도자로 만들었고, 가필드를 바른 성품을 가진 대통령으로 만들 수 있었던 것이다.

어머니의 위대함에 대해 프리드리히 실러^{Friedrich von Schiller}(1759~1805. 독일

고전주의 극작가. 시인. 철학자. 주요작품『돈 카를로스』,『빌헬름 텔』)는 이렇게 말했다.

산은 어디든지 있을 수 없어 어머니를 만드셨다.

삼지지례三枝之禮 라는 말이 있다. 비둘기는 어미가 앉은 가지에서 세 가지 아래에 앉고, 까마귀는 새끼 때 길러준 은혜에 보답하기 위해, 어미의 입에 먹이를 넣어준다는 뜻으로 예와 효의 중요함을 말한다.

효는 백가지 행실의 근본이다. 부모에게 효도하는 사람은 우선 남을 미워할 줄 모르며 부모를 공경하는 사람은 남을 얕보지 않는다.

이는『효경孝敬』(공자와 증자가 효에 관하여 문답한 것을 기록한 13경 중 하나로 유교경전이다. 이 책은 부모에 대한 효도를 바탕으로 집안의 질서를 세우는 일이 나라를 다스리는 일의 근본이며 효도야말로 천天, 지地, 인人 3재를 관철하고 신분여하에 관계없이 동일하게 적용되는 최고 덕목의 윤리교본으로 정해지는데 큰 역할을 했다. 한국, 중국, 일본 봉건사회에서는 '효'가 통치사상과 윤리관의 중심으로 자리 잡는데 큰 역할을 했다. 우리나라에서는 삼국시대부터 필수교과목으로 중요시 했다. 특히, 조선시대에는 여러 차례 간행하여 보급했다)에 나오는 말로 누구나 한 번쯤은 들어보았을 만큼 널리 알려진 말이다.
'효'는 모든 '예' 중에서도 으뜸이며, 효가 뛰어나면 예 또한 바른 것은 백 가지 행실의 근본이 바로 '효'이기 때문이다.

세월이 흐르는 물과 같아서 내 나이 쉰여섯 살이라. 지나 온 일을 돌아보고 장래를 생각하니 신세 가련하다. 서대문 감옥에서 소원을 빌기를, 천우신조로 우리도 장래 어느 때에 독립정부가 세워지면 정부 문지기를 하다가 죽으면 그 또한 여한이 없다고 했다. 그런데 이제는 이 소원을 넘어서서 임시정부의 최고 직을 맡은 나의 책임을 무엇으로 실행할까 하는 생각에서 모험사업에 착수할 결심을 하고 『백범일지』 상편을 쓰기 시작하여 1년 2개월 만에 끝마쳤다. 지나온 사실들에 연월일을 적어 넣은 것은 본국에 계신 어머님에게 편지를 올려 답장을 받아 쓴 것이다. 하편을 쓰고 있는 지금도 어머님이 살아계셨더라면 도움이 많았으련만…. 슬프구나!

김구의 어머니 곽낙원여사는 김구의 나이 예순네 살 때 사망하였다. 김구는 지난날을 회상하며 어머니의 도움을 받아 『백범일지』 상편을 썼으나, 하편을 쓰는 지금 어머니가 살아계시지 않음의 슬픔을 담담하게 보여주는 말이다. 눈물을 흘리며 하는 말보다도 때론 건조할 만큼 담담하게 하는 말이 마음을 더 숙연케 하고 아련하게 만든다. 김구의 말엔 감정을 절제하는 그의 심정이 안으로 드러나 있음이 보이는 까닭이다.

이 세상에 그 아무리 잘난 자식도 저 혼자 잘 된 자식은 없다. 그 뒤엔 희생과 헌신으로 기르고 가르친 부모님이 계신다. 저 혼자 잘난 것처럼 해 봤자 그것은 스스로를 욕되게 하는 일이다.

필자 또한 이 글을 쓰는데 잘한 것 보다는 못한 것이 더 많으니, 불효자임에 가슴이 절절하게 아픔을 고백하지 않을 수 없다.

나를 이 세상에 태어나게 해주신 부모님, 그분들이 계셨기에 우리는 누구나 꿈을 꾸고 자신이 원하는 삶을 살아간다. 부모님께 예와 효를 다하는 것, 그것은 자식으로서 마땅한 도리이며 의무인 것임을 잊지 말아야겠다.

예와 효를 길러 사람답게 사는 법

사람이 부모를 봉양하는데 누구나 부모에게 효를 다 해야 한다는 것은 안다. 그러나 진실로 효도를 다 하는 사람이 적은 것은 부모의 은혜를 깊이 알지 못하는 까닭이다.

_율곡 이이

01. 부모에 대한 예와 효는 인간의 기본적인 도리이며 가장 인간다운 행위이다. 이를 가슴에 새겨 두고두고 묵상하라.

02. 하루에 한 번 부모님께 "사랑합니다", "감사합니다", "존경합니다"하고 말하라. 반복해서 하다보면 습관이 되고, 습관이 되면 예와 효를 자연스럽게 실천하게 된다.

03. 부모와 멀리 떨어져 살면 일주일 한 번은 전화통화를 하라. 부모님은 그것만으로도 흡족해 하며 자식을 자랑스럽게 여길 것이다.

04. 이 세상에 그 아무리 잘난 자식도 저 혼자 잘 된 자식은 없다. 그 뒤엔 희생과 헌신으로 기르고 가르친 부모님이 계신다. 저 혼자 잘난 것처럼 해봤자 그것은 스스로를 욕되게 하는 일이다.

05. '효'는 모든 '예' 중에서도 으뜸이며, 효가 뛰어나면 예 또한 바른 것은 백 가지 행실의 근본이 바로 '효'이기 때문이다.

타인과의
소통능력을 길러라

만사소통萬事疏通은 복잡 미묘한 현대 사회를 살아가는데 있어 필수요소이다. 모든 일이 막힘없이 잘 통하는 것은 자신에게나 타인에게 있어 매우 중요하기 때문이다.

그러나 소통이 안 돼 서로의 관계가 막히거나 끊긴다면 불행한 일이 아닐 수 없다. 이는 서로간의 단절을 가져와 인간관계가 끝나고 말기 때문이다. 인간관계가 끝나면 더 이상 나와 상대와는 모든 것이 단절되고 만다.

소통을 잘 하기 위해서는 말과 행동이 잘 조화되어야 한다. 감정을 앞세우다보면 행동 또한 감정을 따라가게 된다. 감정을 드러내는 행동을 자제하고 상대에게 좋은 모습, 즉 행동을 보이면 상대는 그를 자연스럽게 받아들이게 됨으로써 좋은 관계를 맺게 된다.

이에 대해 윌리엄 제임스William James(1842~1910. 미국 하버드대학교수 역임. 심리학자이자 철학자로 근대 심리학의 창시자로 불린다. 그는 철학은 인간이 활동 중에서 가장 숭고하며, 가장 사소한 것이라고 말한다. 또한 철학은 삶의 모든 것에 기초하면서 철학 없이는 어느 누구도 살아갈 수 없다며 철학을 옹호한 것으로 유명하다. 그는 또 심리적인 관점에서 삶을 통찰하는 탁월한 능력으로 심리학이 발전하는데 크게 기여하였다. 주요저서『심리학원리』,『프래그머티즘』,『근본적 경험론』)는 다음과 같이 말했다.

행동은 감정을 따르는 것처럼 보인다. 하지만 행동과 감정은 동시에 작용하는 것이다. 의지의 직접적인 지배를 받는 행동을 조정하면 우리는 의지의 직접적인 지배를 받지 않는 감정을 조절할 수 있을 것이다. 그러므로 밝은 사람이 되려면 먼저 밝은 사람처럼 행동해야 한다.

소통을 잘하기 위해서는 내가 먼저 상대에게 좋은 모습을 보여주어야 한다. 좋은 모습으로 다가오는 사람을 싫어할 사람은 없다. 소통을 잘하느냐 못하느냐에 따라 인생이 좌우되는 것이니 만큼 이를 깊이 유념해야 한다.

소통은 삶을 좌우하는 인생의 저울이다

성공적인 인생을 살았던 이들은 대개 소통능력이 뛰어나거나 원만했다. 인간관계가 원만하지 않으면 성공적인 삶을 산다는 것은 거의 불가능하다. 소통은 삶을 좌우하는 '인생의 저울'과 같아 소통을 잘하면 삶 또한 막힘없이 흐르고, 소통을 잘 못하면 삶은 불통의 벽에 갇히게 된다.

김구는 소통을 잘 한 것으로 널리 알려졌다. 그는 만나는 누구와도 소통을 잘 이어갔다. 이에 대한 몇 가지 이야기이다.

김구가 열여덟 살 때 동학東學(수운 최제우를 교조로 하는 '사람은 곧 하늘'

이라는 인내천人乃天 사상을 모토로 하는 종교로 천도교라고도 함)에 관심을 갖고 오응선(먼저 동학에 입도한 인근 마을사람)을 찾아갔다, 김구는 그 집에 가려면 생선과 고기를 먹지 말고, 목욕을 하고 새 옷을 입어야 한다는 말을 듣고 그대로 한 후 찾아갔던 것이다. 김구는 오응선을 만나 예를 다했다. 오응선은 반듯한 인품과 예를 갖춘 김구에게 깊은 관심을 보이며, 김구로 하여금 동학에 입도하는데 도움을 주었다.

만일 김구가 예의가 없고, 동학에 정해진 법도를 따르지 않고 오응선을 찾아갔다면 김구가 동학에 입도하지 못할 수도 있었을 것이다. 여의가 없고, 법도를 모르는 사람을 외면하는 것은 당연한 일이기 때문이다. 이처럼 예의를 잘 갖추면 상대방에게 좋은 이미지를 주게 되어 소통하는데 큰 도움이 된다.

김구가 동학에 입도하여 접주가 되어 해주성을 공격하였으나, 실패로 끝나고 말았다. 이곳저곳으로 은신하며 보내던 김구는 청계동의 안태훈을 찾아갔다. 안태훈은 안중근 의사의 아버지이다. 안태훈은 조정대신들도 무시하지 못할 만큼 널리 알려진 인물이다. 그는 동학이 일어나자 300여 명의 산포수를 모집하여 의병사령부를 설치하여 동학군을 토벌하는데 공을 세운 인물이다. 그런 그가 밀사를 보내 김구가 비록 나이는 어리나 인품이 아까워 토벌하지 않겠으니, 청계동은 침범하지 말라고 말하며 서로가 협력하여 도울 일이 있으면 돕자고 제안을 한 적이 있었다. 그 때 김구는 안태훈의 제안을 받아들여 그를 공격하지 않고 신의를 지켰다.

안태훈은 김구를 반겨 맞아주었다. 안태훈은 집 한 채를 내어주며 김구의 부모를 모셔오게 하였다. 그리고는 김구를 자신 곁에 두고 지내게 하였다. 이로 인해 김구는 안중근 의사 집안과 깊은 인연을 맺게 되었다.

안태훈이 자식과 같은 김구에게 그토록 애정을 쏟은 것은 김구의 인품과 신의, 믿음과 자질을 높이 샀기 때문이다.

좋은 인품과 성격, 신의와 믿음은 사람들과 교류하는 데 있어 매우 중요하다. 이런 사람은 누구에게든 좋은 이미지를 주기 때문에 함께 잘 지내고 싶어 한다. 좋은 인품과 성격, 신의와 믿음은 원만한 소통을 위해 반드시 필요한 소통의 필수요소이다.

김구가 평생 스승으로 모신 고능선은 안태훈의 소개로 만났다. 고능선은 김구를 보자 장차 큰일을 할 사람이라고 생각하였다. 그는 김구에게 매일 자신에게 놀러오라고 말하며 세상일도 논하고 학문도 토론하자고 말했다. 김구는 고능선의 말에 혹시라도 자신이 부족하여 인품에 누를 끼치지나 않을까, 심히 염려된다고 말했다. 그러자 고능선은 나 같은 늙은 이가 자네에게 도움을 줄 수 있으면 좋겠다고 말했다.

김구는 고능선의 학식과 인품에 깊이 매료되어 배움을 청해, 그로부터 자연의 이치와 삶의 이치 등에 관해 폭넓게 배웠다. 또한 민족의 존엄성과 자주정신, 그리고 무엇보다도 의리에 대해서 흥미를 갖고 배웠다.

고능선이 김구에게 깊은 관심을 갖고 금쪽같이 아낀 것은 정직하고 올곧은 김구의 인품 때문이다. 또한 김구가 앞으로 큰일을 할 사람이라는 것을 예감한 데도 있었다.

김구가 치하포 사건으로 인천감옥에 투옥되었다가 탈출한 뒤 서울로 갔다가 삼남지방으로 방랑길에 올랐다. 이리저리 떠돌며 사람들을 만나고 다녔다. 그러다 마곡사 스님이 되었다가 다시 절을 떠나 방랑하다가 삼남지방 유생들과 교류를 갖게 되었다.

김구는 유완무와 만났다. 유완무는 고종을 미국 공사관으로 탈출시키려다 실패한 뒤 유배되었다가 아관파천 뒤 경무사로 정계에 복귀한 친러파 핵심인물 이충구의 사돈이다. 또한 그는 을사늑약 직후에 이상설, 이동녕, 이준 등과 같이 만주에 근거지를 마련하여 장기항전 할 모임에도 참여했다고 한다. 그리고 김구는 성태영을 만났다. 성태영은 경상도 대지주이자 유학자로 젊은이들을 모아 인재양성에 힘쓰는 한편 3.1 운동 때는 김창숙 등 유림대표들과 연락을 취하며 프랑스 파리강화회의에 대한 민국의 독립을 알리는 파리장서를 제출하는데 큰 역할을 한 인물이다.

유완무와 성태영과의 교류는 김구가 독립에 대한 의지를 키우는 데 큰 밑거름이 되었다.

김구는 큰 뜻을 품고 중국 상해로 갔다. 그는 임시정부 문지기라도 하게 해달라고 내무총장이었던 안창호에게 청했을 때, 안창호는 흔쾌히 승낙했다. 그런데 다음 날 안창호는 김구를 경무국장에 임명하였다. 너무도 뜻밖의 일이라 김구는 극구 사양하였다. 자신은 부족한 사람이라 경무국장과 같은 직책을 받는다는 것은 온당치 않다고 했다. 자신은 그저 문지기라도 감사한 마음으로 하겠다고 거듭 말했다.

그러나 안창호는 김구가 경무국장을 맡아야 될 이유에 대해 말하며 자신의 뜻대로 하라며 말했다. 김구는 더 이상 사양한다는 것도 예의가 아닌 것 같아 감사한 마음으로 임명장을 받았다. 경무국장을 하는 동안 김구는 그 누구보다도 경무국장직을 빈틈없이 훌륭히 해냈다.

안창호는 김구의 인품과 됨됨이를 보고 경무국장에 임명한 것이다.

김구는 평생 동안 많은 사람들을 만났다. 그가 만났던 수많은 사람들과의 교류를 일일이 다 밝힐 수 없어 몇 가지만 살펴보았다. 김구가 임시정부에 참여하여 요직을 두루 거치며, 주석이 될 수 있었던 것은 그의 소통능력이 그만큼 뛰어났음을 말한다.

특히 김구는 진정성이 매우 뛰어났다. 진정성은 진실한 마인드를 지니지 않으면 절대 보일 수 없다. 김구와 교류를 쌓았던 이들은 하나같이 그의 진정성에 매료되었던 것이다.

진실이 있는 말은 결코 아름답게 장식하지 않고, 화려하게 장식한 말은 진실이 없는 법이다.

이는 노자가 한 말로 진실성이 있는 말은 억지로 멋지게 꾸미지 않아도 그 진실이 통하지만, 아무리 화려하게 꾸민다 해도 진실이 없으면 그 말은 헛말이 되고 만다는 의미이다. 말은 곧 그 사람이라고 했다. 김구는 말과 행동에 있어 진정성이 넘치는 사람이었다.

김구가 소통능력이 뛰어난 것은 함부로 말하거나 그릇되지 않는 신중함과 깊은 사려에 있다. 그는 직무상 매사에 신중하고 조심성을 갖고 생활했지만, 그의 본성이 그렇게 타고난 까닭에도 있다.

입과 혀는 화와 근심의 문이며, 몸을 죽이는 도끼와 같다.

이는 『명심보감』에 있는 말로, 입을 함부로 놀린다는 것이 얼마나 치명적인 일인지를 잘 알게 한다. 또한 『탈무드』^{Talmud}(교훈, 교의라는 뜻의 유대인의 민족서로 5천년의 역사와 전통을 자랑하는 총 20권에 1만 2천 페이지, 2백 50만 단어로 이루어진 유대민족의 살아있는 지혜서이다.)는 이렇게 말한다.

부정한 혓바닥은 부정한 손보다 더 나쁘다.

말을 조심해야 한다는 것은 세계 어디를 가나 마찬가지이다. 사람이 사는 곳은 어디나 똑같은 법이다. 세치 혀가 세상을 흥하게 하고 망하게도 한다. 그러기 때문에 언제나 입을 조심해야하는 것이다.

행동은 말보다 소리가 크다

『탈무드』에 보면 '행동은 말보다 소리가 크다' 는 말이 있다. 행동은 '제2의 말' 이라고 할 수 있지만, 말보다 파급효과가 더 큰 건 사실이다. 말을 굳이 하지 않아도 행동으로써 자신을 보여주면 사람들에게 자신을 이해시키는데 큰 도움이 된다.

아브라함 링컨Abraham Lincoln(1809~1865. 미국 제16대 대통령)은 미국 역사상 가장 위대한 대통령으로 평가 받는다. 그가 지금도 미국국민들의 존경을 받는 것엔 그만한 이유가 있다. 그가 어느 누구도 해내지 못한 노예를 해방시킨 것에도 그 이유가 있지만, 그의 삶 자체가 하나의 인생드라마였기 때문이다. 집이 가난하여 공부를 못한 링컨은 독학으로 변호사가 되고, 수많은 실패를 거듭한 끝에 대통령이 되었다. 그러나 보다 그의 인생이 빛나는 것은 그의 말과 행동에 있었다.

링컨은 손수 구두를 닦아 신었다.

어느 날 구두를 닦는 링컨을 보고 "왜 사람을 시키지 않고 대통령께서 직접 구두를 닦느냐"고 참모가 물었을 때 링컨은 이렇게 말했다.

"내 구두는 내가 직접 닦아야 하지 않겠나. 대통령이라고 해서 구두를 닦는 것은 부끄러운 일이 아니니까 말일세.”

링컨의 친근하고 격의 없는 행동에 참모는 더욱 그를 존경하였다고 한다.

또한 링컨은 수염을 기르면 더 멋진 대통령이 될 거라는 그레이스 베델이라는 소녀의 편지를 받고 평생 수염을 길렀다.

이렇듯 링컨은 작은 행동 하나하나에도 사람들을 감동시켰다. 그러니 어떻게 링컨을 존경하지 않을 수 있을까.

‘행동은 말보다 소리가 크다’ 는 말은 바로 링컨의 경우에 해당되는 말이라고 할 수 있다.

말을 잘 들어주는 것도 좋은 대화법이다. 사람은 누구나 자신의 말에 관심을 기울이는 사람을 좋아하는 법이다. 데일카네기^{Dale Carnegie}(1888~1955년. 자기계발전문가이자 강연자. 데일카네기 연구소 소장. 저서 『카네기 처세술』, 『카네기 성공철학』)가 어느 모임에서 식물학자와 이야기를 나누게 되었는데 그의 얘기를 진지하게 들어주었다. 그가 한 말이라고는 “네, 그렇군요.” 혹은 “그래서요.” 뿐이었다. 그런데 얼마 지나지 않아 데일카네기는 대화의 명수라는 소문이 퍼졌다. 식물학자가 만나는 사람들에게 그렇게 말했던 것이다. 이처럼 말을 잘 들어주는 것도 상대에게 좋은 이미지를 심어주어 인간관계를 돈독하게 해준다.

김구는 평소에 말 수가 적었다고 한다. 대신 남의 말에 관심을 갖고 잘 들어주었다. 김구가 말 수가 적은 것은 성격이기도 하지만, 책임을 맡은 사람으로서 말이 많으면 자신도 모르게 실수를 할 수 있기 때문이다. 특히 독립운동은 비밀이 유지되어야 한다. 비밀이 탄로 나면 모든 것이 끝날 수도 있다. 매사에 조심하고 또 조심하면서 남의 얘기에 귀를 기울였던 김구 역시 대화의 명수임에는 틀림없다.

통하는 대화의 비결은 간단하다. 상대방이 말할 때 주의 깊게 듣는 것이 중요하다.

이는 찰스 W. 엘리어트Charles William Eliot(1834~1926. 교육자. 하버드 대학 총장. 저서 『교육개혁 평론과 연설집』, 『대학행정』)가 한 말로 상대방의 말을 주의 깊게 듣는 것이 소통에 있어 얼마나 중요한지를 잘 알게 해준다. 또 이에 대해 동양적인 관점에서 묵자墨子는 이렇게 말했다.

말이란 꼭 많이 해야만 잘하는 것이 아니다. 세상의 모든 만물들은 말하지 않아도 제 몫을 잘해낸다. 꽃이 말하는 것을 보았는가? 해와 달이 말하는 것을 보았는가? 당연히 못 봤을 것이다. 하지만 그들은 자신의 일을 잘해낸다. 사람의 말도 이와 같다. 말을 많이 한다고 해서 다 쓸모가 있는 것은 아니다.

찰스 W. 엘리어트나 묵자의 말을 보더라도 남의 말을 잘 들어주는 것이 얼마나 중요한지를 잘 알 수 있다. 남의 말을 잘 들어주는 것도 하나의 행동이라고 할 수 있다.

사람들과 좋은 관계를 유지하고 싶다면 소통에 각별히 관심을 기울여야 한다. 소통을 잘 하기 위해서는 너무 딱딱하지 않게 하고, 부드럽고 따뜻한 어투로 말하고, 상대에게 자신을 맞춰주는 것이 좋다. 그러면 상대 또한 깊은 관심을 갖고 좋은 관계를 가지려고 노력할 것이다.

사람들을 대함에 있어 너무 지나치게 엄격한 행동을 하지 말고, 좀 더 너그럽고 부드러운 말씨로 관대하게 하는 것이 복 받는 일이니, 남을 이롭게 함은 자기를 이롭게 하는 근본이 되는 것이다. 이것이 행복의 기초이다.

이는 『채근담』에 나오는 말로 인간관계를 어떻게 해야 좋은 관계를 맺고 이어갈 수 있는지에 대해 잘 알게 한다. 그리고 소통을 할 때 주의할 것은 개념 없이 충고를 하는 것이다. 충고는 자칫하면 상대방에게 상처를 줄 수 있다. 이에 대해 필립 체스터필드^{Philip Chesterfield}(1694~1773. 영국의 정치가. 저서 『아들아, 너는 이렇게 살아라』)는 이렇게 말했다.

충고는 좀처럼 환영받지 못한다. 더구나 그것을 가장 필요로 하는 사람이 가장 그것을 싫어한다.

충고를 좋아하는 사람은 없다. 마치 자신이 못난 사람처럼 여겨져서이다. 충고도 가려가면서 하되 될 수 있으면 직접적으로 하지 않는 것이 좋다.

김구는 소통능력이 탁월했다. 그의 몇 가지의 소통 방법에 대해 살펴보는 것도 소통능력을 기르는데 많은 도움이 될 것이다.

첫째, 진정성 있는 몸가짐에 있다.

김구는 누구에게나 진정성 있게 대했다. 그는 상대가 자신보다 못해도 함부로 말하거나 행동하지 않았다. 그가 많은 사람들로 존경받고 많은 사람들이 그를 따랐던 것은 진정성에 있었다.

둘째, 거짓을 모르는 정직성에 있다.

김구는 자신은 헐벗고 굶주려도 절대 공금을 자신을 위해 쓴 적이 없다. 자신은 비록 굶을지언정 나라를 위하는 일에는 아껴두었던 돈을 보배롭게 썼다. 김구의 청빈성은 눈물이 날만큼 철저했으며, 감동적이다. 이는 정직하지 않으면 할 수 없는 일이다.

셋째, 상대방을 존중하는 자세에 있다.

김구는 사람을 대할 때 지위의 높고 낮음, 많이 배우고 못 배우고를 가리지 않았다. 그가 누구라도 인격적으로 대했으며 상대를 존중해 주었다.

넷째, 상대방에게 예를 갖춰 대하는 데 있다.

김구는 예를 매우 중요시했다. 그것은 어머니 곽낙원여사의 엄격한 가르침에 있다. 김구의 어머니는 여장부다운 기질을 갖고 있어 김그에게 큰 영향을 끼쳤다.

다섯째, 자신을 드러내지 않은 겸손함에 있다.

김구는 누구를 만나도 자신을 낮추고 높이지 않았다. 항상 상대를 먼저 배려하였고, 겸허하게 말하고 행동했다.

여섯째, 자신이 맡은 일에 대해 책임질 줄 아는 강한 책임감에 있다.

책임감이 강한 사람은 믿음과 신뢰를 준다. 이런 사람은 누구나 좋아하고 소통하기를 원한다. 김구는 목숨을 걸고 자신에게 주어진 책임을 완수하였다.

일곱째, 의리를 중요시 하고 믿음과 신뢰를 중요하게 여기는 데 있다.

김구는 자신의 목숨보다도 의리를 매우 소중히 여겨 사람들에게 믿음과 신뢰를 주었다. 자신의 목숨을 걸고 인천감옥에서 사람들을 탈옥시킨 것은 그의 의리를 잘 알게 하는 유명한 이야기이다.

소통이 중요시 되는 현대사회에서 소통능력이 좋은 성공의 요소로 작용할 수 있다. 모든 것은 사람과의 관계를 통해 이뤄지기 때문이다. 김구의 소통방법을 마음에 새겨 실천한다면 사람들과 관계일치關係一致를 이루고 자신이 원하는 삶을 살아가는데 큰 도움이 될 것이다.

나를 잘 되게 하는 소통의 기본 법칙

많은 사람들이 좋은 첫 인상을 주지 못하는 것은 상대방의 말을 정중하게 들을 줄 모르기 때문이다.

_이삭 F. 말코슨

01. 비평은 상대에게 치명적인 오류를 남길 수 있다. 비평을 좋아할 바보는 어디에도 없다는 것을 명심하라.
02. 남의 말을 잘 들어주는 것이 좋다. 자신의 말에 관심을 가져주는 사람을 좋아하지 않을 사람은 그 어디에도 없다.
03. 함부로 충고를 하는 것은 바람직하지 않다. 이를 유념해야 한다.
04. 함부로 말하거나 상대를 무시하는 듯한 행동은 절대 해서는 안 된다. 자칫 큰 싸움으로 번질 수 있다.
05. 부드러운 표정, 부드럽고 따뜻한 목소리로 말하라. 상대에게 친근감을 주어 좋은 이미지를 심어주게 됨으로써 좋은 관계를 맺게 된다.
06. 의리를 중요시 하고 믿음과 신뢰를 중요하게 여겨야 한다. 사람들은 의리와 믿음, 신뢰 있는 사람을 좋아한다.
07. 사람들과 한 약속은 반드시 지켜야 한다. 약속을 잘 지키는 사람은 책임감이 강하고 신의가 있다고 믿기 때문에, 약속을 잘 지키는 사람이 소통 능력이 좋은 것이다.

결혼에 대한
세 가지 조건을 말하다

요한 W. 본 괴테는 결혼을 하는 것에 대해 다음과 같이 말했다.

사람은 누구나 혼자서는 행복한 생활을 유지할 수 없다. 그래서 아무리 불안에 처해 있을지라도 마음의 평온과 안정을 찾을 수 있기 때문에 결혼을 하는 것이다.

매우 의미 있는 말이 아닐 수 없다. 이 말의 의미를 조금 달리 한다면 혼자서는 둘이 함께 하는 행복을 느끼지 못한다. 그래서 결혼을 한다, 라고 했을 때 괴테의 말은 매우 설득력이 있다.

결혼은 인륜지대사라고 한다. 그만큼 결혼이 인간의 삶에 있어 매우 중대하다고 하겠다. 결혼을 하면 부모로부터 완전히 독립하여 자신만의 세대를 구성하고 물질적으로나 정신적으로 자신들만의 행복을 위해 살아야 한다. 그러기에 여기엔 책임이 따르고 의무가 주어진다.

그런데 책임을 회피하고 의무를 소홀히 한다면 행복한 결혼생활을 한다는 것은 있을 수 없다. 행복해지기 위해 노력하지 않는데 어떻게 행복할 수 있단 말인가. 행복한 결혼생활을 하기위해서는 많은 노력이 따라야 한다. 특히, 그중에서도 부부간의 희생이 무엇보다 중요하다. 이에 대해 앙드레 지드^{Andre Gide}는 다음과 같이 말했다.

행복한 가정은 부부간에 희생 없이는 절대로 이어갈 수 없다. 희생은 그것을 실행하는 사람을 위대하게 한다.

참 좋은 말이다. 결혼해서 부부가 서로를 희생하면 그 어떤 가운데서도 분명 행복하게 살아가게 될 것이다. 왜냐하면 모든 행복한 결혼생활은 서로의 희생으로 쌓아 올리는 '사랑의 탑'과 같기 때문이다.

결혼에 대한 김구의 세 가지 조건

김구는 결혼을 하는데 있어 순탄치가 않았다. 그는 서른한 살이 되어서야 결혼을 했는데 그때 당시로서는 상당히 만혼^{晩婚}이었다. 김구는 스물일곱 살 때 여옥이란 여자와 맞선을 보고 약혼했으나 불행하게도 약혼녀가 병사^{病死}를 하고 말았다. 그리고 안창호의 여동생 안신호와 약혼했으나 곧 파혼하였다. 그 후 서른한 살 때 교회 여학생이던 최준례와 결혼하였다. 다섯 번 만에 성사된 결혼이었다.

김구는 결혼할 여자에 대해 세 가지 조건을 제시한 적이 있다. 결혼할 나이가 훨씬 지난 김구를 보고 딱하게 여긴 친척할머니가 "자네 뜻에 맞는 처녀는 어떤 처녀인가?" 하고 물었을 때였다.

그 때 김구가 제시한 세 가지 조건이다. 그런데 이를 결혼의 조건이라고 표현하는 편이 글의 성격상 더 정확하다고 할 수 있겠다. 그런 관점에서 살펴보는 것이 좋을 듯하다.

첫째는 재산을 따지지 않아야 한다.
둘째는 학식이 있어야 한다.
셋째는 직접 만나보고 마음이 맞아야 한다.

김구가 제시한 세 가지 결혼 조건을 보면 매우 현대적인 생각이 아닐 수 없다. 그 때 당시의 사람들이 가졌던 결혼관과는 달리 매우 생각이 트였다는 것을 알 수 있다. 김구가 제시한 세 가지 조건에 대해 구체적으로 살펴보는 것은 결혼을 앞두고 있는 이들에게는 매우 의미가 클 것이다.

김구가 첫 번째로 제시한 재산을 따지지 않아야 한다는 것은 지금의 현실에서 본다면 비현실적인 말처럼 들릴 것이다. 돈이 없어 결혼을 포기하는 젊은이들이 많은 때이고 보니 더욱 그러하다. 그러나 김구가 말하는 의미는 돈에만 결혼을 국한 시켜서는 안 된다는 것을 말한다. 돈이 있어야만 결혼을 한다면 차라리 결혼을 하지 말고 돈 버는 데만 열중하는 것이 낫다.

다만 돈을 위하여 결혼하는 것보다 더 나쁜 것은 없고, 다만 사랑을 위하여 결혼하는 것보다 어리석은 것은 없다.

이 말은 사무엘 존슨이 한 말로 돈을 보고 하는 결혼은 나쁘다고 일침을 놓는다. 그리고 덧붙여 사랑만을 위해 결혼을 해서도 안 된다고 말한다, 결혼은 사랑만 가지고 이어갈 수 없기 때문이다. 돈만 보고 하는 결혼은 돈이 없어지면 깨질 확률이 높다. 또한 사랑만을 위해 하는 결혼도 사랑이 식으면 깨질 수 있다는 것이다. 그러니 어느 쪽으로 기울어서도 안 되고 균형을 맞추어야 한다.

김구가 재산을 따지지 않아야 한다는 것은 돈만 보는 여자와 하는 결혼은, 바람직한 결혼이 아니기 때문에 자신은 그런 결혼은 하지 않겠다는 것을 말한다.

두 번째로 제시한 학식이 있어야 한다는 것은 매우 바람직한 조건이라고 할 수 있다. 다만 꼭 대학을 나와야 한다는 것은 아니다. 학식이란 대학을 안 가도 얼마든지 쌓을 수 있다. 그것의 가장 좋은 방법은 다양한 분야의 책을 열심히 읽는 것이다. 책보다 더 진실하고 위대한 스승은 없기 때문이다.

김구는 양반집 자제들처럼 온전한 서당교육을 배우지 못했지만 짧게나마 여러 차례에 걸쳐 서당에서 공부를 했고, 무엇보다 책을 매우 좋아해서 『자치통감資治通鑑』(북송 때 사마광이 지은 것으로 고대 중국 16개조 1362년의 역사를 다루었으며 모두 16기紀 294권으로 구성되었다.), 『십팔사략十八史略』(송나라 말기에서 원나라 초에 증선지가 편찬한 역사서.), 『대학大學』(송대에 주자가 『예기』에서 『중용』과 『대학』의 두 편을 독립시켜 사서중심체재를 확립하였는데 49편의 『예기』에서 42편이 『대학』에 해당한다.)을 비롯해 볏서兵書 등의 책을 읽었으며, 스승 고능선으로부터 『화서아언華西雅言』(고종 4년에 김평묵, 유중교 등이 화서 이항로의 글을 편집 간행했다), 『주자백선朱子百選』(정조 18년 내각에서 간행한 것으로 주자의 서신 중 가장 긴요한 100가지 서신을 모은 서간집)을 배웠다. 또한 삶의 도리와 이치 등 인간이 갖춰야 할 기본덕목을 배웠다. 그리고 치하포 사건으로 인천감옥에 갇힌 뒤 『태서신사』, 『만국지지』등의 신서적을 읽고 서양문물에 대해 배웠다. 또 평양에서 예수교 주최로 각 지역의 교회와 학교 직원과 교사들을 대상으로 하는 사범강습회에 참석하여 배웠다. 배움에 대한 김구의 관심과 의욕은 아주 각별해서 자신과 결혼할 여자는 학식이 있어야 한다고 말했던 것이다.

김구는 그의 약혼녀인 여옥에게 『여자독본女子讀本』(1908년 장지연이 여성교육을 위해 만든 한글 책)을 직접 가르쳤다. 그러나 아쉽게도 여옥은 병으로 죽고 말았다. 그 후 김구는 약혼자인 최준례를 서울 경신학교에 유학을 보내 배우게 했다.

이를 보더라도 김구가 왜 학식이 있는 여자를 원했는지를 잘 알 수 있다.

세 번째로 제시한 직접 만나보고 마음이 맞아야 한다는 것은 매우 바람직한 결혼관이라 할 수 있다. 그 당시만 해도 조혼早婚의 풍습이 있었으며, 부모가 정해준 처자와 결혼을 하는 것이 당연시 되었다. 자신이 보고 마음에 맞는 여자를 선택한다는 것은 매우 드문 일이었다. 이러한 김구의 생각으로 보았을 때 그는 매우 깨어 있는 의식의 소유자라는 것을 알 수 있다.

결혼에 대한 김구의 세 가지 조건은 매우 현실적이면서도 구체적이라고 할 수 있다. 결혼에 대한 김구의 생각을 통해 자기 나름의 결혼관을 확립시킨다면 결혼을 하는 데 있어 많은 도움이 될 것이다.

결혼에 대해 알아두면 좋을 현명하고 바람직한 생각

앞에서도 언급했듯이 인간의 삶에 있어 결혼은 매우 중요하다. 결혼은 인륜지사인만큼 각별하게 생각하고 결혼하는 것이 자신이나 배우자 모두에게 바람직한 일이다.

이런 관점에서 바람직하고 행복한 결혼을 위해 알아두면 좋을 것들에 대해 살펴보는 것은 큰 의미가 있을 것이다.

첫째, 자신을 상대에게 맞춰주는 센스를 길러야 한다. 예비부부들이나 갓 결혼한 부부들을 보면 대개 자기중심적으로 끌고 가려는 경향이 있다. 그러다보니 반발심이 생기게 되고 그로인해 다툼을 벌이기도 한다. 그리고 나중엔 갈라서는 아픔을 겪기도 한다. 행복한 결혼생활을 위해서는 상대를 배려하는 차원에서 상대에게 자신을 맞춰주는 센스를 길러야 한다. 이에 대해 오노레 드 발자크^{Honore de Balzac}(1799~1850. 프랑스 소설가. 19세기 사실주의 문학의 거장. 주요작품 『인간희극』, 『고리오 영감』, 『골짜기에 핀 백합』)는 다음과 말했다.

사랑하는 사람과 행복하게 살기 위해서는 한 가지 비책을 알아야 한다. 그 비책은 상대를 자기에게 맞추려고 하지 말고, 자신을 상대에게 맞추어야 한다는 것이다.

둘째, 자기가 싫어하는 것을 배우자에게 요구하지 말아야 한다. 연애를 하거나 결혼생활을 하다보면 자신이 싫어하는 것을 상대에게 요구하는 경우가 있다. 이는 상대를 곤혹스럽게 함은 물론 지나치면 불행한 사태를 초래하게 된다. 자신이 싫어하는 것은 상대에게 강요하지 말아야 한다. 이에 대해 공자는 이렇게 말했다.

자기가 싫어하는 것을 상대에게 시키지 마라.

셋째, 어진 마음을 기르도록 해야 한다. 마음이 어질면 서로에 대해 배려하고 양보하는 것을 자연스럽게 하게 됨으로써 서로가 서로를 더욱 어진사람이 되게 한다.

생각해보라. 상대가 어진 마음으로 나를 대하는 데 어떻게 함부로 할 수 있단 말인가. 이에 대해 『명심보감』은 이렇게 말한다.

어진 부인은 남편을 귀하게 만들고, 악한 부인은 남편을 천하게 만든다.

넷째, 행복한 결혼 생활을 위해서는 인내심을 길러야 한다. 살다보면 상대로 인해 화나는 일이 종종 있다. 그럴 때마다 화를 낸다면 어떻게 될까. 둘 사이는 시베리아벌판처럼 변하게 될 것이다. 화나는 일도 참고, 견디는 자세가 필요하다. 이에 대해 안톤 체홉^{Anton Chekhov}(1860~1904. 러시아 소설가. 극작가. 주요작품 『귀여운 여인』, 『개를 데리고 있는 여인』, 『세 자매』)은 다음과 같이 말했다.

결혼 생활에서 가장 중요한 것은 인내이다.

다섯째, 허영심에 빠져 사치를 하지 말아야 한다. 만일 둘 중 하나가 허영심에 빠져 사치를 부린다면 가정은 어두운 장막으로 가려질 것이다. 허영심은 무서운 독과 같이 집안을 풍비박산으로 만든다. 대개 허영심에 빠진 가정은 불행으로 끝나는 경우가 많다. 이에 대해 프리드리히 니체^{Friedrich Wilhelm Nietzsche}는 이렇게 말했다.

이 세상에서 가장 손상받기 쉬운 반면 정복되기 어려운 것이 인간의 허영심이다. 아니, 인간의 허영심은 손상 받았을 때 오히려 힘이 더 커져 어이없을 정도로 크게 부푸는 것이다.

여섯째, 자주 대화하는 시간을 가져야 한다. 대화는 서로의 생각을 상대에게 전할 수 있어 좋은 일은 좋은 대로 함께 기뻐하고, 나쁜 일은 서로가 머리를 맞대고 풀어나가야 한다. 대화를 자주하는 부부는 막힘이 없지만, 대화를 잘 하지 않는 부부는 굴뚝이 막힌 것처럼 서로를 막히게 함으로써 단절을 가져오게 된다. 벤저민 디즈레일리Benjamin Disraeli(1804~1881. 제40대, 42대 영국 수상 역임. 소설가. 주요작품 『비비안 그레이』, 『헨리에타 사원』)는 다음과 같이 말했다.

가장 과묵한 남편은 가장 사나운 아내를 만든다. 남편이 너무 조용하면 아내
는 사나워진다.

일곱째, 서로를 존중하고 존경하는 마음으로 대해야 한다. 부부는 가장 아름다운 사람들의 결합체이다. 그런데 서로에게 함부로 말하고 행동한다면 깨지기 십상이다. 함부로 하는 사람을 좋아할 사람은 어디에도 없다. 오래가는 행복, 즐거운 생활을 하기 위해서는 서로를 존중하고 존경해야 한다. 이에 대해 신약성경 에베소서5장 33절은 이렇게 말한다.

각각 자기의 아내 사랑하기를 자신 같이 하고 아내도 자기 남편을 존경하라.

바람직하고 행복한 결혼을 위해 알아두면 좋을 것들에 대해 일곱 가지 관점에서 살펴보았다. 결혼은 인간에게 있어 가장 경건하고 가장 아름다운 일이다. 이렇게 소중한 결혼생활을 뜻 깊게 보내는 것은 스스로를 축

복하는 일이다. 이에 대해 미셸 몽테뉴^{Michel Montaigne}(1533~1592. 프랑스 철학자. 사상가. 에세이스트. 주요작품『수상록』)는 다음과 같이 말했다.

> 결혼이란 경건하고 신성한 결합이다. 그러므로 거기에서 얻어지는 즐거움은 억제되고, 진지하며 조심스럽고 양심적인 쾌락이어야 한다.

결혼에 대한 관점을 짧지만 매우 명료하게 보여주는 말이다. 그렇다. 결혼은 신성한 일이다. 그래서 인륜대사人倫大事라고 하는 것이다.

그런데 지금 우리의 현실은 너무도 안타깝다. 결혼을 포기하는 젊은 세대들이 점차 늘고 있다. 결혼을 못한 40대들도 부지기수다. 우리 사회가 이렇게 된 것은 미취업에 따른 문제가 가장 크다. 돈이 없는데 어떻게 결혼을 할 수 있겠는가, 하는 것이 최대의 관건이다. 자연히 이러다 보니 남녀 모두 돈 없이 결혼 하는 것에 대해 회의적이다.

그래서 돈이 없어도 서로를 깊이 사랑한다면 결혼해서 알뜰살뜰 살면 되지 않느냐고 말하면, 그것은 과거의 부모세대들이나 하는 것이라며 외면해 버린다. 물론 충분히 이해가 간다. 돈 없이 할 수 있는 것이라고는 아무 것도 없으니까.

그러나 서로를 진실하게 사랑한다면 그 가난까지도 사랑해야 한다. 처음엔 가난하게 시작해도 열심히 살면 그 대가가 주어진다. 자신이 없어서 결혼을 포기 한다는 것은 스스로를 가슴 아프게 하는 일이다.

김구가 내 세운 결혼의 첫째 조건인 재산을 따지지 않는다, 라는 것은 곧 돈이 있고 없고를 따지지 말고 서로 좋으면 사랑하고 결혼하라는 것이다. 그렇다. 사람은 다 살기 마련이라는 말이 있듯 어떻게든 다 살아가게 되어있다. 다만 처음부터 남을 의식해서 있는 것처럼 할 필요는 없다. 솔직하고 형편에 맞게 하면 된다.

그리고 결혼을 해서 앞에서 제시한 행복한 결혼을 위해 알아두면 좋을 일곱 가지를 마음에 깊이 새겨 실행한다면 자신의, 자신에 의한. 자신을 위한 참 좋은 결혼생활을 만끽하며 살아가게 될 것이다.

행복하고 즐거운 결혼을 위한 7가지 조건

결혼은 새장과 같은 것이다. 밖에 있는 새들은 부질없이 들어가려고 하고, 안의 새들은 부질없이 나가려고 애쓴다.

_미셸 몽테뉴

01. 자신을 상대에게 맞춰주는 센스를 길러야 한다. 자신에게 맞춰주는 사람을 좋아하지 않을 사람은 없다.

02. 자기가 싫어하는 것을 배우자에게 요구하지 말아야 한다. 그것은 상대를 화나게 하는 일이다.

03. 어진 마음을 기르도록 해야 한다. 마음이 어질면 배려하고 양보하는 일에 주저함이 없다.

04. 행복한 결혼 생활을 위해서는 반드시 인내심을 길러야 한다. 결혼 생활은 인내심을 필요로 하기 때문이다.

05. 허영심에 빠져 사치를 하지 말아야 한다. 허영심은 가정을 망치게 하는 주요 요인이다.

06. 자주 대화하는 시간을 가져야 한다. 대화는 서로간의 생각을 전함으로써 상대가 원하는 것이 무엇인지 알 수 있어 대처하게 해준다.

07. 서로를 존중하고 존경하는 마음으로 대해야 한다. 존중하고 존경하는 마음은 사람을 기분 좋게 하기 때문이다.

신념과 의기로
흔들림 없이 행하다

참고 견디어
흔들리지 않는다

자신이 원하는 것을 얻기 위해서는 부단한 노력이 필요하고, 참고 견디는 마음이 절대적으로 필요하다. 그것이 무엇이든 원하는 것을 하다보면 잘 될 때도 있지만 그렇지 않을 때가 더 많다.

그런데 많은 노력을 기울였는데도 원하는 일이 이뤄지지 않을 땐 상심하게 되고, 나아가서는 회의에 빠져 삶의 중심이 흔들리고 방황하게 된다. 이는 매우 심각한 일이 아닐 수 없다.

그리고 어떤 문제에 봉착했을 때도 마찬가지이다. 그 문제에 빠져 당황하거나 어찌할 줄을 몰라 흔들릴 때도 참고 견디는 마음이 절대적으로 필요하다.

사람은 살다보면 본의 아니게 많은 문제와 맞닥뜨린다. 난제를 만나 그것을 해결할 수 없을 때, 마음이 흔들려 자신감을 잃게 되면 모든 것은 그대로 끝나고 만다.

자신이 원하든 원치 않던 어떤 문제에 놓이게 될 때 이를 경계하고 막아주는 것이 곧 참고 견디는 마음이다.

인내는 쓰나 그 열매는 달다.

바뤼흐 스피노자^{Baruch Spinoza}(1632~1677. 네덜란드 출생 포르투갈계 유대인 철학자. 주요저서『지성개선론』,『데카르트철학의 원리』,『신학 정치논고』)가 한 말로 아무리 힘든 일도 참고 견디면 반드시 그 대가인 열매를 얻게 되고, 그 열매는 달콤할 수밖에 없다.

결과가 크던 작던 자신과의 싸움에서 이기지 못하면 그 어떤 것도 결코 해내지 못한다. 자신을 극복하고 이기는 것, 그것이 자신이 원하는 것을 얻을 수 있는 가장 근본적이고도 가장 핵심적인 요소이다.

참고 견디어 흔들리지 않기

김구는 평생을 가난과 고난과 역경을 헤치고 살아왔다. 그는 어린 시절 집이 가난하여 제대로 된 서당을 다니지 못했다. 그러다가 열두 살 때 이 생원이란 사람에게 약 9개월 동안 글을 배우고, 다른 선생에게 글을 배우다 아버지의 갑작스런 병환으로 그만두었다. 그리고 열다섯 살 때 서당에 잠시 다니다 선생의 수준이 믿기지 않아 그만두고, 아버지의 주선으로 정문재 서당에서 얼마간 배운 게 고작이었다. 그 후 김구는 스스로 책을 읽으며 독학으로 배움의 갈증을 달래야만했다.

김구 또한 어린 시절 보통 아이들처럼 개구쟁이 짓을 하며 자랐다. 하지만 그 반면에 성품이 반듯하고 의기^{義氣}로 가득 차 있어 바르지 않은 일엔 눈길조차 주지 않았다. 그리고 자신이 무엇인가를 해야겠다고 마음먹으면 반드시 실행해 옮겼다. 그러는 가운데 실패와 좌절을 반복하였지만, 결코 포기하지 않았다. 뜨거운 불에 수없이 넣었다 빼기를 반복하며 오랜 담금질 끝에 명검名劍이 만들어지듯, 김구가 존경받는 지도자가 될 수 있었던 것은 수많은 시련과 좌절을 겪으며 자신을 극복하고 이겨냈기 때문이다.

김구가 혹독한 시련 속에서도 끝까지 지조를 지키며 참고 견디어 자신의 진면목을 보여준 이야기이다.

김구가 치하포(황해도 안악군 소재)에서 일본인 쓰치다를 살해하고 체포되어 해주 감영에서 고문을 받을 때 주리를 틀리는 형벌을 받았다. 무지막지한 고문으로 정강이뼈가 하얗게 드러났지만, 김구는 눈 하나 깜빡 안하고 그 모진 형벌을 참아냈다. 그리고 두 달 후 인천감옥으로 이감되었다. 감옥은 매우 불결하였고 여름철이라 견딜 수 없을 만큼 더웠다. 그런데다 장티푸스에 걸려 고통은 배가 되었다.

고통이 너무 심해 짧은 생각에 자살하려고 동료 죄수들이 잠든 사이에 이마 위에 손톱으로 '충忠'자를 새기고 허리띠로 목을 졸라 숨이 끊어졌다. 숨이 끊어진 잠깐 동안, 나는 고향으로 가서 평소 친애하던 6촌 동생 창학이와 놀았다. 고시古詩에 이르기를 '고향이 늘 눈앞에 아른거려, 굳이 부르지 않았는데 혼이 먼저 가 있도다' 라고 했는데, 실로 헛된 말이 아니었다.

고통이 너무 심해 김구가 자살을 하려고 목을 졸라 정신을 잃고 느낀 심정을 나타난 말이다. 얼마나 고통이 심했으면 그렇게도 강인한 그가 자살을 시도했는지 알만하다. 다행히도 김구는 살아났고, 자신의 행동에 대해 깊이 반성하였다.

김구는 심한 장티푸스로 혼자서는 걸을 수 없어 간수 등에 업혀 신문을 받으러 가서 경무관 김윤정이 신문을 할 때 국모(민비)가 시해당한 사건의 원수를 갚기 위해서 왜구를 죽였다고 당당하게 말했다. 그리고는 일본 순사 와타나베에게 큰 소리로 왜놈을 씨도 없이 다 죽여서 우리 국가의 치욕을 씻을 거라고 소리치며 호령하였다. 김구의 추상같은 호령에 와타나베는 몸을 숨기고, 최고 책임자인 감리사 이재정과 경무관 김윤정은 얼굴이 발개져서 어쩔 줄을 몰라 했다. 감리사 이재정은 김구의 기개에 눌려 사실대로 말해달라고 하소연하며 말했다.

이 일은 널리 알려졌고, 김구는 많은 사람들에게 회자되었다. 김구 나이 스물한 살 때이다. 김구는 2차 신문, 3차 신문을 받으면서도 1차 신문 때와 같이 결코 흔들림이 없었다. 오히려 더 당당하고 기세등등하였다.

김구는 교육에 관심이 많아 광진학교를 설립하였으며, 서명의숙 교사를 비롯해 여러 학교에서 아이들을 가르쳤다. 그리고 해서 교육총회를 설립하고 학무총감을 맡는 등 가르치는 일에 헌신하며 보람된 시간을 보냈다. 그러던 중 안중근 의사의 이토 히로부미 저격사건의 연루자로 몰려 두 번째 투옥되었다. 해주 감영에서 또 다시 고문을 받으면서도 한 점 흐트러짐 없이 참고 견디어냈다. 김구는 한 달여 동안 감옥에 갇혔다가 무혐의 불기소 처분으로 석방되었다.

김구가 서른여섯 되던 해 일제가 황해도 일대의 민족주의자들을 검거하는 데 있어 김구도 체포되어 끌려갔다. 손발을 천장에 묶여 혹독한 고문을 당했지만 김구는 정신을 잃으면서도 절대 굽히지 않았다.

그러는 중에 왜놈은 밤을 새워 일하는 데 나는 과연 조국을 위해 밤새워 일한 적이 몇 번이나 있었는가, 하며 자신을 반성하였다. 김구의 눈엔 부끄러움에 눈물이 가득하였다. 살이 찢기는 참을 수 없는 고문의 고통에도 김구의 결연한 의지는 꺾이지 않았다.

김구는 세 번의 투옥으로 몸은 만신창이가 되도록 고문을 당했지만 견인불발堅忍不拔, 즉 '굳게 참고 견디어 마음을 빼앗기지 않는 높고 의연한 기개'를 떨쳤다. 이로 인해 김구는 널리 알려져 많은 사람들에게 기억되었으며, 그가 조국의 독립을 위해 마음의 발판을 다지는데 있어 큰 밑거름이 되었다.

김구가 사람으로서는 참기 어려운 모진 고통을 참아낼 수 있었던 것은, 스승인 고능선으로부터 배운 시구詩句의 힘으로 자신을 이겨냈기 때문이다.

得樹攀枝未足奇 득수반지미족기
懸崖撒手丈夫兒 현애살수장부아

이는 중국 송나라 야부도천冶父道川의 '금강경 송金剛經 頌'의 일부로써, 그 뜻은 '가지를 잡고 나무에 오르는 것은 기이한 일이 아니지만, 벼랑에 매달려 잡은 손을 놓는 것은 가히 장부로다' 이다. 김구는 이 시구를 평생의 좌우명으로 삼아 어려운 일이 있을 때마다 이 시구에 의지해 이겨냈다.

자기를 이기는 사람은 그 어떤 상황에서도 참고 견디어 낼 수 있다. 하지만 자기를 이긴다는 것은 그 무엇보다도 힘들다. 그러나 자신이 원하는 것을 얻기 위해서는 자신을 반드시 이겨내야 한다. 이에 대해 노자는 다음과 같이 말했다.

남을 설복 시킬 수 있는 사람은 강한 사람이다. 그러나 자신을 이겨내는 사람은 그 이상으로 강한 사람이다.

김구가 치욕적인 고문과 고통을 당하면서도 끝까지 굴복하지 않은 것은 자신을 이겨냈기 때문이다. 자신과의 싸움에서 이기는 자만이 자신의 뜻을 이룰 수 있는 것이다.

자신을 이기는 자가 진정으로 강한 자이다

사람은 누구나 남보다 강한 사람이 되고 싶어 한다. 이것은 인간의 본능이기도 하다. 그래서 자신에게 강한 사람은 그 어떤 일에서도 물러섬이 없다. 무슨 일이든지 끝까지 해내려고 한다. 아무리 어려운 일도 꾹 참고 끝까지 하면 해 낼 수 있다고 믿기 때문이다.

이를 증명하듯 성공적인 삶을 살았던 사람들에게서 볼 수 있는 특징 중 가장 보편적인 특징은 아무리 힘들고 어려워도 끝까지 해낸다는 것이다. 이에 대해 이백李白(701~762. 자는 태백으로 중국 당나라 시인)은 다음과 같이 말했다.

아무리 힘들고 불가능해 보이는 일도 꾸준히 노력하면 이룰 수 있다.

중국 당나라 때 시인으로 두보와 함께 중국 역사상 최고의 시인으로 추앙받는 이백. 이백이 집을 떠나 글공부에 전념하던 시절이었다. 문재에 뛰어난 그도 매일 똑같은 일을 반복하는 것이 때로는 지겹고 고리타분했다. 참다못한 그는 집에 돌아가기 위해 산을 내려가기로 결심했다. 집에 간다는 생각에 그의 마음은 들떠 있었다. 그가 시냇가에 이르렀을 때였다. 그는 바위에 도끼를 갈고 있는 한 노파와 만났다. 그 모습이 하도 이상하여 이백은 가던 길을 멈추고 무슨 일로 도끼를 바위에 가느냐고 물었다. 노파는 바늘을 만들기 위해서라고 말했다. 의아한 생각에 어떻게 도끼가 바늘이 될 수 있느냐고 재차 물었다. 노파는 빙그레 웃으며 말했다.

"그 이유는 간단하단다. 도끼를 갈 때 힘들다고 중간에 포기하지 않으면 되지."

중간에 포기만 하지 않으면 만들 수 있다는 노파의 말에 이백의 가슴은 뜨끔거렸다. 꼭 자신을 두고 하는 말 같았기 때문이다. 순간 자신이 열심히 공부를 해야겠다고 생각을 굳힌 이백은 자신에게 깨달음을 준 노파에게 절을 올리고 산으로 되돌아갔다. 이후 그는 이전과는 다른 자세로 학문에 정진한 끝에 최고의 시인이 되었다.

마부작침磨斧作針이라는 말이 있다. 도끼를 갈아 바늘을 만든다는 뜻이다. 이백이 자신의 뜻을 이룰 수 있었던 것은 자신을 이겨냈기 때문이다.

'와신상담'臥薪嘗膽은 『십팔사략十八史略』에 나오는 말로 이 말이 유래한 이야기이다.

중국 춘추 시대(기원전 496년) 월越나라를 친 오吳나라 왕합려闔閭는 싸움에 패해 전사했다. 그의 아들 부차夫差는 아버지의 원수를 잊지 않으려고 장작 위에서 자고, 드나들 때마다 남을 시켜 "부차, 너는 월나라 사람이 너의 아버지를 죽였다는 것을 잊었느냐."고 말하게 했다. 한편, 부차가 복수를 맹세하고 있다는 말을 들은 월왕 구천은 선수를 쳐 오나라를 쳤으나 거꾸로 오나라에 패하여 회계산에서 항복하였다. 화의和議하여 목숨을 구한 구천은 돌아가 쓸개를 앉은 자리 옆에 놓고 핥으며 자신에게 "회계의 치욕을 잊었느냐."고 밤낮으로 되뇌었다. 그로부터 20년 후 월왕 구천은 오나라를 무찌르고 패한 부차는 자살했다. 이 옛일에서 복수심을 품고 언제나 그것을 생각하며 고난을 참고 견디어 심신을 단련하여 이겼다는 데서 '와신상담'이라는 말이 유래했다.

남을 이기려는 자는 반드시 자신을 이겨야 한다.

『여씨춘추呂氏春秋』(제자백가 중 잡가雜家의 대표적인 작품이다. 거대중국의 거상이자 재상인 여불위呂不韋가 전국의 논객들과 식객들을 모아 춘추전국시대의 모든 사상을 절충, 통합시키고 세밀하게 분석하여 정치와 율령의 참고로 삼기위해 저술한 일종의 백과사전이다.)에 나오는 말로 자신을 이기는 것이 남을 이기는 비법임을 말한다.

사람은 누구나 자신에게는 관대하다. 그러다보니 자신의 잘못도 그냥 넘기고, 자신의 게으름도 그냥 넘어간다. 그러니 자신에게 엄격하고 자신을 이긴다는 것이 얼마나 힘든 일인지를 잘 알 것이다. 이처럼 자신을 이긴다는 것은 어렵고도 어려운 일이다.

자신을 믿는 것은 성공의 제일의 비결이다.

이는 랠프 왈도 에머슨Ralph Waldo Emerson(1803~1882. 미국의 사상가. 시인. 수필가. 저서『자연』,『대표적 인물』,『영국의 특성』)이 한 말로 스스로를 믿는 것이 자신에게 얼마나 중요한지를 잘 알게 한다. 자신을 믿는 것, 그 이상 자신을 강하게 하는 것은 없다.

김구는 언제나 자신을 믿었다. 최악의 순간에도 자신을 믿고 묵묵히 나아갔다. 그는 자신을 믿음으로써 수많은 시련과 고통을 참고 견디어 자신의 길을 당당하게 걸어갔던 것이다. 만일 그가 자신을 믿지 못했다면 우리나라의 근대사에 김구라는 걸출한 인물은 영원히 존재하지 않았을 것이다.

요즘 우리 사회를 보면 하루하루를 자신과의 싸움에서 힘들게 살아가는 사람들이 많다. 아무리 노력해도 점점 살기가 어려워진다고 목숨을 끊은 이들도 있다. 그런 뉴스를 접할 때마다 마음이 착잡하고 눈물이 난다.

그러나 그렇다고 해서 한번 뿐인 인생을 포기할 수는 없질 않는가. 포기하는 순간 자신이란 존재는 무無가 되고 만다. 절대 자신을 무無가 되게 해서는 안 된다. 힘들어도 내 인생, 즐거워도 내 인생이다.

김구가 자신을 믿었듯이 자신이 원하는 삶을 살고 싶다면 끝까지 자신을 믿고 그 어떤 어려움도 참고 견디어야 한다. 참고 견디어 흔들리지 않는 것, 그것이 자신을 위한 최선의 방책임을 잊지 말아야겠다.

어떤 일에도 흔들리지 않게 자신을 단련하는 법

최악의 적도, 최선의 친구도 자기 자신이다.

_영국속담

01. 어려운 상황에 맞닥뜨려도 겁내지 마라. 겁내는 순간 충분히 할 수 있는 것도 못하게 된다.
02. 고난과 시련 속에서 자신을 건져줄 사람은 바로 나 뿐이라고 생각하라. 내가 할 수 있는 것도 남에게 의존하고자하면 절대 할 수 없다.
03. 마음의 근육을 키워라. 마음의 근육을 키우기 위해서는 독서처럼 좋은 것은 없다. 마음이 단단히 여물면 어떤 어려움이 닥쳐도 흔들리지 않는다.
04. 몸과 마음을 단정히 하여 날마다 기도하라. 기도는 마음을 맑게 하고 긍정적으로 만드는 '정신적 비타민' 이다.
05. 포기하는 순간 자신이란 존재는 무^{無}가 되고 만다. 절대 자신을 무^{無}가 되게 해서는 안 된다. 힘들어도 내 인생, 즐거워도 내 인생이다.

의기와 의욕을 품고
열정적으로 실행하다

철심석장鐵心石腸이라는 말이 있다. 이는 '철석같이 견고한 정신'을 말함
인데 '어떤 일에도 동하지 않는 강한의지'를 말한다. 의기意氣, 즉 '정의감
에서 우러나오는 기개'는 바로 철심석장과 같은 강한의지가 뒷받침이 될
때 더욱 빛을 발하게 된다. 그래서 큰일을 하거나 바른 일을 할 땐 의기가
함께 할 때만이 가능하다. 그렇지 않으면 그 어떤 것도 결코 해낼 수 없
다. 다음은 의기로움을 잘 알게 하는 이야기이다.

사나이 대장부로 태어나서 적을 무찌르려 의가를 쌓았더니 이제야 원하던
때를 만났다. 나는 국민의 의무로서 내 몸을 회생하여 어진 일을 이루고자
했을 뿐이다. 내 이미 죽음을 각오하고 결행한 바이니 죽어도 원한이 없다.

이는 안중근安重根(1879~1910. 대한제국의 의병장. 정치사상가. 조선총독 이
토 히로부미를 하얼빈 역에서 저격 순직함. 저서『동양 평화론』,『안중근 자서
전』)의사가 한 말로 조국의 독립과 민족을 위해 목숨을 바치겠다는 그의

의기가 잘 나타나있다. 안중근은 자신의 말대로 하나 뿐인 목숨을 조국과 민족을 위해 아낌없이 바쳤다.

내가 죽은 뒤 나의 뼈를 하얼빈 공원 곁에 묻어두었다가 우리 국권이 회복되거든 고국으로 반장해다오. 나는 천국에 가서도 또한 마땅히 우리나라의 회복을 위해 힘쓸 것이다. 너희들은 돌아가서 동포들에게 각각 모두 나라의 책임을 지고 국민된 의무를 다하며 마음을 같이 하고 힘을 합하여 공로를 세우고 업을 이르도록 일러다오. 대한독립의 소리가 천국에 들려오면 나는 마땅히 춤추며 만세를 부를 것이다.

이는 안중근의 '마지막 유언'으로 죽으면서 까지도 조국의 독립을 원하는 그의 의기가 가슴을 저미게 한다. 보통사람으로서는 도저히 할 수 없는 기백이 넘쳐흐른다. 이 유언을 통해 안중근은 만고의 애국지사이자 우리민족의 살아 있는 민족혼이라는 것을 잘 알 수 있다.

안중근의 의기와 기백은 우리민족의 표상이며 우리국민이 그를 민족의 영웅으로 칭송하는 데 부족함이 없다하겠다.

의지와 기개로 대한의 기상을 떨치다

의기충천意氣衝天은 '의욕과 기세가 하늘을 찌를 듯이 성함을 이루다' 라는 뜻으로 의로운 기상이 넘쳐 남을 말한다.

김구의 의기는 하늘을 찌르고, 땅을 뒤흔들 정도로 기백이 넘쳤다. 그는 가장 두려움의 순간에도 절대 자신의 의기를 꺾는 일이 없었다. 오히려 위급한 순간이나 두려움이 극에 달하는 순간 더욱 의기충천했다. 이를 잘 알게 하는 이야기이다.

김구는 안중근의사의 사촌동생 안명근 사건의 연루자로 몰려 경성총감부에서 심문을 당할 때였다. 사실 김구는 안명근과는 아무 관련이 없었다. 일제가 황해도일대의 민족주의자들을 검거하기 위한 구실로 삼은 것이었다.

심문관은 네가 어째서 여기에 왔는지에 대해 물었다. 김구는 잡아오니 끌려왔을 뿐이라며 모른다고 말했다. 그러자 김구의 손발을 묶고는 천장에 매달아 몽둥이로 사정없이 가격하였다. 김구는 정신을 잃고 말았다. 심문관은 김구의 얼굴과 몸에 찬물을 끼얹고 그가 깨어나자 안명근 사건에 대해 물으며 사실대로 실토하라고 했다. 김구는 나는 그와 친구일 뿐 사건과는 무관하다며 말했다. 그러자 다시 천장에 매달고는 사정없이 가격하였다. 밤을 꼬박세우며 심문했지만 김구로부터 아무런 말도 들을 수 없었다.

심문관은 김구에게 평생 친구가 누구냐, 학생 중에 누가 너를 가장 사랑하느냐, 고 물으며 김구로부터 자백을 받기 위해 갖은 수단을 다 썼다. 그래도 김구로부터 아무런 말도 듣지 못하자 잔혹한 고문을 가해 김구는 또 정신을 잃고 말았다.

김구가 여덟 번째 심문을 받을 때 일이었다. 김구로부터 아무 것도 얼을 수 없었던 심문관은 동료들은 이미 다 자백했으니 너 또한 자백하라며 윽박질렀다. 그리고 지금 말하지 않으면 이 자리에서 죽이겠다고 협박하였다. 그러자 김구는 "나를 당신네 밭의 깨진 기왓장으로 알고 캐내려는 당신들의 고생보다 파내어지는 나의 고통이 더 심하다. 지금 내가 자결하는 것을 보라."고 말하고는 머리를 기둥에 들이받고 정신을 잃고 말았다.

이에 놀란 일본 경찰 여럿이 달려들어 인공호흡을 하여 정신이 돌아왔다.

김구는 여덟 번째 심문에 일곱 번이나 기절을 하였다. 그처럼 일제의 고문은 잔혹하고도 잔혹했다. 하지만 그럼에도 김구의 의기는 꺾이지 않았다.

김구의 강철 같은 의기는 세 번의 투옥에, 갖가지의 모진 고문에도 절대 꺾이지 않았다. 도리어 심문관을 훈계하여 꾸짖는 등 그의 의기는 하늘을 찌르고도 남음이 있었다.

여기서 일제의 고문방법에 대해 알아두는 것도 김구의 드높은 의기를 이해하는데 도움이 될 것이다. 첫째는 채찍과 몽둥이로 사정없이 때리거나, 두 손을 등에 얹게 하고 붉은 삼바로 천장의 쇠갈고리에 건 후 걸상을 빼내 온 몸을 공중에 매달아 질식하면 풀고 찬물을 끼얹었다. 그리고 화로에 쇠를 달궈 전신을 지지고, 손가락 굵기의 나무 3개를 세 손가락 사이에 양쪽 끝을 끈으로 매고, 거꾸로 매달게 하여 콧구멍에 물을 부었다. 둘째는 굶기는 것이다. 배고픔의 고통은 그 어떤 고문보다도 힘들다. 그래서 잘 버티던 사람도 더는 버티지 못한다고 한다. 세 번째는 부드럽게 대하며 설득한다. 잘 견디던 사람도 이 방법엔 자신도 모르게 넘어가곤 한다고 한다. 김구는 이처럼 잔인한 고문에도 자신의 의기를 결코 꺾지 않았던 것이다.

김구는 열여덟의 나이에 동학에 입도하여 열아홉에 접주가 되어 해주성 전투에 참여하는 등 언제나 의기로 충천했다. 또한 김구는 일의 옳고 그름에 대해 엄격하게 대처한 것으로 유명하다. 그는 의로운 것에 대해서는 눈물을 흘릴 만큼 감동을 하였으나, 불의와 잘못된 행위에 대해서는 추상같았다.

김구는 임시정부의 경무국장시절 한인 밀정들을 엄격하게 다루었다. 나라를 팔고 민족을 배신한 밀정들을 단호하게 처단한 것이다. 그 수가 30인에 달한다고 한다. 그들을 조국과 민족을 배반한 불의한 자들로 여겼다. 그리고 김구는 한인들을 일본경찰에 밀정으로 파견하여 그들의 동태를 철저하게 파악하였다. 그로 인해 일본경찰은 김구를 임시정부의 실력자로 비밀보고서에 작성했다고 한다.

이처럼 김구가 밀정들을 단호하게 처단한 것이나, 밀정을 파견한 것은 조국과 만족을 위한 의로운 충정에 의해서였다.

그렇다면 의기는 어디에서 오는 것일까. 그것은 참된 용기와 이성에서 온다. 모두가 겁을 내고 두려워할 때 그 두려움을 넘어서는 것, 그것이 바로 의기이다. 그래서 의기로 가득하면 못할 것이 없다. 인간이 행하는 모든 위대한 행동이 의기에서 비롯되는 것도 바로 이 때문이다. 김구는 지극히 이성적인 동시에 탁월한 용기를 겸비한 진정한 '의기' 그 자체였다.

위대한 행동도 뛰어난 용감성도 모두 위대한 이성의 산물이다. 불끈하고 감정에서 나온 행동은 적당한 방향을 잡지 못할 뿐 아니라, 때로는 평지에 파란을 일으킬 뿐이다. 참된 용기는 다른 사람이 겁을 내고 머뭇거릴 때 무서움을 넘고 이성의 밧줄을 잡고 행동하는 데 있다.

이는 존 러스킨^{John Ruskin}(1819~1900. 영국의 비평가. 사회사상가. 작가. 옥스퍼드대학 교수를 역임. 인간 정신 개조에 의한 사회 개량을 주장했으며 이 방면에서 최고로 평가받았다. 간디와 톨스토이, 버나드 쇼는 러스킨을 '당대 최고의 사회개혁자' 라고 평하였다. 주요저서 『근대화가론』, 『베네치아의 돌』)이 한 말로 이성과 참된 용기는 위대한 행동을 하게 하는 의기를 갖게 하는 주체라고 말한다. 그렇다. 이성이 바르게 판단하게 하는 주체라면, 용기는 그것을 행하게 하는 주체인 것이다.

의기와 기개는 이성과 용기에서 온다

앞에서도 말했듯이 의기는 이성과 용기에서 온다. 그리고 이성과 용기를 뒷받침해주는 것은 강한 의지이다. 이것이 서로 조화롭게 어우러져야 의기가 충천한다. 이에 대한 이야기이다.

1796년 프랑스군과 오스트리아군이 이탈리아 로디의 어느 다리에서 서로 대치하고 있었다. 오스트리아군은 포병이 대포를 일렬로 새워 프랑스군을 향해 포구砲口를 겨눴다. 그리고 그 뒤로는 6,000명의 병사가 언제든지 사격할 태세를 갖추고 있어 프랑스군이 다리를 건너가기가 쉽지 않았다.

나폴레옹 보나파르트Napoleon Bonaparte는 300명의 기총병 대대를 선봉에 세운 다음 4,000명의 근위여단으로 돌격 대오를 편성하였다. 그리고는 함성을 지르며 다리를 향해 달려갔다. 그러자 오스트리아군에서 일제히 총을 쏘아댔다. 그 바람에 추풍낙엽처럼 선봉에 선 프랑스군이 쓰러졌다. 그 모습을 보고 최정예 근위여단 조차도 겁을 먹고 주춤거렸다. 위기였다. 그런데 바로 그 순간 나폴레옹은 아무런 말없이 앞으로 나섰다. 그리고 선두에서 앞으로 나아가기 시작했다. 그러자 그 뒤를 따르던 돌격대원들이 쓰러진 시체를 밟고 앞으로 나가기 시작했다. 눈 깜짝할 사이 200미터의 다리를 건넌 것이다. 의기충천한 모습에 오스트리아 포병은 너무 놀란 나머지

엉뚱한 곳으로 포를 쏘아댔다. 뒤에 있던 오스트리아군은 도망치기에 바빴다. 상황이 이렇게 되자 포병들도 대포를 놓아둔 체 도망가기에 바빴다. 완벽한 프랑스군의 승리였다.

여기서 중요한 사실을 알 수 있다. 위기의 상황을 승리로 이끈 것은 바로 나폴레옹의 의기였다. 그는 아무런 말없이 자신이 직접 앞으로 나섬으로써 두려움에 떨던 프랑스군에게 용기를 불어넣었던 것이다. 나폴레옹의 의기가 프랑스군을 의기충천하게 만들었고, 그 결과는 대승이었다.

지휘관의 역할이 얼마나 중요한지를 잘 알게 하는 이야기이다. 만일 나폴레옹 또한 승산 없는 싸움이라고 여겨 퇴각 명령을 내렸다면 프랑스군은 싸워보지도 못하고 패배의 불명예를 안았을 것이다. 또한 나폴레옹은 영웅이 아니라 패장이라는 이름으로 역사에 남았을 것이다.

나폴레옹이 취한 행동은 의기충천 그 자체였다. 의기가 충천하는 사람은 이성과 용기로 무장하고 있어 절박한 상황에서도 두려워하지 않고, 위기를 극복하고 성공의 결과를 낳는 것이다.

의기로 넘치는 사람은 그 어떤 실패에도 좌절하지 않는다.

김구는 여러 번의 실패의 쓴잔을 맛보았다. 분노에 차 이글거리는 마음을 이성으로 누르고, 차분히 자신을 살핌으로써 실패의 분노에서 벗어날 수 있었다. 그 후 김구는 실패를 두려워하지 않았으며, 자신이 추구하는 것을 성공으로 이끌어 냈다. 실패를 이기는 힘 또한 의기라고 할 수 있다.

돌이켜 보면 나의 생애는 일곱 번 넘어지고 여덟 번 일어났던 것이다.

프랭클린 D. 루스벨트^{Flanklin Delano Roosevelt}(1882~1945. 미국의 정치가. 미국 역사상 최초의 4선 대통령. 주요저서.『우리의 길^{On Our Way}』)가 한 말로 자신의 성공은 거듭된 실패 속에서 왔음을 말한다.

루스벨트는 그 어떤 정치가보다도 실패를 많이 했다, 그는 39세 때 갑작스럽게 소아마비를 앓게 되면서 극심한 좌절을 겪기도 했다. 그러나 그는 강철 같은 의지로 소아마비를 극복하며 대통령이 되었다. 루스벨트는 자신의 공약대로 '뉴딜^{New Deal} 정책'을 펼쳐나감으로써 미국을 최악의 경제공황으로부터 구해냈다. 그가 미국국민들로부터 존경 받는 것은 그 어떤 상황에서도 자신의 책임을 다했을 뿐만 아니라, 평화와 자유를 사랑하는 따뜻하고 부드러운 인간애로 국민들에게 희망과 용기를 주는 삶을 지향했기 때문이다.

대개의 경우 실패를 하면 감정에 사로잡힌다. 더욱이 거듭된 실패라면 분노하기 쉽다. 루스벨트는 감정적인 분노를 이겨낼 수 있는 힘은 이성이라는 걸 너무도 잘 알았고, 거기에 용기를 다해 성공할 수 있었다.

인간은 약한 것 같지만 가장 강한 동물이다. 그것은 인간은 불가능한 일도 해 내는 용기와 의지, 의기를 지녔기 때문이다. 이에 대해 한스 크리스티안 안데르센^{Hans Christian Andersen}(1805~1875. 덴마크시인. 동화작가. 주요작품 『미운 오리 새끼』,『성냥팔이소녀』,『인어공주』)는 다음과 같이 말했다.

어떤 높은 곳도 사람이 도달하지 못할 것이 없다. 그러나 결의와 자산을 가지고 올라가지 않으면 안 된다.

일기당천一騎當千이란 말이 있다. 이는 '혼자서 천 명의 적과 싸울 만큼 강하다'는 말로 의기충천해야만 할 수 있는 행동이다.

김구가 30년 가까운 세월을 중국에서 오직 조국의 독립을 위해 헌신할 수 있었던 것은 그 어떤 두려움과도 맞서 싸울 수 있는 이성과 용기, 그리고 의기로 무장되어 있었기 때문이다.

현재를 살아가는 사람들은 너나 할 것 없이 조금만 힘들어도 포기하고 좌절하곤 한다. 이렇게 해서는 자신이 원하는 길을 갈 수 없다. 김구가 그랬듯이 이성과 용기를 갖고, 의기충천함으로써 끝까지 최선을 다해야 한다. 그렇게 될 때만이 자신이 원하는 것을 성공으로 이끌어 내게 될 것이다.

의기와 기개를 기르는 참 좋은 지혜

인간의 의지에 저항 할 것은 없다.

_벤저민 디즈레일리

01. 불의에 타협하거나 무릎 꿇지 않는 강한 마인드를 길러야 한다. 마인드가 약하면 의기를 기를 수 없다.
02. 모든 일에 감정을 앞세우지 말고 이성적으로 판단해야 한다. 그렇지 않으면 정의로운 일에도 감정적으로 대하는 우를 범할 수 있다.
03. 용기를 길러야 한다. 용기가 없으면 그 일이 아무리 옳다 해도 의기와 기개를 갖고 대할 수 없다.
04. 거듭 된 실패에도 약해지면 안 된다. 실패를 두려워하는 순간 의기는 저 멀리로 사라지고 만다.
05. 그 어떤 두려움과도 맞서 싸울 수 있는 이성과 용기, 그리고 의기로 무장해야 한다. 그렇게만 할 수 있다면, 그 어떤 난제도 능히 극복해 낼 수 있다.

대담부적 大膽不適

대담하여 두려워하지 않고
적을 두지 않는다

대담한 사람은 그 어떤 위급한 상황이나 어려움 앞에서도 두려워하지 않는다. 그 가슴에는 불타는 의지로 가득하고, 용기가 마그마처럼 끓어 넘친다. 대담하고 대담하지 않은 것의 차이는 한 사람의 인생에 절대적으로 작용한다. 같은 난제나 같은 위급한 상황에서도 대담한 사람은 아무렇지도 않게 받아들이는 반면, 소심한 사람은 전전긍긍하며 어쩔 줄을 몰라 한다. 그러다 보니 둘 사이에는 현격한 결과가 나타난다. 대담한 사람은 긍정적인 결과를 얻을 확률이 높지만, 소심한 사람은 부정적인 결과를 초래할 확률이 높다.

대담한 사람과 소심한 사람은 성격에서 확연히 차이가 난다. 대담한 사람은 강한 마인드를 갖고 있지만, 소심한 사람은 마인드가 약하다. 즉, 대담한 사람은 강한자이고, 소심한 사람은 약자이다.

길을 가다 돌을 만나면 강자는 그것을 디딤돌이라고 말하고, 약자는 그것을 걸림돌이라고 말한다.

이는 토마스 칼라일Thomas Carlyle(1795~1881. 사상가. 저서 『프랑스 혁명사』, 『과거와 현재』)이 한 말로 강자(대담한 사람)와 약자(소심한 사람)의 생각의 차이가 현저히 다르다는 것을 일 수 있다.

대담한 성격은 천성적으로 타고 나야하지만, 후천적으로도 얼마든지 기를 수 있다. 그 또한 마음의 문제이며, 자신이 어떻게 하느냐에 따라 달라지기 때문이다.

김구는 천성적으로 강한 마인드를 타고 났지만, 세 차례에 걸쳐 투옥되어 말할 수 없는 고문을 당하는 등 수많은 시련과 실패, 역경을 통해 더욱 강해지고 단단해지고 대담하게 변화되었다.

사람은 시련과 역경을 겪으면 크게 두 가지 현상을 보인다. 시련과 역경에 맞서 굴복하지 않고 이겨내는 사람과 굴복하고 포기하는 사람이다. 결국 자신이 시련과 역경에 대해 어떻게 대처하느냐에 따라 대담한 사람이 될 수도 있고, 소심한 사람으로 살아갈 수도 있다. 다만 그렇게 되고 안 되고는 오직 자신에게 달려 있다는 사실을 간과해서는 안 될 것이다.

대담한 사람은 두려워하지 않고 옳은 일에 주저하지 않는다

김구는 평생을 조국과 민족을 위해 살아 온 애국자 중에 애국자라는 건 누구나 다 아는 사실이지만 그가 어떤 마인드를 가졌는지, 또 어떤 일을 했는지에 대해서는 잘 알지 못한다. 김구를 한 마디로 말한다면 대담부적大膽不適한 사람이라고 할 수 있다. 대담부적이란 '사물을 두려워하지 않고 적을 삼지 않음'이란 뜻으로 김구는 성격이 대담하여 무슨 일에도 흔들림이 없었고 주저하지 않았다. 이를 잘 알게 하는 이야기이다.

김구는 스물한 살 때 단발령을 피해 청나라 금주에 있는 서옥생 집으로
가던 중 평안북도 안주에서 단발령을 정지한다는 내용의 글을 보고는 마
음을 바꿔 삼남지방을 살펴보기 위해 가던 길을 되돌아가기로 했다. 김구
는 평안북도 용강군에서 황해도 안악군 치하포로 가기 위해 배를 타고 가
던 중 배가 얼음덩어리에 갇혀 이러지도 저러지도 못하고 위급에 처했다.
배에 탄 사람들은 죽음의 공포로 아우성이었다. 하지만 김구는 최악의 상
황에서도 사람들에게 힘을 합쳐 얼음덩어리를 밀어내자고 말하고는, 죽
기를 각오하고 몸을 날려 얼음덩어리 위로 올라가 얼음을 제치기 시작했
다. 오랜 시간 얼음덩어리와 사투를 벌인 끝에 무사히 치하포에 닿을 수
있었다. 김구로 인해 배에 탄 사람들은 모두 살아날 수 있었다.

이 이야기에서 김구의 남다른 대담성을 알 수 있다. 모두가 죽음의 공
포에 떨 때 김구는 용기를 내 사람들의 마음을 하나가 되게 했다. 사람들
은 나이 어린 젊은이가 목숨을 걸고 앞장서자 아우성을 멈추고 김구가 하
라는 대로 따라했다. 그러자 공포의 빛은 사라지고, 안정적으로 강을 건
널 수 있었다.

만일, 배에 김구가 없었더라면 배에 탄 사람들은 모두 죽었을 지도 모
른다. 극심한 어려움에 처하다 보면 당황하게 되어, 평소에 잘하는 것도
잘 못하게 되기 때문인데, 김구는 동요됨이 없이 대담성 있게 일을 처리
한 것이다.

강을 건너자마자 김구는 인근 주막으로 갔다. 주막엔 많은 사람들이 북
적이고 있었다. 다음날 아침 김구 인생에 획기적인 사건이 발생하였다.
아침식사를 하던 중 단발을 하고 한복을 입은 사람을 보게 되었다. 김구
는 그가 한국인으로 변장한 왜인이라는 것을 알았다. 그의 옷 속에 칼이

숨겨져 있는 것을 본 것이다. 김구는 그가 혹시 민비시해사건의 용의자 중 하나가 아닐까 하여 그를 죽이기로 마음먹었다. 김구는 두려움이 앞섰지만 국모를 시해한 왜인을 죽여 원수를 갚겠다는 일념으로 기회를 엿보다 발로 걷어차 왜인을 쓰러트렸다. 왜인은 자리에서 일어나 칼을 뽑아 김구를 겨냥했다. 사람들은 눈은 일제히 김구와 왜인에게 집중되었다. 김구는 자칫하다가는 왜인의 칼에 자신이 당할지 모른다는 사실에 긴장을 늦추지 않고 왜인의 허점을 노렸다. 숨 막히는 긴장이 얼마간 지속되었다. 그러다 김구의 몸이 재빠르게 왜인을 덮쳤다. 왜인은 또다시 나뒹굴었고, 김구는 사람들을 향해 "누구든지 왜인을 돕는 자는 죽여버리겠다"고 소리를 지르고는 빼앗은 칼로 왜인의 숨통을 끊어버렸다. 그리고는 왜인의 피를 마시고 방으로 들어가 사람들을 향해 "아까 왜놈을 위해 나를 향해 달려들던 놈들이 누구냐?"고 소리쳤다. 사람들은 서슬이 퍼런 김구를 보고는 숨죽이며 덜덜 떨었다. 김구는 자신에게 호의적이던 노인들의 말을 듣고 자신에게 달려들었던 청년을 살려주었다.

김구는 주막주인에게 필기구를 가져오게 하여 국모의 원수를 갚기 위해 왜인을 죽였다는 포고문을 쓰고는 마지막에 해주 백운방 텃골에 사는 김창수라고 썼다. 그리고 김구는 포고문을 길가에 붙이라고 주막주인에게 말하는 한편 안악군수에게 사건에 대해 보고하라고 말한 뒤 집에 가서 기다리고 있겠다고 말하고는 집으로 갔다.

김구의 대담한 행동에 많은 사람들이 놀라워했다. 그 당시 왜인을 죽인다는 것은 자살행위와도 같은 것이었다. 이 이야기는 순식간에 곳곳으로 빠르게 퍼져 나갔다. 이야기를 들은 사람들은 마치 영웅담을 이야기 하듯 흥미로워했다. 김구는 하루아침에 영웅이 되었다.

이 소식을 전해들은 부모님은 어서 피신하라고 했지만 김구는 피신하지 않겠다고 말했다. 사건이 있고 석 달 후 김구는 체포되어 해주감영으로 끌려가 주리를 틀리는 고문을 당했다. 그리고 인천감옥으로 이감되어 참을 수 없는 고문으로 고통에 시달리면서도 결코 기개를 잃지 않았다.

김구는 일생동안 세 번 투옥되었는데 그 때마다 말할 수 없는 모진 고문을 수도 없이 당했다. 고문을 받다 정신을 잃는 것은 보통이었다. 그로인해 김구의 몸은 망신창이가 되었다. 그러나 김구는 그 어느 누구 앞에서도 대담함을 잃지 않았다. 고문의 고통이 클수록 그의 대담성은 날로 더해만 갔다.

김구는 임시정부요인으로 조국의 독립을 위해 수없이 모진 고난의 세월을 보내는 동안에도 그의 대담성은 결코 흔들리는 법이 없었다. 그리고 광복 후 귀국하여 신탁통치에 의해 남북이 갈라서는 것을 막기 위해, 반대와 죽음을 무릅쓰고 북한을 방문한 것은 김구의 민족애와 대담성을 잘 알게 한다. 이에 대한 이야기이다.

그 가운데에서도 가장 반대가 심한 분은 임시정부환국환영위원회 간부이자 한국독립당 옹진지구 책임자였던 도인권 목사였다. 도 목사는 '105인 사건'으로 서대문형무소에서 백범 선생과 옥살이를 하고, 초기 임시정부에서도 함께 활동한 분이었다. 고향도 같은 황해도이고, 나이 또한 백범 선생보다 한두 살 아래여서 선생을 '형님, 형님' 하며 따르는 분이었다. 도 목사는 백범 선생이 무사 귀환할리 없다고 굳게 믿고 아예 경교장에서 침식을 하며 북행중단을 호소했다. 그럼에도 백범 선생의 뜻이 꺾이지 않자 김신 씨에게 북행을 연기라도 시키라며 성화를 부리기도 했다. 상황이 이러하자 김신 씨가 백범 선생에게 북행 연기를 거듭 권고했다.

"내가 '김구 타도'가 무서워서 못 갈 것 같으냐. 쓸 데 없는 소리…… 김일성과 얘기할 사람은 나밖에 없어. 미루다니, 하루가 급한데 무슨 말이냐!"

선생이 일갈하자 김신 씨는 "아버님, 소신껏 하십시오."라고 말씀드리고 물러날 수밖에 없었다.

이는 김구의 비서였던 선우진이 밝힌 얘기로 김구가 북한을 방문하려고 하자, 북한에 갔다가는 다시 돌아올 수 없다며 반대한 도인권 목사의 부탁에 따라 아들 김신이 김구에게 건의를 하자 아들인 김신에게 김구가 한 말이다.

지금까지의 이야기에서 보듯 김구의 대담성을 잘 알 수 있을 것이다. 김구는 배가 얼음에 갇혀 위급한 상황에서도 몸을 날려 배를 안전하게 포구에 닿게 하였고, 치하포 사건 후 잡힐 것을 뻔히 알면서도 포고문을 쓴 것과 안악군수에게 알리라고 말했던 것, 그리고 피신하라는 부모님의 말을 듣고도 피하지 않고 당당하게 자신을 드러내 보인 것은 그의 대담성을 잘 알게 한다. 김구가 평생을 시련과 고난 속에서도 굴복하지 않고 자신이 원하는 일에 최선을 다할 수 있었던 것은 바로 그의 대담성, 즉 담대함에 있다.

명목장담^{明目張膽}이란 말이 있다. 이는 『당서^{唐書}』(중국 당나라의 건국부터 멸망까지 기록한 기전체의 역사책이다.) 위사겸전에 나오는 말로 '눈을 크게 뜨고, 담력으로 아무것도 두려워하지 않고 용기를 내어 행한다' 라는 뜻이다. 이 말은 김구를 두고 있는 말인 듯하여, 마음에 새겨 삶의 지표로 삼아도 족할 것이다.

용기 있는 자만이 흔들림 없이 자신의 길을 갈 수 있다

두려움을 알 되 이것을 겁내지 않는 자야말로 참다운 용자^{勇者}이다.

이는 알프레드 테니슨Alfred Tennyson(1809~1892. 영국 빅토리아시대 계관시인. 시집 『락슬리 홀』, 『율리시스』)이 한 말로 참된 용자勇者, 즉 용기 있는 사람은 두려움을 두려워하지 않고 맞서는 자임을 알 수 있다.

영국의 영원한 명장, 넬슨Horatio Nelson(1758~1805. 영국의 제독)은 어린 시절 불우한 가정환경에서 자랐다. 그의 외삼촌은 해군 대령이었는데 어린 넬슨을 돌봐주었고, 넬슨이 자라서 해군에 입대하는데 도움이 되어주었다. 처음 얼마동안은 서인도제도를 항해하고, 북극탐사를 나섰다 실패를 하는 등 모험을 하기도 했다.

넬슨은 첫 번째 전투를 치르던 중 말라리아에 걸려 우울증의 고통을 겪었다. 하지만 적극적인 마인드로 대망의 꿈을 품고 최선을 다해 주어진 임무를 잘 해나갔다. 열여덟에 대위 시험에 합격하여 서인도제도 전투에 나섰으며, 약관의 스무 살에 함장이 되었지만 산후안 전투에서 이기고도 황열병으로 인해 영국군이 거의 전멸을 하는 시련을 겪기도 했다.

그 후 지중해에서의 전투를 거쳐, 상비센터 곶 전투에서 스페인 함대를 물리치고 소장으로 승진하였으며 백작작위를 받았다. 그러나 그가 주요 독립부대 지휘관으로서 첫 번째 벌인 전투에서는 참패를 하고 말았다. 설상가상으로 넬슨은 한쪽 팔을 잃고 말았던 것이다.

하지만 그는 더 강해졌고, 하는 전쟁마다 승리로 이끌었으며 특히 트라팔가르 해전에서 나폴레옹 군대를 격파하여 이름을 크게 떨쳤다.

넬슨이 훌륭한 제독으로 존경받는 것은 부하지휘관들에게 독창적인 전술을 가르쳤고, 부하들을 인격적으로 대해준 그의 인품 때문이었다. 하지만 무엇보다도 가장 돋보이는 장점은 그의 대담성에 있다. 그는 자신이 맡은 전쟁에서 결코 밀리는 적이 없었다. 그는 상대가 그 누구라 할지라도 전혀 두려워하거나 기가 꺾이지 않았다. 그는 '이기는 군대는 우선 이겨놓고 싸운다'는 『손자병법孫子兵法』(손자孫子, 본명 손무. 중국 춘추시대 제나라 출신의 병법 전술가가 지은 병서)의 지략처럼 벌이는 전쟁마다 승리로 이끌었던 것이다. 넬슨은 자신의 경험을 통해 다음과 같이 말했다.

시도하지 않는 곳에 성공이 있었던 예는 결코 없다.

옳은 말이다. 시도하지 않는데 어떻게 성공할 수 있단 말인가. 담대한 마음을 갖고 시도하는 자만이 성공의 기쁨을 누릴 수 있다. 그리고 넬슨은 어려움과 위험이 닥쳐왔을 때야말로 더욱 굳은 결심을 하고 용기를 내야 한다고 말했다.

대담한 용기를 기르기 위해서는 첫째, 옳고 그름을 바로 알아야 한다. 그래서 옳은 일에는 행하고, 그릇된 일은 행하지 말아야 한다. 옳은 일을 행하는 것, 그릇된 일을 행하지 않는 것 또한 용기이기 때문이다. 이에 대해 공자는 다음과 같이 말했다.

옳은 일은 행하되 불의한 일은 행치마라.

둘째, 그 어떤 두려움도 두려워하지 말아야 한다. 두려워하는 순간, 충분히 할 수 있는 것도 포기하게 된다. 두려움을 이기는 가장 좋은 방법은 두려움을 겁내지 않는 것이다. 이에 대해 마크 트웨인Mark Twain(1835~1910. 미국의 소설가. 주요작품 『왕자와 거지』, 『톰 소여의 모험』, 『허클베리 핀의 모험』)은 다음과 같이 말했다.

용기는 두려움을 느끼지 않는 것이 아니라 두려움에 대한 저항이자 극복이다.

셋째, 의로운 생각을 마음에 깊이 새겨야 한다. 의로운 마음을 깊이 새기면 죽음을 소중히 여기되, 의로운 일에는 목숨을 걸고 마음을 다한다. 이에 대한 순자荀子 (BC 298~238. 중국의 전국시대 말기의 유가 사상가이자 학자. 성악설을 주창하였다.)는 이렇게 말했다.

죽음을 가벼이 하고 날뛰는 것은 소인의 용기이다. 죽음을 소중히 여기고 의로써 마음을 늦추지 않는 것은 군자의 용기이다.

사직지신社稷之臣이란 말이 있다. 이는 맹자孟子가 한 말로 '나라의 중대한 임무를 한 몸에 진 대신'이란 뜻이다.

김구는 사직지신으로 자신의 직무에 책임을 다할 수 있었던 것은 담대한 마음으로 최악의 상황에서도 두려워하지 않고 당당하게 맞서 최선을 다했기 때문이다. 그랬기에 김구는 평생을 살면서 옳은 일은 목숨을 걸고 행했으되, 옳지 않은 일엔 그 어떤 타협은 물론 눈길조차 주지 않았다.

자신이 무엇인가를 이루고 싶다면 김구가 그랬듯이 마음을 담대히 하고, 옳은 일엔 최선을 다하되 불의와는 타협하거나 해서는 안 된다. 그리고 나아가 어떤 일에서도 용기백배하여 자신의 의지와 신념으로 굳세게 실행해야 한다. 실행하는 자만이 자신이 원하는 것을 얻는 법이다.

담대한 마음을 기르는 열정의 법칙

3돈을 잃는 것은 적게 잃은 것이다. 그러나 명예를 잃은 것은 크게 잃은 것이다. 더더욱 용기를 잃는 것은 전부를 잃는 것이다.

_ 윈스턴 처칠

01. 옳고 그름을 바로 알아야 한다. 그래서 옳은 일은 행하고, 그릇된 일은 행하지 말아야 한다.
02. 어떤 두려움도 두려워하지 말아야 한다. 두려워하는 순간, 충분히 할 수 있는 것도 포기하게 된다.
03. 의로운 생각을 마음에 깊이 새겨야 한다. 의로운 마음을 깊이 새기면 죽음을 소중히 여기되, 의로운 일에는 목숨을 걸고 최선을 다한다.
04. 자기를 극복하는 강한 의지를 길러야 한다. 강한 의지는 불가능한 것에도 도전하게 하는 강력한 마인드이다.
05. 용기는 두려움을 없애는 자기 확신이다. 용기가 클수록 대담성 또한 더 커지고 강해진다.

실천이 따르지 않는
말은 죽은 말이다

언행일치言行一致란 '말과 행동이 하나를 이룬다'는 뜻으로, 자신이 말한 것은 반드시 행동으로 옮겨야함을 말한다. 그런데 말만한다고 해서 다 행동으로 옮기는 것은 아니기 때문에, 주변사람들에게 실망감을 주지 않으려면 말을 가려서 하되 자신이 한 말에 대해서는 반드시 책임을 져야 한다.

요즘 우리 사회에는 공수표를 난발하는 말들이 시도 때도 없이 횡행한다. 특히, 책임감 있게 말하고 행동해야할 사회지도층 인사들과 정치인들은 아침 다르고 저녁 다르듯 말 바꾸기에 능하다. 금방 탄로가 날 것도 그 순간을 모면하기 위해 그럴듯하게 포장을 하거나, 생각이 안 난다고 얼버무린다. 물론 일부 몰지각한 이들에게 해당되는 것이지만, 그 행태가 너무도 뻔뻔스럽다보니 구역질이 날 지경이다.

국가와 국민들을 위해 헌신해야 할 이들이 이러하니 보통사람들은 어떨까, 생각하는 것은 어쩌면 당연지사라는 생각이드는 건 웰까. 물론 보통사람들 중에는 자신이 한 말에 대해 빈틈없이 행동으로 옮기는 이들이 있다. 언행일치는 학력이나 지위, 돈이 많고 적고 와는 전혀 상관이 없는 개개인의 인품과 성격에 따라 나타나는 현상이기 때문이다.

말을 너무 쉽게 하는 것은 좋지 않다. 너무 쉽게 하는 말은 실행이 따르지 않는 법이다. 그래서 말과 행동이 일치하지 않는 것이다.

삼사일언三思—言이란 말이 있다. '세 번 생각하고 한 번 말한다'는 뜻으로 말을 할 땐 신중히 해야 함을 말한다. 이렇듯 심사숙고해서 자신이 행할 수 있다는 자신감이 들 때 말하면 실수가 적은 법이다.

입은 재앙을 불러들이는 문이며, 혀는 몸을 자르는 칼이다. 입은 닫고 혀를 감추면 가는 곳곳마다 몸이 편안할 것이다.

이는 풍도馮道(882~954. 중국 오대십국 시대에 걸쳐 활약했던 정치가로 오대의 후량 이후 4왕조 중 3왕조(후당. 후진. 후주)에 걸쳐 재상을 지냈다. 그는 후당, 후진, 요, 후한, 후주 등 5조 11군주를 섬겨 항상 재상의 지위를 지녀 무절조無節操한 사람이라는 평과 난세에 민중을 안정적으로 보살펴 관후寬厚한 사람이라는 평을 받기도 했다.)가 한 말로 그가 남긴 『전당서全唐書』 설시편舌詩篇에 나오는 말이다. 이는 세 치 혀를 어떻게 하느냐에 따라 삶 자체가 달라진다는 것을 잘 보여주는 말이라고 하겠다.

말과 행동이 일치하는 진정성 있는 삶

밀과 행동이 일치하는 사람은 진정성을 의심받지 않는다. 언행이 일치하는 사람은 그 자체만으로도 충분히 인정받을 만한 가치가 있기 때문이다.

김구는 언제나 말을 신중히 했다. 말 한마디가 삶과 사람들에게 미치는 영향이 얼마나 큰지를 잘 알았기에 쉽게 말을 하거나 지키지 못할 말은 하지 않았던 것이다. 자연이 행동 또한 거칠 것이 없었고 말과 행동이 일치했다.

그러나 평소엔 말이 없다가도 유머감각이 뛰어나 한 번 이야기를 시작했다면 시간가는 줄 모르게 말을 즐길 때도 있었다. 이에 대해 김구의 비서를 지낸 선우진은 이렇게 말했다.

광복 후 귀국하여 탈장수술을 하고 휴양을 할 때 저녁이면 수녀들이 몰려와 독립운동 이야기를 들려달라고 하면 감옥살이 때 이야기며, 독립운동 때 이야기를 아주 재미있게 들려주곤 했다.

여기서 인간 김구의 참 모습을 볼 수 있다. 임시정부주석으로서 직무에 임할 때는 말 한 마디 한 마디가 곧 정부를 대표하는 것인 만큼 신중에 신중을 기했다. 잘 못 와전되거나 실수를 하면 치명적인 오류를 범할 수도 있기 때문이다. 자연히 언행에 각별히 유념할 수밖에 없다. 그것이 지도자의 자세이며 본분인 것이다.

그러나 앞에서 말했듯이 수녀들이나 일반 사람들과 이야기할 땐 국정을 벗어난 인간과 인간의 이야기며 생각의 교류이기에 딱딱하거나 엄격할 필요는 없다. 김구는 이를 분명히 했던 것이다. 그가 수녀들에게 자신의 지난 이야기를 재미있게 한 것은 그 또한 평범한 한 인간임을 보여준 것이라고 할 수 있다. 자신이 겪었던 치욕적이고 고통스러운 이야기를 재미있게 말한다는 것이 그것을 잘 말해준다. 대개는 숨기고 싶은 게 인간의 본능이다. 그런데 김구는 그렇지 않았던 것이다. 그의 인간다운 풍모를 엿볼 수 있다.

김구는 인천감옥에서 탈옥을 감행할 때 함께 탈출을 약속한 사람들과의 약속을 지키기 위해 밖으로 먼저 나왔다가 다시 들어가 그들을 먼저 탈옥을 시키고 자신은 맨 나중에 탈출하였다. 그런데 문제가 발생했다. 먼저 나간 사람들이 실수를 하는 바람에 탈옥이 들통 나고 말았다. 먼저 내 보낸 사람들은 다 숨어 버렸지만 정작 김구는 탈옥을 막 하려던 순간이었다. 자칫했다가는 잡히기 십상이었다. 김구는 조마조마한 마음이었지만 있는 힘껏 담을 뛰어넘어 탈옥을 감행했다. 그리고는 있는 힘껏 달려가 은신하였다. 다행히도 발각되지 않고 탈옥에 성공할 수 있었다.

이 이야기에서 김구의 언행을 잘 알 수 있다. 죽느냐 사느냐, 하는 순간에도 자신이 한 말에 대한 약속을 지키기 위해 책임을 다한 김구의 행동은 존경받아 마땅하다. 보통 사람들은 그런 상황에선 자신만이라도 살기 위해 약속은 아랑곳하지 않았을 것이다. 죽느냐 사느냐가 걸린 문제에 김구처럼 의연하게 대처한다는 것은 좀처럼 할 수 없는 일이기 때문이다. 김구의 대인ㅈㅅ다운 인품을 잘 알 수 있다.

김구는 매사가 그러했다. 그가 많은 사람들과 교류할 때 그의 말 한 마디, 행동하나하나에는 흐트러짐이 없었다. 그가 한 말은 곧 행동이 되었다. 임시정부의 요인들과 직원들, 자신이 만났던 사람들 모두에게 편견을 두지 않고 똑 같이 말하고 행동하였다.

김구가 이동녕, 안창호, 이승만 등을 비롯해 자신보다 먼저 임시정부에서 주요요인으로 활동하던 이들을 제치고 임시정부의 주석이 된 것도 다 그의 빈틈없는 말과 행동의 결과였다. 말이 가볍고 행동이 가벼운 사람은 어느 누구에게도 신뢰를 받지 못한다. 이런 관점에서 볼 때 김구는 언행 일치의 삶을 살았던, 고결한 인격자이며 위대한 지도자였다.

구불응심口不應心 이란 말이 있다. 이는 '입에서 나온 말에 마음이 응하지 못한다' 는 의미로 말과 행동이 다름을 일러 말한다. 이 말은 삼국지에서 유래하였다. 서주徐州를 근거거지로 차지하고 있던 유비劉備는 조조曹操에 의해 남양의 원술을 토벌하기 위해 출정하게 되었다. 자신의 유일한 근거지인 서주를 지키기 위해 장비張飛에게 서주는 우리의 유일한 근거지이니 만일 이곳을 빼앗기면 우리는 갈 곳이 없다고 말했다. 그리고 유비는 술을 마시고 부하를 때리지 말며 신중하게 처신하라고 당부하였다. 전에도 장비가 술을 먹고 부하장졸들을 때린 적이 있었기 때문이다.

그런데 그 때 옆에 있던 미축이 지금 이렇게 약속을 해도 말과 행동이 다를까봐 걱정이라며, 술을 안마시겠다는 약속이 잘 지켜질까, 하고 말했다. 아니다 다를까, 미축의 말대로 장비는 술을 마시고 취해 여포에게 서주를 빼앗기고 말았다.

이처럼 말과 행동이 다르면 반드시 그 대가를 혹독히 치루는 법이다. 이점이 김구와 장비가 현격하게 다른 점이다.

말은 곧 그 사람이며 행동 또한 그 사람이다

눌언민행訥言敏行이란 말은 『논어』에 나오는 것으로, 말은 어눌한 듯 더디지만 행동은 민첩하다는 뜻이다. 군자君子의 행동은 이래야 함을 말한다. 소인小人은 이와는 반대로 말만 앞세우고 행동에 옮기는 것은 더디다. 실천이 없이 말 뿐인 것을 구두선口頭禪이라고 한다.

공자의 제자 중 재여는 학업에 열중하겠다고 하고는 낮잠을 잤다. 이에 공자는 "나는 처음에 사람의 말을 들으면 그대로 행동하리라 믿었지만 이제는 사람의 말을 듣고 나서 어떻게 행동하는지 살펴봐야겠다."고 말했다.

공자의 제자 중 자로는 언행일치를 생명처럼 여겼지만, 재여는 자신의 입장을 드러내는 수단으로 여겼다.

말은 곧 그 사람이고 행동 또한 그 사람이다. 말과 행동을 보면 그 사람이 어떤 사람인지를 알 수 있다는 말이다. 공자의 제자 자로는 말과 행동이 같았지만 재여는 말 따로 행동 따로였다. 이 둘 중 하나를 선택하라고 하면 당연이 자로를 선택할 것이다. 자로와 같은 이는 언행이 일치하는 사람으로 무엇을 맡기더라도 자신의 책임을 다 할 거라는 확신이 들기 때문이다. 하지만 재여 같은 사람은 어딜 가든 외면 받기 십상이다.

미국의 조지 워싱턴^{George Washington}(1732~1799. 미국 초대 대통령. 건국의 아버지로 불림)은 많은 국민들로부터 신뢰를 받았던 사람이다. 워싱턴은 말과 행동이 분명한 사람이었다. 그가 사령관시절 사복을 한 채 한적한 시골길을 지나갈 때였다. 병사들이 막사를 짓고 있는 모습이 그의 눈에 들어왔다. 그런데 책임자인 부사관은 병사들이 무거운 짐을 옮기느라 힘겨워하는데도 같이 거들지는 않고 꾸물대지 말고 빨리하라며 소리쳤다. 그 모습을 지켜보던 워싱턴은 부사관에게 왜 당신은 병사들과 같이 일을 하지 않느냐고 물었다. 그러자 그는 자신은 부사관이기 때문이라고 말했다.

워싱턴은 윗저고리를 벗고는 병사들을 도와 같이 일했다. 워싱턴이 일을 끝내고 윗옷을 입고 있는데 부대장이 그곳으로 왔다. 부대장은 저 신사는 누구냐고 물었다. 부사관은 일을 도와주신분이라고 했다. 부대장은 감사의 말을 하기 위해 신사에게 다가갔다. 그리고는 깜짝 놀라 경례를 하고 말했다.

“사령관 각하, 여기는 어떻게 오셨습니까? 병사들과 일을 하시다니요?”

“신경 쓰지 말게. 머리를 식히러 지나가다 잠깐 도운 것뿐이네. 그리고 일을 하는데 있어 사령관이 어디 있고, 병사가 어디 있단 말인가?”

부대장을 비롯한 부사관과 병사들은 워싱턴의 너그러움과 자상함에 깊은 감동을 받았다. 그의 인품은 병사들의 입을 타고 널리 알려졌고, 훗날 그는 사람들의 존경을 한 몸에 받으며 대통령이 되었다.

미국의 대통령은 두 번만 할 수 있는데 이것이 불문율처럼 지켜지고 있는 것은 워싱턴의 영향이다. 워싱턴은 대통령에 연임을 하고는 더 이상 미련 없이 고향으로 떠났다. 이것이 하나의 전통이 되었던 것이다.

워싱턴이 미국국민들의 존경을 한 몸에 받았던 것은 말과 행동이 일치했기 때문이다.

말과 행동은 언제나 함께 하는 벗과 같다. 말을 해놓고 행동이 따르지 않으면 그 말은 죽은 말이 되고 만다. 말이 죽으면 소통이 불가능하다. 생각해보라. 믿음이 가지 않는 사람과 소통을 한다는 것이 얼마나 어리석은 일인지를. 말과 행동이 일치하는 사람이 소통에도 능숙한 것은 믿음과 신뢰를 주기 때문이다.

말과 행동을 할 때 한 번쯤은 생각해야 할 것들에 대해 알아보는 것도 언행일치를 하는데 많은 도움이 될 것이다.

첫째, 말을 할 땐 가벼이 하지 말아야 한다. 말이 가벼우면 그 말로 인해 화를 입게 된다. 이에 대해 유대인 격언은 이렇게 말한다.

물고기는 언제나 입으로 낚인다. 인간 역시 입으로 걸린다.

둘째, 말을 할 땐 반드시 행동이 따르도록 해야 한다. 말도 중요하지만 행동이 따르지 않으면 자신이 하는 것을 성공으로 이끌어내지 못한다. 이에 대해 브라이언 트레이시[Brian Tracy](1944년~현재. 컨설턴트. 자기계발동기부여가. 강연가. 저술가. 저서『전략적 세일즈』,『판매의 심리학』,『잠들어 있는 성공시스템을 깨워라』,『위대한 기업의 7가지 경영 습관』)는 다음과 같이 말했다.

중요한 것은 말하는 것이나 희망하는 것, 바라는 것이나 의도하는 것이 아니라 행동하는 것이다. 당신의 선택이 실질적으로 당신이 어떠한 사람인자를 분명히 말해 준다.

셋째, 말과 행동을 할 때 신중에 신중을 기해야 한다. 말과 행동이 신중하지 않으면 실없는 사람이 되고 만다. 이에 대한 사자성어로 근언신행[謹言愼行]이라는 말이 있다 이 말의 의미는 다음과 같다.

말을 삼가고 행동을 신중히 해야 한다.

『논어』에 이런 말이 나온다. 자공[子公]이 선비는 어떤 사람을 말하는 것이냐고 물었을 때 공자는 선비란 자기의 행동에 대해 부끄러움을 아는 자이다. 그리고 사명을 띠고 어느 곳으로 가든 군주의 명예를 욕되게 하지 않는 능력을 지녀야 한다고 말했다.

김구는 공자가 말했듯이 자기의 행동에 대해 부끄러움이 없는 사람이다. 그는 평생을 조국의 독립을 위해, 민족의 안위를 위해 헌신했지만 그어느 때에라도 자신을 위해 사심을 가져본 적이 없다. 매사에 한 점 흐트러짐 없이 말과 행동이 일치했던 김구는 우리 근대사에 가장 훌륭한 지도력과 인품을 갖춘 금성옥진金聲玉振(맹자가 공자의 성덕을 음악에 비유하여 찬양한 말로 '음악은 금소리, 즉 종소리로 시작하고, 옥소리로 끝낸다'는 말로 지덕을 겸비함을 일러 하는 말)과도 같은 사람이었다.

　말과 행동이 일치하는 사람이 되어야 한다. 말과 행동이 일치하는 사람이 많아질수록 우리의 삶은 더없이 행복하고 풍요로워 질 것이다.

말과 행동을 일치시키는 마인드

마음이 음흉하여 겉과 속이 다르거나 말과 행동이 다름을 가리킨다.

_표리부동表裏不同

01. 생각이 깊지 못한 사람이 항상 입을 가벼이 한다. 입을 조심하라. 입을 잘 못 쓰면 화가 미치는 법이다.

02. 행동이 따르지 않는 말은 죽은 말이다. 말과 행동이 함께 할 때 그 말은 가치를 지닌다.

03. 말을 할 때와 참아야 할 때를 잘 가려서 하라. 이를 파악하지 못하고 말을 하다보면 .불행한 사태를 초래할 수도 있다.

04. 중요한 말을 할 땐 적어도 세 번은 생각해보고 해야 한다. 그래야 실수를 줄일 수 있다.

05. 자신이 한 말은 반드시 책임을 져야 한다. 사람은 누구나 자신의 말에 책임지는 사람을 믿어주고 신뢰한다.

의지가 굳어 무슨
일에도 굴하지 않는다

의지가 강한 사람은 어떤 일에도 주저하지 않는다. 설령, 그 일이 자신을 힘들게 한다고 해도 자신이 해야 할 일이라면 망설임 없이 실행해 옮긴다. 그러나 의자가 박약한 사람은 매사에 주저주저 하고, 조금만 힘들어도 중도에서 포기하고 만다.

의지가 있고 없고는 한 사람의 삶을 완전히 극과 극의 결과를 낳게 한다. 또한 의지의 정도에 따라 그 결과 역시 달라진다.

아무리 지혜와 덕을 겸비한 사람도 의지가 박약하면 소용이 없다. 어떤 일을 하는데 있어 의지는 그 일을 추진하는 동력이기 때문이다. 자동차로 치자면 오일과 같은 것이다. 오일이 없다면 최고급 롤스로이즈라고 해도 단 1센티미터도 움직일 수 없는 것과 같은 이치다.

뿌리가 튼튼한 나무는 강풍에도 뿌리가 뽑히지 않으나, 뿌리가 약하면 미풍에도 쉬 뽑히고 만다. 사람의 마음 또한 이와 같다. 의지가 든든하고 굳세면 최악의 상황에서도 흔들리지 않으나, 의지가 약하면 조금만 힘들어도 쉽게 흔들리어 쓰러지고 만다.

단단하고 굳세어 뽑히지 않는다는 뜻으로, 아주 든든하고 굳세어 마음이 흔들리지 않는다.

『역경易經』(유학의 삼경 중 하나로, 세계의 변화에 관한 원리를 기술한 책으로 주역周易이라고도 한다)에 나오는 말로 이를 확호불발確乎不拔이라고 한다. 이 말의 의미처럼 의지를 강하게 하려면 마음을 든든히 하고 굳건히 해야 한다. 의지는 마음의 뿌리이다. 마음의 뿌리가 튼튼해야 그 어떤 어려움도 극복해 낼 수 있는 것이다.

마음을 단단히 하여 의지를 굳세게 하기

힘은 산을 뽑고, 기상은 세상을 덮을 만하다.

이는 『사기史記』(중국 전한 왕조의 무제 시대에 사마천이 편찬한 역사서로, 중국의 이십사사의 하나이자 정사의 으뜸으로 꼽힌다.)에 나오는 말로 발산개세拔山蓋世라고 한다. 초楚나라 항우項羽가 한漢나라의 유방劉邦과의 전쟁에서 사면초가에 처했을 때 이를 알고 자신의 운명이 다했음을 깨닫는다. 항우 곁에는 어여삐 여기는 왕비 우희와 아끼는 말 추가 있었다. 항우가 한밤중인데도 주요 장군들을 불러 최후의 만찬을 열었다. 항우는 술을 몇 잔 마신 뒤 비분강개한 심정을 시로 읊었다. 그 시 구절 중 하나가 발로 발산개세이다.

김구의 의지는 타의추종을 불허한다. 애국애족의 마음이 누구보다도 강했으며, 일제의 총칼 앞에서도 한 점 흐트러짐이 없었다. 또 한 번 마음 먹으면 반드시 시도를 하고야 마는 불굴의 강철의지를 지녔다. 김구의 강철의지와 신념을 잘 알게 하는 이야기이다.

광복 후 우리나라는 삼팔선으로 나뉘어 남한은 미국이 북한은 소련에 의해 신탁통치하에 있었다. 김구는 이에 대해 매우 부정적인 견해를 갖고 있었다. 내 나라는 내 민족에 의해 바로 서야 한다는 것이다. 김구는 반탁의 의지를 분명히 했던 것이다. 그런데 남한의 이승만이나 북한의 김일성은 따로 정권을 세우기를 바랐다. 이에 김구는 김일성을 만나 담판을 지어야겠다고 결심하고는 북한 방문을 선언하였다.

이 소식을 알게 된 측근들은 물론 김구를 아끼는 황해도 고향 친지들, 정치적으로 남북협상을 반대하는 세력, 대동청년단, 전국학생연합회를 비롯해 수많은 단체와 국민들이 반대하였다.

김구를 아끼는 사람들은 북한에서 김구, 이승만을 타도하자는 벽보가 나붙었다는 소식에 신변이 위험할까 심히 염려가 되어 반대를 하였지만, 반대하는 정치세력들은 자신들의 뜻을 위해서였다.

김구의 하나 뿐인 아들 김신 또한 북행을 만류하였지만 "내가 김구타도가 무서워 못 갈 것 같으냐. 김일성과 얘기할 사람은 나밖에 없다. 하루가 급한데 무슨 말이냐."라고 말하며 김구는 단호하게 뿌리쳤다. 그 어떤 사람들이 만류를 해도 김구의 의지를 꺾지 못했다.

북한으로 떠나는 날 경교장 주변은 김구의 북한 방문을 막는 사람들로 북새통을 이뤘다. 하지만 김구는 아무리 만류를 해도 꿈쩍도 하지 않았다. 김구가 탄 차가 막 떠나려하는데 한 무리의 젊은이들이 차 앞에 드러누우며 정 가려거든 자신들을 넘어서 가라고 했다.

그러자 김구는 차에서 내려 경교장 2층 베란다로 올라가 노기 띤 얼굴로 칠십 평생 잘 하나 못하나 독립운동을 해왔고, 이제 마지막으로 독립운동을 하려는데 너희들은 길을 막느냐며 말했다. 그리고 내가 가려고 하는 것은 바로 나와 여러분을 위해 가는 것이다, 라고 하며 내가 공산당에 붙잡혀 오지 못할까 염려해서 인줄로 안다며 제발 나의 길을 막지 말아달라고 말했다.

하지만 사람들은 그래도 안 된다며 가지 말라고 외쳤다. 그 바람에 떠날 수 없게 되자 비밀리에 경교장을 빠져나가기로 했다. 아들 김신과 비서 선우진은 사람들을 안심시키고 그 틈을 타 보일러실 구멍으로 빠져나가 북한으로 출발하였다. 사람들은 나중에서야 김구가 경교장을 빠져 나간 줄 알고 발을 동동 굴렀다.

김구는 평양에서 김일성을 여러 차례 만났다. 하지만 김일성과 남북한이 하나의 정부를 만들자는 담판은 짓지 못했다. 김일성 또한 그것을 원하지 않았기 때문이다. 김일성은 자신의 세를 과시하기 위한 행사에 열을 올렸다. 김구는 의도적인 것이라고 생각하면서도 아무 내색도 하지 않고 기회만 엿보았다.

거리에는 김구와 이승만을 타도하자는 문구가 나부꼈었는데 김구를 빼고 이승만과 김성수를 타도하자로 바뀌는 해프닝도 벌어졌다.

하지만 김구는 눈 하나 깜빡 안 했다. 그의 가슴은 오직 통일정부수립만 불타고 있었다. 그러나 김일성과의 하나의 조국을 위한 담판은 짓지 못한 채 남한으로 와야만 했다.

김구는 비록 뜻을 이루지는 못했지만, 자신이 하고자 했던 북한 방문을 마쳤다. 김구는 자신을 아끼는 많은 사람들의 반대에도 자신의 의지를 굽히지 않았으며, 김구를 타도하자는 벽보가 나붙은 살벌한 북한에서 결코 흔들림이 없었다. 그리고 남한 단독정부수립을 반대하였으며, 그것이 무엇이든 자신이 생각하고 시도하고자 하는 것은 반드시 해야만 직성이 풀릴 만큼 그의 기개는 높고 우뚝하였다.

그러나 임시정부요인으로 헌신할 때도 조국에 돌아와서도 자신의 유익을 위해서는 손톱만한 그 어느 것도 하지 않았으니, 그의 청빈한 마음에 절로 머리가 숙여진다.

강의목눌剛毅木訥이란 사자성어가 있다. 『논어』의 자로편子路篇에 나오는 말로 '의지가 굳고 기력이 있어 무슨 일에도 굴하지 않는다' 라는 뜻으로 인간에게 있어 의지의 중요성을 잘 알게 해준다.

강의목눌은 김구를 두고 일러하는 말인 듯하여, 가슴에 새겨두고 좌우명으로 삼아도 좋을 것이다.

모든 실행력은 강철의지에서 온다

자신이 원하는 것을 얻기 위해서는 머리만으로는 안 된다. 손과 발이 같이 움직여 주어야 한다. 다시 말해 생각만으로는 자신이 원하는 것은 얻지 못한다는 것이다. 원하는 것을 얻기 위해서는 부단한 노력과 그 노력이 꺾이지 않게 단단하게 받쳐주는 실행의 의지가 있어야 한다. 이에 대해 데일카네기는 다음과 같이 말했다.

어떤 일에 열중하기 위해서는 그 일을 올바르게 믿고, 자기는 그것을 성취할 힘이 있다고 믿으며, 적극적으로 그것을 이루어 보겠다는 마음을 갖는 일이다. 그러면 낮이 가고 밤이 오듯이 저절로 그 일에 열중하게 된다.

미국 남북전쟁 당시 북군에 율리시즈 S. 그랜트^{Ulysses Simpson Grant}(1822~1885)라는 명장이 있었다. 그의 집은 가난했고, 사회적으로 잘 된 사람이 없을 만큼 평범했다. 그러는 그가 남북 전쟁이 발발하자 혁혁한 공을 세웠다. 6년 동안 그가 전쟁에서 세운 공은 나폴레옹과 비교해도 손색이 없었다. 오히려 지휘력과 전투력, 붙잡은 포로 수, 노획한 군수물자 등이 더 많았다.

아브라함 링컨은 그에 대해 이렇게 말했다.

"그랜트, 자네의 훌륭한 점은 은근히 끈기 있는 것이라네."

그랜트는 자신이 한 번 마음먹은 것은 발산개세拔山蓋世의 강력한 의지로 승리로 이끌었다. 그는 훗날 18대 대통령을 지냈다.

남북 전쟁시 북군에는 그랜트외 조셉 휠러^{Joseph Wheeler}(1836~1906)라는 걸출한 장군이 있었다. 그는 23세에 소위로 임관해 24세에 대령, 25세에 준장, 26세에 소장으로 승진했으며, 27세에 군단장을 역임한 후 28세에 중장으로 승진하였다. 이런 전례는 세계 어디서도 찾아 볼 수 없는 일로 가히 기록적인 일이라 할 수 있다.

휠러는 한 전투에서 남군 기병 16만 명을 물리쳤고, 적군의 탄환이 안장과 군복을 스치고 지나도 눈 하나 가딱하지 않은 것으로 유명하다. 그는 세 번을 부상당했는데 한 번은 죽음의 고비에서 살아났다. 하지만 그는 또 다시 전쟁터로 달려갔다. 남군 병사들은 휠러의 말만 들어도 오금을 펴지 못했다고 한다.

휠러의 용감무쌍함은 어디에서 온 걸까. 그 또한 불굴의 의지를 지닌 강철같은 사람이었던 것이다.

『후한서^{後漢書}』에 유지경성^{有志竟成} 이란 말이 있다. 경엄전에 나오는 말로 '마침내 뜻이 이루어지다' 는 뜻으로 이 말의 유래는 다음과 같다.

경엄은 선비였는데 무관들이 말을 타고 칼을 쓰며 무용을 자랑하는 것을 보고 자신도 장군이 되길 꿈꾼다. 유수(훗날 광무제)가 병사를 모집한다는 말을 듣고 그의 부하가 되어 전투에서 승리를 거두었다.

경엄이 유수의 명으로 장보의 군대와 싸웠지만 열세였다. 게다가 다리에 화살을 맞아 어려운 상황이었다. 경엄의 부하가 퇴각한 뒤 전열을 가다듬어 공격하자고 했지만, 말을 듣지 않고 다시 공격하여 결국 승리를 하였다.

유수는 경엄을 칭찬하여 말하기를 "장군이 전에 남양에서 천하를 얻을 큰 계책을 건의할 때는 실현 가능성이 없는 것으로 여겼는데 뜻이 있는 자는 마침내 성공하는구먼." 하고 말했다.

이 이야기에서 보듯 자신이 이루겠다고 마음먹고 강철의지로 최선을 다하면 불가능한 일도 능히 이뤄낼 수 있다.

사람을 가장 사람답게 인도하는 힘은 의지력에 달려있다. 기둥이 약하면 집이 흔들리듯 의지가 약하면 삶도 흔들린다.

랠프 왈도 에머슨^{Ralph Waldo Emerson}이 한 말로 의지는 한 인간의 인생을 단단하게 잡아주는 마음의 뿌리이다. 의지가 흔들리면 인생이 흔들린다. 에머슨이 시인으로 사상가로 성공할 수 있었던 것은 자신이 원하는 길을 강철의지로 이겨냈기에 가능했던 것이다.

김구는 악조건 속에서도 언제나 자긍심을 잃지 않았다. 그의 자긍심은 조국의 독립과 민족애에 의한 간절한 열망에서 비롯되었다. 그렇다면 김구의 자긍심을 뒷받침 한 것은 무엇이었는가. 김구의 자긍심은 막천석지幕天席地에 있었는데, 막천석지란 유령劉伶(221~300. 위나라에서 서진 시대 시인. 죽림칠현 중 한사람)이 한 말로 '하늘을 지붕으로 하고 대지를 자리삼아, 그 사이에 기거하여 속세의 작은 일에 거리끼지 않는다' 라는 뜻으로 의지와 기개가 넓음을 말한다.

이처럼 김구의 의지와 기개는 그의 자긍심을 높여줌으로써 목숨을 걸고 조국과 민족을 위해 헌신할 수 있었던 것이다.

인간은 누구나 자신이 강하다고 생각하는 경향이 있다. 그러나 그것은 자기 착각일 뿐 실제에 있어서는 그렇지 않은 경우가 많다. 그러다보니 어려운 일에 봉착하거나 작은 시련에도 어찌할 줄을 몰라 쩔쩔매다가 이내 포기하고 만다. 이런 정신과 삶의 자세로서는 자신이 원하는 것을 해낼 수 없다. 그런데 문제는 이는 누구나 머리로는 알고 있다는 것이다. 하지만 알면서도 실행에 옮기는 데는 서툴다. 이유는 간단하다. 의지가 약하기 때문이다. 의지를 길러라. 그 무엇에도 흔들림 없는 강철의지는 생각을 현실로 만드는 가장 확실한 방법이다.

강철의지를 마음에 새기는 현명한 지혜

삶이 있는 곳에 의지가 있다. 그러나 그 의지는 삶의 의지가 아니라 생존의
의지이다.

_프리드리히 니체

01. 인간은 못할 것 같은 일도 막상 닥치면 해낼 수 있다. 다만 그것을 해내겠
    다는 신념이 있을 때에만 가능하다.
02. 뿌리가 튼튼한 나무는 강풍에도 뿌리가 뽑히지 않으나, 뿌리가 약하면 미
    풍에도 쉬 뽑히고 만다. 마음이 단단히 하여 흔들림이 없도록 해야 한다.
03. 내가 하지 않으면 어느 누구도 대신 해주지 않는다고 마음에 새기면, 남
    에게 의존하는 마음을 갖지 않는다.
04. 끝까지 해내는 끈기를 길러야 한다. 끝까지 해내는 마음이 강철의지를 기
    르게 한다.
05. 인간은 누구나 자신이 강하다고 생각하는 경향이 있다. 그러나 그것은 자
    기 착각일 뿐 실제에 있어서는 그렇지 않은 경우가 많다. 이를 경계하여
    마음을 단단하게 하라.

과단성 있게
딱 잘라 일을 처리하다

일이란 빨리 결단해야 한다. 오리(五里)를 걷는 동안 일을 결단할 수 있는 자는
왕이 될 수 있는 자다. 구리를 걷는 동안에 결단할 수 있는 자는 왕은 될 수
없지만 강한 자임에는 틀림이 없다. 일을 결정하는데 우물쭈물 날짜를 보내
고 있다면 정치가 정체되기 때문에 나라가 깎기는 결과가 된다.

이는 묵자(墨子)가 한 말로 무슨 일을 할 땐 그 일을 해야 하는지, 말아야
하는 지를 신속하게 결단해야 함을 말한다. 즉, 머뭇거리지 말고 과단성
있게 처리해야 한다는 것이다. 그것의 여부에 따라 일의 결과는 완전히
달라지기 때문이다.

특히, 어떤 일에 있어서든 책임을 맡은 자들은 과단성 있는 마인드가
반드시 필요하다. 리더가 리더다운 리더가 되기 위해서는 여러 가지 리더
의 조건이 있는데, 그 중 가장 중요한 것이 바로 과단성 있게 일을 처리하
는 능력이다. 결단을 신속하게 내려야 할 때 머뭇거린다면, 그 순간 모든
것은 끝나버릴 수도 있기 때문이다.

그렇다고 해서 과단성 있는 일처리는 리더나 책임을 맡은 사람에게만 국한 된 것은 아니다. 이는 누구에게나 해당 되는 이야기이다.

현대사회는 정보화시대답게 신속함을 생명으로 한다. 내가 상대보다 빠르면 승자가 되지만, 반대로 늦으면 패자가 될 수 있다. 즉, 내가 상대보다 먼저 결정하느냐 늦게 하느냐에 따라 성패가 갈린다는 말이다. 그만큼 과단성 있는 자세는 중요하다.

과단성이 있느냐 없느냐는 타고난 성격에 의해서도 큰 영향을 받지만, 이는 노력으로도 얼마든지 기를 수 있다. 단, 쉽지는 않다. 인간의 본질은 쉽게 바뀌지 않기 때문이다. 하지만 이를 바꾸기 위해 포기하지 않고 꾸준히 노력한다면 충분히 바꿀 수 있다. 노력은 반드시 대가를 지불받게 하는 긍정적이고 생산적인 행위이다.

리더의 강점 중에 강점은 과단성 있는 결단력이다

훌륭한 리더는 과단성 있는 결단력을 지녔다. 리더의 판단여부에 따라 사느냐 죽느냐, 일이 성공하느냐 실패하느냐가 결정지어진다. 따라서 리더는 두 개의 심장을 지닌 사람이라고 해도 과언이 아니다. 과단성 있는 결단력을 갖춘다는 것이 그만큼 어렵다는 것이다.

김구는 지, 덕, 체를 갖춘 리더이다. 특히 덕이 뛰어난 덕장이다. 그런데 김구는 과단성 있는 추진력까지 갖춘 리더 중에 리더이다. 이에 대한 이야기이다.

이봉창이 일본 천황을 제거하기 위해 임시정부로 김구를 찾아왔다. 이봉창은 독립운동을 하고 싶다고 했다. 그는 일본 동경에 있을 때 천황이

능행하는 것을 보고는 폭탄이 있다면 천황을 죽일 수 있었는데 하는 생각을 했다며, 일본 천황을 제거할 수 있는 기회를 만들 수 있으니 자신이 독립운동을 할 수 있게 해 달라고 요청했다. 김구는 이봉창의 말을 듣고 처음 보았음에도 망설이지 않고 지원을 약속했다. 나라를 사랑하는 그의 깊은 충성심을 보고 감동했기 때문이다.

김구는 이봉창을 믿고 만반의 준비를 하였다. 그리고 이봉창은 일본으로 가서 거사를 실행했지만 실패하고 말았다. 그러나 이 사건은 고국에 있는 국민들은 물론 해외동포들에게 큰 용기와 희망을 안겨주었다.

이 사건 이후 윤봉길이 김구를 찾아와 자신이 채소바구니를 메고 날마다 홍구 방면으로 다니는 것은 목적이 있어서라고 말하며 자신을 지도해 달라고 했다. 김구는 오직 조국의 독립을 위하는 윤봉길의 의기로움에 감동하여 그렇게 하겠다고 쾌히 승낙하였다. 그리고 비밀리에 일을 추진하였다. 일본천황의 생일을 맞아 홍구공원에서 경축식을 하는데 그 때를 거사일로 정했던 것이다.

윤봉길은 김구의 지도 아래 철저하게 준비를 해나갔다. 그리고 거사를 성공리에 이뤄냈다. 이 거사로 상해 파견 일본군 사령관인 시라카와 대장은 사망했고, 9사단장 우에다 중장은 중상을 입었으며, 거류민단장 기와바다가 사망하는 등 막대한 피해를 입혔다.

김구는 조선총독을 암살하기 위해 이덕주와 유진식을 국내에 파견했으나 아쉽게도 신천에서 일본군에게 체포되었으며, 관동군사령관, 관동청장관, 남남철도 총재 등을 암살하려 최흥식, 유상근 외 2명을 파견했으나 실패로 끝나고 말았다.

우리는 여기서 김구의 과단성 있는 일처리 능력을 볼 수 있다. 이봉창과 윤봉길이 자신을 찾아 왔을 때 그들이 아무리 의기가 넘친다고 해도 처음 본 그들을 믿고 거사 결정을 한다는 것은 보통사람으로서는 할 수 없는 일이다. 더군다나 일본 밀정들이 기승을 부리는 상해에서 처음 본 그들의 우국충정만 믿고 결단한다는 것은 어쩌면 상식 밖의 일일 수도 있기 때문이다. 그런데도 김구는 이봉창과 윤봉길을 믿고 거사를 결정했던 것이다. 과연 김구의 사람됨의 그릇을 잘 알게 한다. 김구는 리더로서 갖추어야 할 판단력과 결단력을 갖춘 리더 중에 리더였다.

앞이나 뒤를 보고 망설이기만 하면 성공은 바랄 수가 없다.

이는 주자朱子(1130~1200. 중국 남송시대 유학자. 주돈이, 정이, 정호의 사상을 이어받아 주자학을 집대성함. 저서『자치통감강목』)가 한 말로 무슨 일을 할 때 앞뒤를 재다보면 그 일의 성공을 바랄 수 없음을 말한다. 즉, 일을 할 때는 과단성 있게 일을 처리해야 함을 의미한다.

과단성 있는 일처리 능력은 리더가 반드시 갖춰야 할 품성 중에 품성이다.

과단성 있는 리더의 품성 기르기

과단성 있는 일처리 능력은 선천적으로 타고 나야 한다고 이미 앞에서 밝혔지만, 이는 부인할 수 없는 사실이다. 세계적으로 유능한 인물들을 보면 이를 잘 보여준다. 그러나 그들 중에는 선천적으로 타고난 이들도 있으나, 후천적인 노력에 의해 길러진 경우도 많음을 볼 수 있다.

인간이 노력해서 안 되는 것은 없다, 노력하니까 인간이고, 인간이니까 노력으로 해 내는 것이다.

주사위는 이미 던져졌다.

기원전 49년 로마제국의 장군 시저^{Caesar, Gaius Julius}(B.C 100~ B. C 44. 로마의 황제)는 루비콘 강을 바라보며 깊은 생각에 잠겼다. 그가 로마를 비운 사이 3두정치가 깨지면서 황제는 적이 되었다. 로마 원로원은 시저에게 갈리아에 대한 지배권을 포기하라고 종용했다.

시저는 루비콘강을 건너 로마를 탈환할 것인가, 아니면 조용히 물러설 것인가를 놓고 깊은 생각에 잠긴 것이다. 자신이 과연 로마 황제와 싸워 이길 것인가, 만일 전쟁에 지면 모든 것이 끝장 날 수도 있는 상황이었기에 그의 생각은 깊을 수밖에 없었다.

드디어 시저는 결단을 내렸다. 그는 황제를 치기로 한 것이다. 그의 군대는 루비콘강을 건너 반대파를 모두 제거하고 자신이 황제가 되었다. 그때 시저는 "주사위는 이미 던져졌다."라는 말을 함으로써 자신의 굳은 의지를 표명했다. 이 말은 오래도록 회자되며 무슨 일을 결단할 때면 이 말을 종종 하곤 한다.

이렇듯 무슨 일을 결정할 때 과단성 있는 결단력이 필요하다. 시저가 자신의 반대파를 몰아내고 강력한 황제가 될 수 있었던 것은 바로 그의 과단성 있는 일처리에 있었다. 만일 그가 황제를 비롯한 반대파들의 기세에 눌려, 머뭇거리거나 포기를 했다면 로마의 역사는 달라졌을 것이다. 과단성 있는 일처리에 대해 『서경書經』(중국의 유교 5경 가운데 하나로 중국에서 가장 오래된 역사서이다. 중국의 고대 국가들의 정사에 관한 문서를 공자가 편찬하였다고 전한다.)은 이렇게 말한다.

과감하게 행동하면 후환이 없다.

또한 이에 대해 『한서漢書』(후한의 반고班固가 편찬한 전한의 역사를 서술한 역사서로 중국 이십 사사에 포함된다. 『전한서』라고도 한다. 총 100편 120권으로 구성되었다.)에는 다음과 같이 나와 있다.

결단해야 할 때 결단하지 못하면 필경 자신에게 재난이 초래된다.

이 말에서도 보듯 결단할 때는 과단성 있게 결단해야 한다. 머뭇거리거나 주저하다보면 절호의 기회가 될 수도 있는 기회를 놓치고 실패자로 전락되고 만다. 보지 못하고, 듣지 못하고, 말하지 못했지만 3중고를 이겨내고 인간의 위대성을 널리 보여준 헬렌 켈러Helen Adams Keller는 다음과 같이 말했다.

나는 한 인간에 불과하지만 오롯한 인간이다. 나는 모든 것을 할 수는 없지만 무엇인가 할 수 있다. 그러므로 나는 내가 할 수 있는 것을 기꺼이 하겠다.

헬렌 켈러의 말에서 보듯 그녀는 최악의 상황에서도 자신이 할 수 있는 것은 기꺼이 하겠다고 말한다. 이는 무엇을 말하는가. 자신이 처해 있는 상황은 자신이 하는 일에 있어 아무런 장애도 되지 않는다는 것이다. 헬렌 켈러는 자신의 말대로 자신이 하고자 했던 일을 과단성 있게 해나감으로써 최악의 상황에서도 성공한 인생이 되었던 것이다.

결단력이란 불확실한 상황에서 의사를 결정하는 일이다. 의사결정이라는 것은 행동으로 옮기겠다는 결심과 각오다.

이는 피터 드러커^{Peter Drucker}(1909~2005. 작가. 경제학자. 주요저서 『리더의 도전』, 『미래경영』, 『기업가정신』)가 한 말로 불확실한 상황에서의 과단성 있는 결단력이 일을 추진하는데 미치는 영향이 얼마나 큰지를 잘 알게 한다. 왜냐하면 결단을 하고 못하느냐에 따라 일의 결과는 현격한 차이를 보이기 때문이다.

김구의 과단성 있는 결단력은 언제나 불확실한 상황에서 긍정적으로 작용하였고, 예측 불가능한 것에도 도전할 수 있게 하였다. 바로 이런 점이 김구가 조국의 독립을 위해 헌신할 수 있었던 힘의 근원이었다.

삶은 예측이 가능하기도 하지만, 때로는 아주 불투명하기도 해서 어떻게 해야 할지에 대해 망설이게 하곤 한다. 그런데 이럴 때 과단성 있는 결단력이 있다면 망설임으로부터 벗어나 자신이 추구하는 길로 가는 데 큰 힘이 된다. 단, 명심해야 할 것은 망설이거나 우물쭈물 해서는 안 된다. 이에 대해 사마천^{司馬遷}(B.C 145~B.C 85. 중국 한나라 시대의 천문관이자 역관. 역사학자. 저서 『사기』^{史記})은 이렇게 말했다.

망설이는 호랑이는 벌보다 못하다.

사마천의 말에서 보듯 무슨 일을 결단하는데 있어 망설이고 우물쭈물 한다는 것이 얼마나 유약한 것인지를 잘 알게 한다.

　자신이 무엇인가를 진정으로 하고 싶다면, 망설이거나 우물쭈물하지 말고, 김구가 그랬듯이 과단성 있는 결단력으로 실행해나간다면 좋은 결과를 얻게 될 것이다.

과단성 있는 결단력을 기르는 바람직한 자세

결단을 내리지 않는 것이야말로 최대의 해악이다.

_데카르트

01. 결단을 해야 할 때 우물쭈물 거리는 것은 아무런 도움도 주지 못한다. 우유부단한 성격을 고쳐야 한다.
02. 어떤 일에 대해 결정을 할 땐 삼사일단三思一端 하되, 결정은 과단성 있게 하라.
03. 어떤 일을 할 때 재는 사람은 항상 재다가 끝낸다. 이는 일에 대한 결단 능력이 부족해서 이다. 일에 대한 비전을 예측하는 것은 결단하는데 있어 아주 중요하다. 일에 대한 비전을 예측하는 눈을 길러라.
04. 일에 대한 불확실성을 확실성으로 이끌어내는 능력을 길러야 한다. 그렇게 될 때 결단을 하는데 있어 과단성 있게 할 수 있다.
05. 과단성이 있느냐 없느냐는 타고난 성격에 의해서도 큰 영향을 받지만, 이는 노력으로도 얼마든지 기를 수 있다. 단, 쉽지는 않다. 인간의 본질은 쉽게 바뀌지 않기 때문이다. 하지만 이를 바꾸기 위해 포기하지 않고 꾸준히 노력한다면 충분히 바꿀 수 있다.

몇 차례 좌절해도
뜻을 굽히지 않는다

시련과 실패를 겪지 않는 인생은 없다. 그가 누구든 시련과 고난과 실패는 피할 수 없는 인생의 그늘과 같기 때문이다. 그런데 문제는 시련이 닥쳤을 때 어떻게 대처하느냐이다. 주저앉느냐, 맞서 싸우느냐 그것이 문제인데 그 해답은 간단하다. 누가 해주는 것이 아니라 자신이 결정해야 하는데, 주저앉으면 일어서지 못하지만 맞서 싸우면 일어설 수 있다.

승자와 패자를 가늠하는 것은 강한 의지의 있고 없음이다. 승자는 의지가 강해 불가능해 보이는 일도 주저하지 않고 시도한다. 그러나 패자는 해보지도 않고 주저하고 포기하고 만다. 이에 대해 『탈무드』는 다음과 같이 말한다.

승자는 눈을 밟아 길을 만들지만 패자는 눈이 녹기를 끊임없이 기다리고 기다린다.

그렇다. 승자는 앉아서 기다리지 않는다. 그것은 아무런 도움도 되지 않는다는 걸 너무도 잘 아는 까닭이다. 그래서 승자는 눈이 녹기를 기다리지 않고 할 수 있다는 강한의지로 길을 만들어 나아간다. 그리고 어려움이 지속적으로 괴롭혀도 절대 꺾이지 않는다.

그러나 패자는 길을 낼 생각을 하지 않고 눈이 녹기를 마냥 기다린다. 그러다 보니 매사에 뒤처지고 충분히 할 수 있는 것도 놓치고 만다.

후한後漢 시대에 교현橋玄의 아들이 혼자 밖에 놀러나갔다가 강도 세 명에게 납치를 당했다. 아들을 살리려면 돈을 내 놓으라는 강도의 말에 응하지 않고, 출동한 관병들에게 "어서 잡지 않고 뭣들 하느냐! 강도가 날 뛰는데 내가 어찌 자식의 목숨이 아까워 도적을 따르겠느냐!"며 호령하였다. 강도는 잡혔으나 안타깝게도 아들은 죽고 말았다. 아들을 죽음으로 몰아간 교현은 청렴하고 강직하기로 이름이 높았다. 관직에 있을 때 법을 어긴 부하는 즉각 사형에 처하였다. 이때 태중대부 개승蓋升이 황제와 가깝다는 것을 믿고 백성을 착취하였다. 이에 교현이 개승을 옥에 가두고 뇌물로 받은 재산을 몰수하라고 황제에게 소를 올렸으나 황제가 듣지 않고 개승을 시중으로 임명했다. 황제에게 실망한 교현은 병을 핑계로 사직하였다. 그 후 교현은 조조曹操를 만난 적이 있었는데 그 때 조조에게 "지금 세상이 어지러워지고 있는데 백성을 살릴 사람은 그대 조조입니다."하고 말했다.

후한서後漢書 '교현전'에 조조는 자기를 알아보는 교현에 감격하여, 교현이 죽자 후하게 제사를 지냈다고 전한다. 같은 시대 채용이 교현을 위하여 지은 바문 '太尉橋公碑태위교공비'에 '有百折不撓유백절불요, 臨大節而不可奪之風임대절이불가탈지풍' 즉, '백번 꺾일지언정 휘어지지 않는다' 라는 뜻으로 그 어떤 어려움과 시련에도 굽히지 않는 불굴의 정신을 말하는데, 이 말에서 딴 것이 백절불요百折不撓라는 고사성어이다.

교현처럼 그 어떤 상황에서도 흔들리지 않는 불굴의 정신이 필요하다. 인생의 승자가 될 것인가, 패자가 될 것인가는 자신의 의지에 달려있다. 다만 어떤 선택을 하느냐가 중요한 것이다.

백절불요百折不撓 김구의 인생 열정

김구는 인생 전반에 걸쳐 시련의 연속이었다. 마치 시련을 안고 태어난 사람 같았다. 하지만 김구는 시련을 시련이라고 여기지 않았다. 만일 시련이라고 여겼다면 수도 없이 주저앉고 말았을 것이다. 그가 겪은 시련이 너무도 혹독했기 때문인데, 보통 사람들은 상상조차도 할 수 없는 것이었다.

김구가 임시정부의 주석으로, 민족의 지도자로 살 수 있게 한 힘은 바로 시련을 극복한 강한의지에 있었다. 그런 관점에서 김구의 인생에 있어 실패와 시련을 안겨준 이야기를 살펴보는 것은 매우 큰 의미가 있을 것이다.

김구의 선조는 양반이었지만 반역죄를 저질러 멸문지화滅門之禍를 피해 숨어 살다보니 황해도 텃골이라는 곳에 터를 잡고 살았다. 과거를 드러낸다는 것은 불편한 일이라 상놈처럼 살아왔던 것이다. 그러다 보니 그곳 양반들의 횡포에 시달리며 모욕적인 일도 예사로 겪었다. 어린 김구의 눈에도 그것은 매우 불합리적인 일로 여겨져 어떻게 하면 양반이 될 수 있는지에 대해 물었다. 과거에 급제하면 된다는 말을 듣고 열심히 공부해야겠다고 다짐하였다. 가난한 집안 살림으로 해서 서당에 다닌다는 것은 어려운 일이었지만, 김구의 부탁에 그의 아버지는 어려운 가운데에도 글방 선생을 초빙하여 공부를 하게 했다. 그러나 채 일 년도 배우지 못하고 그만두고 말았다. 그리고 다른 선생에게 잠시 배웠지만 역시 그만두었다.

상황이 그렇게 되고 보니 김구는 독학으로 땅문서 짓기, 소장쓰기, 축문 쓰기를 비롯해『자치통감資治通鑑』,『십팔사략十八史略』을 읽으며 공부하는 재미에 푹 빠졌다. 그러다가 정문재라는 사람이 운영하는 서당에서 한나라와 당나라의 시와 과거시험문장과『대학大學』등 유교경전을 배우고 아버지 이름으로 과거시험에 응시하였으나 낙방하였다. 김구는 부정으로 얼룩진 과거제도에 회의를 느끼고 과거시험에 대한 미련을 버렸다. 김구가 태어나 첫 번째로 겪은 실패였다.

김구는 동학에 대한 이야기를 듣고 깊은 관심을 갖게 되었다. 그는 열여덟 되던 해 인근 마을에 살고 있는 오응선(먼저 동학에 입문한 사람)을 찾아가 인사를 하니 그는 양반인데도 자신보다 어린 김구에게 공손히 맞절을 하며 경어를 쓰자 김구는 그의 겸손한 행동에 깊은 감명을 받았다.

김구는 자신이 온 목적을 말하자 오응선은 동학의 목적은 말세에 사악한 인간들이 잘못을 뉘우치고 선한마음으로 새 백성이 되어 참 주인을 모시고 계룡산에 새 나라를 세우는 것이라는 이야기를 듣고 동학에 입도할 결심을 하였다. 그리고는 격식을 갖춰 동학에 입도하고, 그의 휘하에는 많은 교도들이 생겨났다.

김구는 이듬해 오응선, 최유현과 다른 열두 명의 사람들과 같이 충북 보은에 있는 해월 최시형 대도주의 부름을 받고 보은으로 갔다. 김구는 그곳에서 최시형으로부터 동학접주 첩지(임명장)를 받았다. 그리고는 고향으로 돌아왔다.

당시의 나라상황은 매우 어수선했다. 각 지역마다 동학군들이 들고 일어나 관군과 왜병을 상대로 전투를 벌였다. 김구는 다른 접주들과 논의 끝에 해주성을 공격하기로 하였다. 그리고 김구가 이끄는 동학군이 선봉에 서기로 결정하였다.

김구는 선두에 서서 말을 타고 해주성으로 달려갔다. 총지휘권도 김구에게 있었다. 김구가 이끄는 동학군은 해주성 서문을 향해 공격하기 시작했다. 그런데 남문으로 향하던 다른 선발대가 왜병이 쏘는 총소리에 놀라 도망을 치기 시작한 것이다. 그리고 그 순간 총지휘소에서 퇴각명령이 떨어졌다. 정식 훈련을 받지 못한 동학군은 오합지졸 그 자체였다.

김구는 첫 공격에 실패하여 분노하였다. 그래서 그는 훈련하는데 심혈을 기울였다. 김구는 동학군을 이끌고 구월산 패엽사로 갔다. 이 무렵 관군과 왜병은 해주성을 점거하고 동학군을 소탕하고 기세가 등등해 있었다.

그런데 문제가 생겼다. 김구의 동학군들이 주변 마을을 덮쳐 노략질을 일삼다 엄한 형벌을 받으면 이동협이라는 접주가 이끄는 동학군 무리에 들어가거나, 도적질을 하려고 이동협부대로 도망가는 자들이 날로 늘어갔다. 그러자 김구의 동학군 세력은 날이 갈수록 약화되었다. 그런데다 김구는 홍역을 앓아 꼼짝도 할 수 없었다. 그 기회를 노려 이동협이 군대를 이끌고 절로 쳐들어 와 김구의 동학군들은 뿔뿔이 흩어져 달아났다. 같은 동학군에게 공격을 받고는 무참히 깨지고 말았다. 또 다시 실패를 하고 만 것이다. 이 일로 김구는 많은 상심을 하였다. 그의 나이 열아홉에 인생의 처참한 쓴 맛을 본 것이다.

김구의 시련은 이후 걷잡을 수 없이 휘몰아지기 시작했다. 치하포 사건으로 인천감옥에 투옥돼 사형선고를 받고 있던 중 고종황체의 명으로 사형집행이 정지되었다. 그 후 김구는 목숨을 걸고 탈옥을 시도했는데 탈옥 후 몸을 숨기기 위해 삼남지방(충청, 영남. 호남)을 비롯해 여기저기를 떠돌아다니며 지냈다. 그러던 중 김구에게 관심을 갖는 동지들과 교류를 하기도 했다. 오랜 은둔 끝에 고향으로 돌아와 가르치는 일에 열중하던 중 이토 히로부미를 암살한 안중근의사의 사건에 연루되어 또 다시 감옥에 갇혔다가 무혐의로 석방되었다. 그러다 서른여섯 되던 해 황해도 민족주의자로 구속돼 서대문감옥에 투옥되어 모진 고문을 수도 없이 당했다.

김구는 출옥 후 상해로 가 도산 안창호의 천거로 임시정부 경무국장이 되었다. 그리고 26년 동안 임시정부요인으로 조국의 독립을 위해 모진 고난의 세월을 보냈다. 그러는 동안 셋 딸과 장남 인과 아내를 먼저 저 세상으로 보내고, 어머니를 여의는 아픔을 겪었다. 김구는 가정적으로 가슴 아픈 일을 겪는 등 그의 삶은 실패와 시련의 연속이었다. 그러나 김구는 어느 한 순간도 흐트러짐이 없었다. 그는 오직 조국의 독립만을 생각했다. 그의 일생은 한 마디로 백절불요百折不撓 그 자체였다.

능숙한 선장은 폭풍을 만났을 때 폭풍에 반항하지 않고 절망도 하지 않는다. 늘 확고한 승산을 갖고 최후의 순간까지 최선을 다해 활로를 열려고 한다. 이것이 인생의 고난을 돌파하는 비결이다.

이는 조지 맥도날드George McDonald(1824~1905. 스코틀랜드 소설가이자 시인. 인간이 하나님에게 돌아가는 순례를 다룬 그리스도 우화를 많이 썼으며 아이 어른 모두 좋아하는 동화들로 유명하다. 회중교회 목사가 되어 설교와 강연을 했다. 1855년 시적인 비극『내부와 외부』를 발표하면서 본격적으로 문학을 시작하였다. 어른들을 위한 작품으로는『백일몽』,『릴리스』가 뛰어나고, 아이들을 위한 작품으로는『북풍의 등에 업혀』가 가장 유명하지만『공주와 난장이』와 그 속편인『공주와 커디 소년』도 걸작으로 꾸준히 사랑받고 있다.)가 한 말로 인생을 긍정적으로 살며 성공적인 삶을 살았던 사람들은 그 어떤 시련과 실패에도 절대로 좌절하지 않았다. 그들은 인생에 고난의 바다를 멋지게 항해할 줄 아는 능숙한 선장이었다.

김구 또한 인생의 시련과 고난을 물리치고 자신의 인생을 성공적으로 살았던 인생의 능숙한 선장이었다.

시련과 실패 앞에 절대로 무릎 꿇지 마라

유럽에서 가장 보수적인 영국 의회에 진출해 두 차례나 수상을 지낸 벤저민 디즈레일리^{Benjamin Disraeli}. 그가 영국 의회에 길이 남는 정치가가 될 수 있었던 것은 능력이 출중했기 때문이다.

대표적인 그의 공적은 가난한 노동자들의 주거개선법을 시행해 빈민가를 새롭게 단장하며, 서민들이 쾌적한 환경에 주거하도록 한 것이다. 그 외에도 복잡했던 공중보건법을 크게 개선했고, 노동 착취를 방지하는 공장법과 노동자 단체의 지위를 인정하는 두 개의 노동조합법 제정도 그의 업적이다. 대외적인 업적으로는 당시 이집트 수에즈운하를 인수한 것에 있다. 수에즈운하 인수는 영국의 강국 이미지를 부각시키는 것은 물론 국민들에게 지도력을 인정받는 데 크게 작용해 그의 정치적 입지를 더욱 견고하게 해주었다.

러시아와 투르크 간의 전쟁으로 영국은 인도로 가는 길에 방해 받지는 않을까 염려했다. 디즈레일리는 전쟁으로 지쳐있는 러시아에게 세를 과시하며, 영국은 전쟁으로 발생하는 어떤 불이익도 허용하지 않겠다는 의지를 보였다. 러시아가 투르크에 강요한 산스테파노 조약은 1878년 베를린에서 열린 유럽 의회에 상정되었는데, 디즈레일리는 회의에 참석해 러시아로부터 원하는 것을 모두 받아 냈다.

　이 일은 영국의 자긍심을 드높인 역사적 사건이라 불리며 그의 정치적 위상을 높여 주었다. 그는 빅토리아 여왕의 총애와 신임은 물론 국민들에게 위대한 정치가로 깊이 각인되었다.

　디즈레일리의 승부사 기질은 강직한 인품에서 기인한다. 좌절을 모르는 유대인의 기질과 지혜로 정치적 역량을 드높이며 반대 세력을 굴복시켰다.

　그렇다면 디즈레일리에게는 실패와 시련은 없었을까. 그는 주식에 투자하고, 사업에도 손을 댔으나 모두 실패하였다. 또 정계에 입문해서는 수차례에 걸쳐 낙선했다. 그의 인생은 실패와 시련의 연속이었다.

　그럼에도 그는 좌절하지 않았다. 좌절은 곧 인생의 실패라는 것을 경험을 통해 깨달았기 때문이다. 그는 실패를 거듭할수록 강해지기 위해 더욱 노력했다. 그가 영국의 수상으로 있는 동안 '대영제국은 해가 지지 않는다' 라는 말이 있을 정도로 영국은 전 세계적으로 위상을 떨쳤다. 그는 많은 국민들로부터 존경과 찬사를 받은 정치인이었다.

　어려움은 나뿐만 아니라 남에게도 있었고 그들은 그 어려운 장벽 앞에서도 굴하지 않고 힘차게 뚫고 나갔다는 것을 기억하라.

　이는 노만 빈센트 필Norman Vincent Peale (1898~1993. 목사. 저술가. 자기계발동기부여가. 대표작인 『적극적인 사고방식』은 현재 42개 언어로 번역되어 2,000만 부 이상이 팔린 초대형 베스트셀러이다. 그 외의 저서로 『세상과 나를 움직이는 삶의 기술』이 있다.)이 한 말로 어려움을 어려움이라 생각하지 갈아야 한다. 어려움은 누구에게나 있다. 어려움을 이기는 가장 좋은 방법은 어려움에게 지지 않는 것이다.

헝가리의 가난한 소년이 미국으로 갔다. 아는 사람도 없었고, 일할 곳도 없었다. 그는 노숙자 생활을 하기도 하고, 짐꾼으로 돈을 벌기도 했다. 어린 나이에 낯선 나라에서 산다는 것은 매우 고달픈 일이었다. 그런데다 사기꾼을 만나 얼마간의 돈을 사기 당하고 말았다. 그런데 이일로 인해 그는 새로운 일을 하게 되었다. 자신의 억울한 사정을 신문에 투고했는데 그의 글 솜씨를 보고 편집장이 그를 기자로 채용한 것이다. 그는 발이 부르트도록 열심히 일해 언론인으로서의 능력을 키웠고 마침내 신문사를 인수하였다. 그는 다른 신문사에서 하지 않는 새로운 콘텐츠를 개발하여 풍부한 읽을거리를 제공하였고, 사실을 바르게 전달하는 언론의 '원칙'을 준수하여 많은 독자들로부터 인정을 받았다. 그는 신문사를 크게 확장시키며 미국 최고의 언론재벌이 되었다. 그의 이름은 조셉 퓰리처이다. 그가 언론인으로 성공할 수 있었던 것은 원칙을 지키는 신념에 있다.

신념은 아직 보지 못한 것을 믿는 것이며, 그 신념에 대한 보상은 믿는 것을 보게 된다는 것이다.

이는 성 아우구스티누스^{Sanctus AureliusAugustinus} (354~430. 알제리의 타가스테에서 출생. 교부. 신학자. 사상가. 주요저서 『고백록』, 『행복론』, 『신국론』, 『삼위일체론』)가 한 말로 신념은 보지 못하는 것을 믿게 함으로써, 그 어떤 시련도 극복하게 한다는 의미이다.

김구는 견고한 신념과 강철의지를 지녔다. 수많은 실패와 상상을 초월하는 시련에도 굴복하지 않고 당당하게 맞섰다. 이런 강인함은 총탄을 맞고도 살아나게 했으며, 살인적인 고문에도 자신의 뜻을 굽히지 않게 하였다.

신념이 마음을 단단하게 잡아주는 마인드라면, 의지는 그 신념을 행동으로 옮기는 실천적인 행위와 같다. 김구가 최악의 순간에도 오뚝이처럼 일어설 수 있었던 것은 바로 신념과 의지의 힘이었다.

원하는 것을 얻고 싶다면 김구가 그랬듯이, 수많은 시련과 실패에도 절대로 무릎 꿇지 마라. 이에 대해 『장자莊子』(도가 계열의 책으로 여러 사람의 글을 편집한 것이다. 33편이 현존하는데 장자 자신이 쓴 책은 내편內篇 7편이며, 나머지는 장자의 문하생들이 지은 것이라고 한다.)에는 다음과 같이 나와 있다.

수많은 작은 실패가 커다란 성공을 이끌어내는 법이다.

그렇다. 수많은 시련과 실패가 내공이 되어 성공을 이끌어 낸다. 시련과 실패 앞에 당당하게 맞서라. 그렇게 할 수 있다면 그 사람이야말로 최후의 승리자임을 잊지 말아야 할 것이다.

시련과 실패를 극복하는 현명한 지혜

실패에는 영웅이 없다. 사람은 누구나 실패 앞에선 범인일 뿐이다.

_푸시킨

01. 시련과 실패는 누구에게나 찾아오는 반갑지 않은 인생의 손님이다. 그러나 반갑지 않다고 외면하면 시련과 실패에게 지고 만다.
02. 신념을 굳게 하라. 신념이 강한 사람은 그 어떤 시련과 실패에도 좌절하지 않는다.
03. 인생은 파도가 몰아치는 커다란 바다를 항해하는 것과 같다. 능숙한 선장은 어떤 상황에서도 파도를 헤치고 나아가 듯 인생의 능숙한 선장이 되어야 한다.
04. 항상 긍정적으로 말하고 행동하라. 긍정의 에너지가 시련과 실패를 이겨게 한다.
05. 어려움을 이기는 가장 좋은 방법은 어려움에게 지지 않는 것이다. 시련과 실패에게 절대 지지 말아야 한다.

자주정신을 기르고 민주의식을 고양하다

목적을 이루기 위해서는
어떤 일도 참고 견디어야 한다

자신이 원하는 것을 이루기 위해서는 그 어떤 일도 참고 견딜 수 있어야 한다. 그것은 자신이 비굴해서가 아니라 자신의 목적을 위해서이니 만큼 부끄럽게 여길 필요는 없다.

홍선대원군興宣大院君(1820~1898. 조선말기의 정치가이자 화가. 고종황제의 아버지) 이 안동김씨의 왕족 숙청을 피해 고의로 시정 무뢰한들과 어울려 난행을 일삼으며 건달행세를 했다. 또한 투전에 가담하기도 하고 세도가의 잔칫집을 찾아다니며 걸식도 서슴지 않았다. 심지어는 홍종의 집의에게 음식을 얻으러 갔다 하인에게 얻어맞기 까지 하였다.

홍선대원군은 자신의 뜻을 위해 온갖 수모를 참으며 견디어 냈던 것이다, 그 결과 자신의 둘째 아들인 이희가 임금에 올랐는데 그가 바로 고종황제이다. 홍선대원군은 어린 고종을 대신해 섭정하며 그 권세를 만천하에 떨쳤다.

큰 목적을 가진 자는 눈앞의 부끄러움을 참고 이겨내야 한다.

이는 『시경詩經』(고대 중국의 시가를 엮은 오경五經의 하나로 원래는 3,000편
이었다고 전하나 공자에 의해 305편으로 간추려졌다고 한다)에 나오는 한신포
복韓信匍匐으로 이 말의 유래는 다음과 같다.

한나라의 대장군이자 장량, 소하와 함께 한초삼걸의 한 사람인 한신韓信
은 구 초楚나라의 영토였던 회음淮陰의 평민출신이다. 외모가 출중치 못하
고 비천해 무뢰배에게 얻어맞고는 무뢰한의 가랑이 사이를 기어갔다하여
생긴 말이다.

홍선대원군이나 한신의 일화에서 보듯 이들이 훗날 이룬 업적을 생각
한다면 도저히 믿어지지 않는 소인배적인 행위를 거리낌 없이 행하고 일
을 겪었다는 걸 알 수 있다. 그 결과 홍선대원군도 한신도 자신의 품은 뜻
을 이뤄낼 수 있었다.

자신의 큰 뜻을 이루기 위해서는 때로는 부끄러운 일도 행해야 한다는
것 또한 처세處世라고 할 수 있다. 그러나 부끄러움을 단지 부끄러움으로
만 끝낸다면 한신포복의 의미는 무의미하게 되고 말 것이다.

수모를 참고 견디어 낸 김구의 깊고 넓은 마인드

의기충천하고 용기백배한 김구도 젊은 날엔 어처구니없는 일을 겪었
다. 김구가 동학접주로 해주성 공격에 실패하고 안중근의 아버지 안태훈
의 배려로 도움을 받으며 지낼 때, 안태훈이 자리를 비울 때면 포수들은
대 놓고 "저 자는 진사님만 없으면 벌써 썩어졌을 거야." 라며 빈정거리

며 비웃었다. 김구는 그들의 얘기를 듣고도 모르는 척 했다. 그들을 탓하
는 것은 못난 행동이라고 생각하고 꾹 참고 참았던 것이다.

김구는 청나라에 가서 그 곳 사정도 조사하고, 그곳 사람들과 연락하여
후일을 기약하는 것이 어떻겠냐는 스승 고능선의 권유로 청나라로 여행
을 떠났다. 김구는 일행인 김형진처럼 참빗장수 행세를 하였다. 그런데
김구는 어이없는 일을 당하고 말았다. 이에 대해 김구가 한 말이다.

평양에서부터 함흥에 도착하기까지 있었던 일 가운데 아직까지 기억에 남는
일이 있다. 강동 어떤 장거리에서 하룻밤 묵다가 칠십 노인 주정뱅이에게 까
닭 없이 매를 맞았다. 억울하기도 했으나 큰 목적을 품고 먼 길을 가는 처지
에 사소한 일에 마음 둘 바 아니라고 생각하고, 한신이 화음淮陰의 부랑배에게
당했던 고사 이야기를 하며 서로를 위로했다.

김구의 말에서 보듯 강동이란 마을에서 머무를 때 술에 취한 노인에게
아무런 이유도 없이 매를 맞아, 너무도 억울했지만 꾹 참았던 그의 마음
이 잘 나타나 있다. 그 일로 인해 자신의 뜻이 훼손되는 것을 원치 않아서
이다. 김구의 의연한 행동이 눈에 보이는 듯 선하다.

김구가 안명근 사건을 구실삼은 일제의 의해 세 번째 투옥되었을 때 일
이다. 김구는 처음 투옥하여 탈출했던 인천감옥으로 이감되었다. 이때 김
구는 문종칠이란 사람과 만났다. 그는 17년 전 김구가 탈옥을 한 후 죽도
록 매를 맞았다고 했다. 김구는 그 당시 사람을 만나 불편한 마음이었지
만 마지못해 반갑게 인사를 했다. 김구는 혹여 그가 자신이 당한 것을 앙
갚음 하기위해 자신을 고발하지 않을까 하여 심히 걱정이 되었다. 혹시라

도 탈옥한 사실을 일제가 알기라도 하는 날엔 모든 것이 끝장나기 때문이
었다. 더구나 이제 1년만 채우면 출소를 하는데, 생각하는 것만으로도 아
찔했다. 우연치고는 매우 불편한 우연이었다.

김구는 문종칠의 마음을 사기 위해 최대한 친절을 베풀었다. 집에서 넣
어준 사식도 그에게 주고, 감옥에서 주는 밥도 먼저 그에게 건네주곤 했
다. 그러던 중 그가 먼저 출감을 하였다. 그제야 김구는 마음이 놓였다.

이 일화에서 보면 김구 또한 사람인지라 고발당할까 노심초사했음을
알 수 있다. 그렇게 되면 일제가 그냥 있을 리가 만무하다. 그렇지 않아도
눈엣가시처럼 여기는데 탈옥한 사실이 밝혀지면 그 죄가 가중처벌 되기
때문에 김구의 심정이 어떠했는지는 미루어 짐작이 가고도 남는다.

이를 잘 아는 김구로서는 아부 아닌 아부를 해서라도 문종칠의 환심을
사는 것이 자신의 미래를 위해서 바람직하다고 생각했고, 천만다행이도
그의 생각은 그대로 적중하였던 것이다.

참을성이 없으면 무엇이든지 이룰 수 없다.

이는 무인부달無忍不達이란 사자성어로 '자신이 원하는 것을 얻기 위해서
는 그 무엇이라 할지라도 이겨내야 함'을 말한다. 그 어느 것도 쉽게 되는
것은 없다. 보기에는 쉬워 보이는 일조차도 막상 자신이 하려고하면 그
나름대로의 어려움이 따르기 마련이다. 그런데 하물며 조국과 민족을 위
해 하는 일은 오죽할까. 이렇듯 김구는 무인부달하는 마음으로 온갖 수모
와 치욕을 참고 참으며, 견디어 냈던 것이다.

목적을 이루기 위해서는 참고 견디어야 한다

바람을 타고 파도를 헤치며 나아가다.

이는 승풍파랑乘風波浪이란 사자성어로 '뜻한 바를 이루기 위해서는 온갖 난관을 극복하고 나아가야 한다'는 의미이다.

남북조시대 송宋)나라의 예주자사와 옹주자사를 역임한 종각이란 사람이 있다. 그는 어려서부터 무예가 출중하고 용감했다. 종각이 어렸을 때 그의 숙부 종병이 종각에게 무엇이 되고 싶으냐고 물었다. 종각은 거센 바람을 타고 만 리 거센 물결을 헤쳐 나가고 싶다고 말했다. 그러자 숙부는 그에게 너는 부귀하게 되지 못하겠구나, 우리 집안의 문풍을 무너뜨리다니, 라고 말했다.

종각의 형인 종필이 혼례를 치렀는데 집에 들어오는 첫날밤에 강도가 들이 닥쳤다. 당시 종각은 열네 살이었는데 조금도 두려워하지 않고 용감하게 강도들과 맞서 싸웠다. 강도 십여 명 모두 흩어져 집 안으로 들어오지 못했다.

그 일이 있고 종각은 임읍(지금의 베트남)을 정벌하기 위해 원정길에 부관으로 수행하였다. 임읍의 왕이 코끼리 무리를 앞세워 공격하자 송나라 군대는 곤경에 처했다. 이때 종각이 묘책을 내어 병사들을 사자처럼 꾸며 코끼리무리 앞에서 춤을 추게 하였다. 그러자 코끼리 무리는 놀라 달아났다. 이에 송나라 군대는 그 틈을 놓치지 않고 임읍을 공략했다. 그처럼 종각은 지와 용을 겸비한 인물이었다.

이는 『송서宋書』 종각전과 『남사南史』 종각전에 나오는 이야기이다.

종각은 숙부로부터 부귀하지 못하겠다는 수모를 겪었지만, 그는 당당하게 참고 나아감으로써 자신의 말대로 의지를 떨쳐 보일 수 있었다.

　1636년 12월 청나라 홍타이지가 10만의 청군을 이끌고 압록강을 건넘으로써 병자호란이 발발했다. 이 소식은 조정에 알려졌고, 인즈는 강화도로 몽진하려했으나 청군은 이미 개성 근처에 진출해 있었다. 시간이 임박하자 계획을 바꿔 남한산성으로 갔다. 인조는 각도에 납서를 보내 군대를 불러 모으려고 했으나, 도원수 김자점이 인조의 명을 따르지 않았다. 그러자 각 도에서 올라오던 군대들은 청군의 별동대에게 패하고 말았다. 이로 인해 상황이 불리하게 돌아갔지만 인조는 항복을 거부하였다.

　남한산성을 중심으로 조선군과 청군 간에 치열한 전투를 벌였지만 승세는 이미 청군으로 기울었다. 그런데다 봉림대군과 비빈들이 피난했던 강화도가 청군에게 함락되었다는 소식이 인조에게 전달되었다. 결국 59일을 버틴 끝에 인조는 항복을 결정하고 말았다. 인조는 한강을 건너 삼전도에서 '삼배구고두례', 즉 '세 번 절할 때마다 세 번씩 머리를 땅에 찧도록 하는' 굴욕적인 의식을 통해 항복을 했다. 그리고 강화조약을 맺은 후 소현세자와 부인 강씨, 봉림대군과 부인 장씨, 김상헌 등의 신하들이 볼모로 청으로 끌려가는 치욕적인 수모를 겪어야만했다.

　이는 조선의 조정을 비롯해 조선의 사대부들과 선비들에게는 씻을 수 없는 역사적인 한이 되었다. 조선은 치욕적인 굴욕을 겪은 후 다시는 굴욕을 겪지 않기 위해 삼전도의 굴욕을 교훈 삼아 강직한 조정을 위해 힘썼다. 지금도 '삼전도의 굴욕'은 역사적인 사건으로 치부를 드러낸 것 보다 더 치욕적인 일로 남아있다.

　만약 당신이 한 번도 두렵거나 굴욕적이거나 상처 입은 적이 없다면 당신은 아무런 위험도 감수하지 않은 것이다.

이는 줄리아 소렐^{Julia Sorel} (미국의 팝 아티스트. 소설가)이 한 말로 두려움과 굴욕을 겪지 않은 것을 부정적인 관점에서 말하고 있다. 어떤 일을 하다보면 때에 따라서는 두려움에도 빠지고, 견딜 수 없는 치욕적인 굴욕을 겪기도 하고, 마음에 깊은 상처도 입기도 한다. 그런데 이런 것 없이 자신이 하는 것이 잘 되기를 바란다는 것은 하나의 요행과도 같은 것이다.

세상을 살다보면 어쩌다 요행이 따르기도 하지만 이것을 기대한다는 것은 심히 어리석은 일이다. 그 어떤 것도 참고 견디며 최선을 다 하다보면 좋은 결과를 얻게 되고, 또 열심히 하다보면 전혀 생각지도 않은 요행이 따라오기도 한다.

참고 견디는 것은 인간이 그 무엇을 이루는데 있어 반드시 필요한 마인드 이자 삶의 기술이다. 인내하지 못하면 아무리 두뇌가 명석하고, 꿈이 태산처럼 크다 해도, 꿈을 이루는 것은 화중지병^{畵中之餠}, 즉 그림의 떡과 같다.

이에 대해 벤저민 프랭클린^{Benjamin Franklin} (1706~1790. 미국 건국의 아버지 중 한 사람. 정치가. 피뢰침, 다초점 렌즈를 발명한 발명가. 100달러 초상화의 주인공)은 다음과 같이 말했다.

인내할 수 있는 사람은 그가 바라는 것은 무엇이든지 손에 넣을 수 있다.

프랭클린은 가난한 집안 환경으로 인해 열 살 때 학교를 그만두고 형의 인쇄소에서 인쇄 일을 배웠다. 그로인해 글 쓰는 솜씨도 좋아졌다. 그는 인쇄소를 차려 성공하였으며, 『가난한 리처드의 연감』이라는 책을 발간해서 호평을 받았다. 또한 그는 피뢰침을 발명하여 과학발전에 획기적으로 기여했으며, 체신부장관으로서 우편 업무를 크게 개선시켰다. 그리고 영국에 파견되어 식민지 자주과세권을 이끌어 냈고, 인지조례의 철폐를 성공시켰으며, 독립선언서 기초위원이 되었다. 이어 프랭클린은 아메리카와 프랑스동맹을 성립시키고, 프랑스 재정원조를 지원받는데 기여하였으며 파리조약 미국대표가 되었다.

프랭클린의 위대한 업적은 토마스 제퍼슨과 함께 '미국독립선언문'을 기초한 것을 꼽을 수 있다. 프랭클린의 인생은 자신의 말대로 인내의 힘이었다.

프랭클린 또한 김구처럼 온갖 어려움을 참고 견딤으로써 인생의 승리자가 되었다.

김구는 세 번의 투옥으로 인해 사람으로서는 견딜 수 없는 고문을 당했으며, 실패로 인한 좌절로 상심의 세월을 보내기도 했다. 또한 언제 어떻게 될지 모르는 긴박한 상황에서 하루하루를 보내야만 했다.

김구의 인생은 자신의 것이 아니었다. 그의 인생은 조국과 민족의 것이었다. 그는 잠을 잘 때도, 밥을 먹을 때도, 길을 갈 때도, 은둔해서도 오직 조국과 민족 밖에 없었다. 자신의 안위 따위는 진즉에 벗어 던져버렸다. 그랬기에 김구는 조국과 민족을 위해서라면 무인부달하는 마음으로 온갖 수모와 치욕을 참고 견디어 냈던 것이다.

자신이 진정 무언가를 이루고 싶다면 요행을 바라지 말고, 그 어떤 고난과 시련과 굴욕과 배척도 참고 견디어야 한다. '인내'는 인간이 살아가는 데 있어 가장 필요로 하는 삶의 기술 중 하나이다. 인내하는 자만이 원하는 것을 얻는 법이다.

참고 견디는 힘을 기르는 삶의 기술

인내심과 목적이 있는 고집이 현명함보다도 갑절이나 소중하다.

_토머스 헨리 헉슬리

01. 그 어떤 것도 쉬운 것은 없다. 쉬워 보이는 것도 막상 해보면 쉽지 않다. 쉬운 것만 생각하면 조금만 힘들어도 쉽게 포기하고 만다.

02. 요행을 절대 바라지 말아야 한다. 요행은 참고 견디는 마음을 잃게 만드는 헛된 마음이다.

03. 시련과 고통을 이길 수 있는 가장 큰 힘은 참고 견디는 마음이다. 참고 견디는 마음만 있으면 무슨 일도 해 낼 수 있다.

04. 자신이 원하는 것을 얻기 위해서는 때론 거슬리는 것도 참을 수 있어야 한다. 그런 사람만이 자신이 원하는 것을 취할 수 있다.

05. 사람은 누구나 자신에게 관대하다. 자신에게 관대하면 자신을 이기지 못한다. 스스로를 엄격하게 해야 자신을 이길 수 있다. 자기를 이길 수 있는 사람은 가장 인내심이 강한 사람이다.

검소하고 청렴한 생활이
나라를 위하는 길이다

검소한 사람은 청렴결백하고, 자신의 것이든 남의 것을 함부로 여기거나 낭비하지 않는다. 작은 것의 소중함을 잘 알기 때문이다. 그래서 검소한 사람은 타인을 거슬리게 하거나 불편하게 함으로써 나쁜 인상을 주지 않는다.

그러나 사치하고 허영심이 많은 사람은 자신의 것이든 남의 것이든 함부로 여기고 낭비벽이 심하다. 이런 이유로 사치와 낭비가 심한 사람은 타인들의 눈살을 찌푸리게 함으로써 나쁜 인상을 준다.

검소한 사람은 망하거나 잘못될 일이 적다. 하지만 사치와 낭비가 심한 사람은 망하거나 잘못될 확률이 높다. 검소함의 소중함을 모르기 때문이다.

검약 없이는 아무도 부자가 될 수 없으며, 또 그것을 가지면 거의 가난해지지 않는다.

사무엘 존슨Samuel Johnson이 한 말로 이 말은 검소하지 않은 사람이 부자가 된다는 것은 있을 수 없고, 검소한 사람치고 가난한 사람은 없다는 의미로 볼 수 있다.

맨주먹으로 현대그룹을 창업한 정주영은 양복도 오래된 양복을 그대로 입었으며, 구두도 밑창이 다 닳도록 신은 것으로 유명하다. 국내는 물론 국외적으로도 부자 중에 부자였던 그가 그토록 검소할 수 있었던 것은 가난의 아픔이 무엇인지. 왜 검소한 삶을 살아야 하는지를 잘 알았기 때문이다.

존 데이비슨 록펠러John Davison Rockefeller(1839~1937. 기업가. 스탠더드석유회사를 창업함. 자선사업가.)가 시카고의 어느 호텔에 숙박을 하게 되었을 때 일이다. 그가 호텔에서 제일 싼 방을 달라고 했을 때 직원이 그를 알아보고는 아드님은 저희 호텔에 오면 제일 좋은 방에서 머무른다며 왜 싼 방을 달라고 하냐며 물었다. 직원의 말을 듣고 "내 아들에게는 부자 아버지가 있지만 내게는 부자 아버지가 없지 않소."하고 말한 것으로 유명하다.

록펠러는 매사에 검소했다. 그렇다고 해서 그가 수전노는 아니었다. 자신이 힘들게 번 돈을 사회를 위해 학교를 위해 아낌없이 후원한 돈을 제대로 쓸 줄 아는 사람이었다.

국내적으로나 세계적으로 볼 때 물질적으로 성공한 사람들은 대개 검소했음을 알 수 있다. 검소는 아름다운 미덕이다. 그러기에 검소함은 아무리 강조해도 부족하다.

검소하고 청빈했던 임시정부의 주석 김구

임시정부의 재정은 말 그대로 찌들고 가난함 그 자체였다. 뜻 있는 사람들이 보내 주는 독립자금과 해외 동포들이 보내주는 후원금이 전부였다. 그 돈으로 임시정부를 이끌고 가려니 언제나 궁핍함을 면치 못했다. 자연히 이러다 보니 주석이라고 해서 관사가 따로 있는 것도 아니고 먹을 것, 입을 것, 그 어느 것 하나도 녹록치 않았다. 임시정부 건물도 없어 임대료를 지불하고 빌려 쓰는 실정이었으나 임대료도 제 때 지불하지 못해 임대료 문제로 집주인에게 소송까지 당하곤 했다. 참으로 애석하기가 짝이 없었다. 그만큼 임시정부의 사정이 막막할 정도였다. 이에 대한 이야기이다.

임시정부 수반 직책은 여러 번 바뀌었다. 대개가 잘 알고 있는 주석은 맨 나중에 생긴 국가수반의 직책이다. 그 전에는 국무령이라고 했다. 김구가 국무령으로 있을 때 다른 국무위원들은 가족들과 함께 살았다. 그러나 김구는 부인 최준례 여사를 잃고, 맏아들 인과 단 둘이 지냈다. 그러다가 아들 인을 어머니의 분부대로 고국으로 보내고 혼자 지냈다. 잠은 임시정부청사에서 자고, 밥은 직업을 가진 동포들의 집을 다니며 얻어먹었다. 동포들은 김구가 찾아오면 친절하게 대해주었으며, 동지들도 정성껏 대해주어 외롭고 고단한 생활을 잠시라도 잊을 수 있었다.

엄항섭이라는 젊은이는 김구를 비롯해 가난한 독립 운동가를 돕기 위해 프랑스 공무국에 취직했다. 그는 비교적 고액의 월급을 받았다.

먹는 것 입는 것 마저 여의치 않다보니 구두나 운동화 같은 것은 엄두도 내지 못했고, 헝겊 조각을 모아 몇 겹씩 겹쳐 신처럼 누며 신고 다녔다. 이곳저곳을 많이 다녀야 하는 김구의 헝겊신은 바닥이 너덜너덜 하였다. 명색이 임시정부의 국무령인데 김구의 형색은 그야말로 걸식하는 자들과 다를 바가 없었다.

이렇듯 상해에서의 생활은 그저 하루하루가 가난과 고난의 연속이었

다. 그렇지만 조국의 독립을 위해 하는 고생이니만큼 이를 고생이라고 생
각하지 않았다. 자신에게 주어진 운명처럼 당연히 해야 할 일로 여겼다.

김구는 임시정부의 재정을 충당하기 위해 조국과 해외동포들에게 편
지를 보내 지원을 부탁했다. 김구의 진정성을 잘 아는 이들은 정성껏 기
금을 보내주었다. 그러나 이 또한 한계가 있었다.

그런데 이봉창의사와 윤봉길의사의 거사사건이 알려지고 나서는 달라
졌다. 지원금이 예전과는 비교도 할 수 없을 만큼 들어왔다. 하지만 김구
의 생활은 별로 달라질게 없었다. 김구는 자신을 위해 한 푼도 허투루 쓰
지 않았다. 오직 임시정부를 운영하는 데에만 썼다.

우리 마음속에 있는 청렴보다 더 신성한 것은 없다.

이는 랠프 왈도 에머슨^{Ralph Waldo Emerson}이 한 말로 청렴은 신성함 그 자체
라는 것을 의미한다. 그렇다. 사람들이 추해지는 것은 물질을 쫓아가기
때문이다. 물론 물질은 매우 중요하다. 물질이 없거나 부족하면 삶 자체
가 힘들어지기 때문이다. 하지만 그렇다고 해서 물질에만 의존해서는 안
된다. 자칫 물질의 노예로 전락할 수도 있다. 인간에게 있어 가장 신성한
것은 청렴이다.

한 마디로 김구의 삶은 임시정부 자체였고, 자나 깨나 조국의 독립을
위한 것이었다. 이처럼 김구는 자신에게는 냉정할 만큼 검소하고 청렴결
백 했다.

검소하고 청빈한 생활이 자신과 국가를 위하는 길이다

남들이 단순하게 살 수 있도록 검소하게 살라.

마하트마 간디^{Mahatma Gandhi}가 한 말로 내가 검소함으로써 남들도 검소하게 살 수 있음을 의미한다. 검소한 삶은 자신을 위한 것이기도 하지만 나라를 위하는 것이기도 하다. 국민들이 검소하면 그만큼 저축을 많이 하게 되고, 그것은 곧 국력을 키우는 동력이 되기 때문이다.

조선의 건국공신인 조온^{趙溫}(1347~1417. 고려 말에서 조선 초 문신. 제1차 왕자의 난 때 이방원의 편에 가담하여 정사공신이 됨)이 벼슬에서 물러나 지내고 있을 때였다. 갓 벼슬길에 오른 젊은이가 그를 찾아왔다. 부원군인 그에게 잘 보이면 출세가 빠를 것이라 여겨 청탁을 하러 온 거였다. 그런데 젊은이는 집이 너무 초라해 집을 잘 못 알고 온 것이 아닌가 하여 고개를 갸웃거리다 자신이 온 것을 알렸다. 그러자 검소한 차림의 노인이 밖으로 나왔다. 젊은이는 노인에게 말했다.
"조온 대감께서는 안에 계신가?"
"내가 조온인데 무슨 일로 오시었소?"
"죄송하옵니다. 대감이신 줄 몰라 뵙고 무례를 범했습니다."
젊은이는 깜짝 놀라 자신의 무례함에 대해 용서를 빌었다. 조온은 그를 방으로 안내했다. 방안엔 돗자리 한 장이 깔려 있고, 책만 정돈되어 쌓여 있었다. 잠시 후 저녁상이 나왔다. 보리밥에 나물 된장국이 반찬의 전부였다. 젊은이는 그처럼 소박한 밥을 먹어본 적이 없어 제대로 먹지 못하고 먹는 시늉만 했다.

그러자 조온은 "소찬이라 입에 맞지 않나 보구려." 하고 말했다. 그러자 젊은이는 점심을 늦게 먹어 시장하지 않아서 그렇다고 둘러대며 말했다.

"대감께서는 너무 몸을 돌보지 않으시는 것 같습니다."

그러자 조온은 빙그레 웃으며 말했다.

"모든 것은 다 습관들이기 나름이오. 젊어서는 부모님 섬기고, 벼슬길에 올라 일선에서 주로 생활을 하다 보니 호사와 편안한 것으로부터 자연히 멀어졌소. 내겐 이런 생활이 편하오."

"하지만 지금은 벼슬을 그만두셨고, 춘추 또한 높으신데 건강을 생각하셔야지요."

젊은이의 말에 조온이 말했다.

"잘 들으시오. 나는 늙어서 나라 일에 직접 참여하지는 않지만 백성과 함께 검소한 생활을 하는 것 또한 나라를 돕는 일이라고 생각하오. 지위가 높아지고 공이 조금 있다고 해서 호사를 부려야 되겠소. 부디 이를 명심하시오."

젊은이는 벼슬에서 물러나서도 이리도 검소하고 청렴한 조운 대감에게 청탁을 하러 온 자신의 행동을 깊이 뉘우치고, 나라와 백성을 생각하는 그에게 큰 감동을 받았다.

이 이야기에서처럼 검소하게 생활하는 것은 곧 나라를 위하는 일이다. 이를 일러 검행위국儉行爲國이라고 한다.

조온은 사대부로서, 부원군으로서 마음만 먹으면 얼마든지 누릴 수 있는 풍요로움을, 나라를 사랑하는 마음과 가난한 백성들을 위하는 마음으로 스스로 금하고, 검소하고 청빈한 삶을 즐겼다하니 이것이야말로 참된 공직자의 표상이라고 할 수 있다.

정치하는 요체는 공정과 청렴이고, 집안을 이루는 도는 검소와 근면이다.

이는 『경행록景行錄』(중국 송나라 때 지은 책으로 인간이 지켜야 할 착한 행실과 도리를 담았다.)에 나오는 말로 정치인들이나 공직자들이 지켜 행해야 할 도리에 대해 말하고 있다. 비단 이것이 어디 정치인들이나 공직자들만에 해당되는 이야기일까. 이는 누구에게나 다 해당되는 이야기이다.

요즘 우리사회에서는 가진 자들이 지각없이 하는 말과 행동을 일러 '갑질'이라는 말로 지탄하고 있다. 내 돈 내가 쓰는데, 그리고 내가 내 마음대로 하겠다는 몰염치하고 몰상식한 이 썩어빠진 행태를 어찌 수수방관만 할 수 있겠는가. 이는 같은 인간으로서는 할 수 없는 파렴치한 행위며, 법이 정한 테두리 안에서 또는 법을 만들어서라도 강력하게 규제해, 두 번 다시는 쓰레기 같은 말과 행동을 용납해서는 안 된다.

인간이 살아가면서 지켜야 할 기본 도리에 대한 몇 가지를 살펴보는 것도, 인간답게 사는 데 있어 많은 도움이 될 것이니, 이를 마음에 새기고 실천하는 것이 좋을 듯하다.

화려함을 추구하지 말고 검소한 길을 가라.

이는 거화취실去華就實이라는 사자성어로 화려함, 즉 사치를 부리지 말고 검소하고 소박하게 살라는 말이다.

청렴하고 결백한 지조를 지켜라.

이는 세수청백世守淸白이라는 사자성어로 청렴하게 사는 것은 깨끗한 행실이며 이를 지켜 행해야함을 일러 말한다.

일에 힘쓰고 낭비하지 않고 노력하라.

이는 근검역행勤儉力行이라는 사자성어로 부지런히 일을 하되, 허투루 낭비하는 것을 조심하도록 하라는 말이다.

김구는 일찍이 자신의 안위와 영광된 삶을 쫓지 않았다. 그는 어린 시절부터 양반들의 그릇된 행태에 분노했으며, 가난하고 못 배운 사람들을 위해 살아야 한다는 마음으로 불타는 심신을 갈고닦았다. 그가 동학에 입도한 것도 그런 이유에서며, 평생을 가난과 시련 속에서도 흔들림 없이 조국의 독립을 위해 헌신한 것 또한, 오직 인간으로서 마땅히 해야 할 일이라고 여겼기 때문이다.

이는 김구가 『논어』에 나오는 단사표음簞食瓢飮(대로 만든 그릇에 담은 음식과 표주박에 담은 물로, 간소한 음식을 뜻함)이란 말처럼 가난을 부끄러워하지 않고 당연시했기 때문이다.

내 것이라고 함부로 낭비하는 것도 죄악이며, 가난하고 힘없는 사람들을 함부로 여기는 것 또한 죄악이니 이를 조심 또 조심해야 할지니, 김구의 검소하고 청렴한 삶을 본받아 마음에 새겨 행한다면, 지금의 삶을 보다 의미 있게 살게 될 것이다.

검소하고 청렴하게 삶의 도리를 다하기

부지런하고 검소함을 으뜸으로 삼아라.

_근검위선勤儉爲先

01. 내 돈 내가 맘대로 쓰는데 무엇이 문제인가, 라고 말하는 것은 스스로를 폄훼하는 행위이다. 어리석은 행동을 금하라.

02. '갑질'은 많은 사람들에게 불편함과 불쾌감을 주는 저급하고 몰상식한 행동이다. 인간은 인간위에 있을 수 없음을 알아야 한다.

03. 검소함은 자연의 이치를 따르는 것과 같다. 자연을 거스르면 자연의 징벌을 받듯, 사치와 낭비를 일삼으면 패가망신敗家亡身한다.

04. 정치인과 공직자는 국민의 심부름꾼이다. 검소하고 청렴한 생활로 성실하게 심부름을 해야 한다. 그것이 심부름꾼으로서의 도리이다.

05. 검소한 사람은 부자로 살아도, 청렴하지 않은 사람은 아무리 부자라 해도 삼대三代를 이어갈 수가 없다.

06. 내 것이라고 함부로 낭비하는 것도 죄악이며, 가난하고 힘없는 사람들을 함부로 여기는 것 또한 죄악이니 이를 조심 또 조심해야 한다.

사심을 버리고
공을 위해 힘써 일하다

사私를 버리고 공公을 위해 힘써 일하다.

앞글은 사자성어 멸사봉공滅私奉公을 뜻하는 말로 '나라를 위해 일하는 사람은 마음에 새기고 반드시 지켜 행해야 할 자세'를 말한다. 매우 지당한 말이다. 예로부터 나라의 녹祿을 받는 사람은 청렴함을 공직자의 기본 자세로 여겼다. 공직자가 청렴하지 않으면 부패하게 되고, 부패함으로써 나라는 위급에 처하게 된다. 동서고금을 막론하고 공직자가 부패했을 때 나라는 크게 흔들렸고 끝내는 멸망에 이르렀다.

공직자는 국민의 공복公僕으로 국가와 국민을 위해 의무를 다해야 한다. 공직자가 깨끗한 국가는 튼튼한 뿌리를 내린 나무가 강풍에 쓰러지지 않듯, 그 국가 또한 어떤 상황에서도 쓰러지지 않는다.

어디 이것이 공직자만의 문제일까. 국민이라면 누구에게나 해당된다. 국가가 있고 국민이 있는 것이니만큼 국민 모두가 나라를 위하는 마음을 앞에 두고 행한다면, 그 국가는 반석위에 세워진 튼튼한 국가가 되어 발전에 발전을 거듭하게 될 것이다.

그러나 이렇게 한다는 것은 쉽지 않다. 인간은 욕망의 동물이기 때문에 욕망을 꺾는다는 것이 그만큼 힘들기 때문이다. 하지만 자신이 부끄럽지 않는 국민이 되기 위해서는 그렇게 해야만 한다. 이에 대해 『논어』에 다음과 같은 말이 나온다.

자신의 욕망을 누르고, 인간 생활의 근본인 예와 도로 돌아가야 한다.

이를 극기복례克己復禮라고 하는데, 국민의 도리를 다하기 위해서는 자신의 욕망을 내려놓아야 한다. 그렇게 될 때 부끄럽지 않고 떳떳한 국민으로 살아가게 될 것이다.

사심私心을 버리고 오직 공公만을 생각하다

사심에 사로잡히면 아무리 지위가 높고, 배움이 뛰어나다고 해도 존경받는 인물이 될 수 없다. 사심은 곧 개인의 욕망임으로 이런 사람은 비판받아 마땅하다. 사私를 버리고 공公을 위해, 행할 때만이 존경받는 인물이 될 수 있다.

김구는 매사에 있어 사를 버리고 공만을 위해 살았다. 그에겐 언제나 조국의 독립이 첫째였고, 조국을 위해서는 자신의 목숨까지 내어 놓았다. 사랑하는 가족도, 조국에 우선 할 수 없었다. 김구의 이런 마인드를 잘 보여주는 이야기이다.

김구는 객관적인 관점에서 볼 때 남편으로서, 아버지로서, 가정적이지 못했다. 가족에게 안락한 행복을 만들어주지 못했기 때문이다. 김구의 어머니와 아내는 그의 옥바라지를 위해 평생을 헌신했다. 김구로 인해 어머니도 아내도 보통 사람들이 바라고 누리는 안락한 행복은 느낄 수가 없었다. 또한 자식들에게도 자상한 아버지가 되지 못했다. 한 집에 살면서 온 가족이 함께 한다는 것은, 김구와 그의 가족에게 있어서는 요원하기만 한 꿈과 같은 이야기일 뿐이었다.

물론 김구에게도 잠시나마 단란할 때도 있었다. 그의 나이 47세 되던 해 둘째 아들 인이 태어나고 어머니도 상해로 와서 함께 지낼 때였다. 그러나 김구의 아내인 최준례는 김구의 나이 49세 때 홍구에서 사망하는 아픔을 겪었다. 이 때 김구를 더욱 마음 아프게 한 것은 일본경찰의 감시로 인해 아내의 임종을 지켜보지 못한 것이다. 김구는 아내를 프랑스 조계 승산로 공동묘지에 묻고 아픈 마음을 억눌러야만 했다.

그러던 중 김구에게 또 다시 아픔이 찾아왔다. 그의 나이 64세 때 어머니 곽낙원여사가 사망하였다. 이 때 김구의 심정은 이루 말로 다할 수 없었다. 강직하고 올 곧은 성품으로 한평생 자식을 위해 살다 남들이 흔히 말하는 행복한 생활하고는 무관한 삶을 살았기 때문이다.

그리고 김구 나이 70세 때 장남 인이 사망하였다. 그 당시 중경에 있던 미군들이 페니실린을 가지고 있어, 그 약으로 얼마든지 살릴 수 있었는데도 다른 동지들을 생각해서 주사를 맞히지 않았다고 한다. 김구는 나이 마흔에 낳은 아들을 그렇게 잃고 말았다.

그로 인해 맏며느리인 안중근의 조카 안미생과 소원해지기도 했다.

김구에게는 누구보다도 소중한 아들이었다. 그처럼 소중한 아들을 다른 동지들과 형평성이 맞지 않다고 해서 죽게 한다는 것은 어떻게 보면 비정한 생각이 든다. 그러나 김구이기에 그렇게 할 수 있었다. 멸사봉공의 마음이 신념처럼 그의 가슴을 뜨겁게 차지하고 있었던 것이다.

몇 가지 일화에서 보듯 김구는 자신을 위한 개인의 행복은 안중에도 없었다. 그로인해 그의 가족 또한 여느 가정과 다른 삶을 살아야 했다. 가족에게 신경을 쓰다보면 제대로 독립운동을 할 수 없다는 이유에서다.

널리 도리에 통달한 사람은 작은 일에 끌리지 않고, 높은 견지에서 전체를 잘 꿰뚫어 보아 바른 판단을 내려 그르침이 없다.

이는 『문선文選』에 나오는 사자성어 달인대관達人大觀으로 멸사봉공의 자세로 실천하는 사람의 됨됨이를 잘 말해주고 있다. 김구는 달인대관으로서 손색이 없는 애국자로 그가 조국을 위해 태어난 사람이란 말도 그래서 더 설득력이 있다. 사랑하는 가족들을 희생하면서까지 평생을 헌신한 김구의 멸사봉공의 정신은 길이 빛이 되어 남을 것이다.

공과 사를 엄격히 구별하는 부끄러움 없는 삶의 자세

사람들이 죄를 짓고 양심에 어긋나는 행동을 하는 것은 공과 사를 구별할 줄 몰라서이다. 공과 사를 구별하는 사람은 공은 공으로, 사는 사로 받아들이고 행한다. 그래서 언제나 뒤탈이 없다. 하지만 공과 사를 구별하지 못하고 공을 사로, 사를 공으로 중심 없이 행하기 때문에 언제나 뒤탈이 따른다. 그러기에 공과 사를 엄격하게 구별지어야 하는 것이다.

큰 공적이나 법, 기준을 지키기 위해서는 사사로운 정에 매이지 않고, 사랑하는 사람이라도 가차 없이 엄벌해야 한다.

이는 제갈량諸葛亮(181~234. 중국 삼국시대 촉나라의 정치가 겸 전략가)이 한 말로 공과 사를 엄격히 한 그의 성품을 잘 알게 한다.

제갈량은 지혜가 출중하고 지략이 뛰어나 유비가 삼고초려三顧草廬로 자신의 곁에 둔 인물로 유명하다. 제갈량은 동오의 군벌 손권과 연합으로 적벽에서 조조를 격파하며 유비가 제위에 오르는데 크게 기여해 승상에 올랐다. 그는 당대 최고의 지략가였다. 그는 지혜만 뛰어난 것이 아니었다. 자신에게 엄중하고 빈틈이 없기로는 둘째가라면 서러울 정도였다. 그는 타인의 빈틈도 허용하지 않을 정도로 완벽을 추구했다. 완벽을 추구하는 면모는 그를 더욱 돋보이게 했다. 제갈량의 인품이 잘 드러나는 이야기이다.

위나라와의 전쟁이 한창일 때였다. 선봉장을 맡은 마속이라는 젊은 장수가 있었다. 마속은 제갈량이 세운 전략을 무시한 채 자기 멋대로 전술을 펴는 바람에 크게 패하고 말았다. 제갈량은 마속이 괘씸했다. 군사인 자신의 명령을 어겼다는 것은 항명이나 다름없었기 때문이다.

제갈량은 마속에게 자신이 한 행동에 대해 엄히 물었고. 마속은 자신의 잘못을 인정하였다. 이에 제갈량은 공명정대公明正大한 군율을 위해 마속을 참하라 명했고 마속은 처형을 당했다. 이를 본 장졸들은 제갈량의 엄격함에 게으름을 피우는 일이 없었고, 맡은 일에 책임을 다하는 자세를 갖추었다. 결과적으로 촉나라는 제갈량의 엄격함으로 더욱 강성해졌다.

앞에 제시한 글은 제갈량이 한 말로 고사성어로는 읍참마속泣斬馬謖이라고 하는데, 제갈량이 그토록 아끼는 마속을 엄벌한 후 생긴 말이다. 나라의 질서를 위태롭게 하거나 법을 어기는 자는 그가 누구든 정에 매이지 않고, 준엄하게 심판함으로써 기강을 바로 잡아 부국강성을 이룬다는 뜻이다. 공과 사를 엄격하게 구분했던 제갈량의 인품이 잘 드러나는 말이다.

안과 밖의 구별을 엄격하게 하고 공과 사를 분명히 하여 법으로써 단단히 타일러, 조심하고 금지하기를 천둥처럼 두렵게 하고 서리처럼 싸늘하게 해야 한다.

이는 정약용丁若鏞(1762~1836. 실학자로 조선 실학을 집대성하였다. 주요저서 『경세유표』, 『흠흠심서』, 『여유당전서』)이 지은 『목민심서牧民心書』(조선시대 지방 관리들이 지켜야 할 준칙을 정리한 책으로, 지방 관헌의 윤리적 각성을 꾀하고 농민경제의 정상화를 목적으로 함)에 나오는 말로 관리들이 범하기 쉬운 공과 사에 대한 자신의 생각을 확고하게 드러내 보인다. 그 준엄함이 몰골을 싸늘하게 할 만큼 엄격하다. 정약용의 생각도 제갈량의 생각과 일치한다는 것을 잘 알 수 있다.

공과 사를 구별하지 못하고 물에 술탄 듯, 술에 물탄 듯 얼렁뚱땅 딴 짓거리를 일삼는 공직자들이 우리 사회를 어지럽히고 있다. 불법을 묵인한 대가로 검은 돈을 챙기는 비리 공직자, 인허가를 내주는 조건으로 뒷돈을 챙기는 공직자, 국민들을 외적의 침입으로부터 지켜내야 할 정의와 정직을 신념으로 삼아야 할 신성한 군대에서 연일 불거져 나오는 병역비리 사건, 실력을 보고 뽑아야 할 운동선수를 돈을 받고 뽑는 비리 감독, 커미션을 챙기는 조건으로 대출을 해주는 비리 은행원, 돈을 받고 교사로 채용하는 사학재단, 돈을 받고 상을 주는 비리로 얼룩진 예술문화단체, 돈을 받고 교수직을 사고파는 비리로 얼룩진 비리대학재단 등 사회 곳곳마다 비리로 얼룩져 비리공화국이 된지 이미 오래다.

이는 공과 사를 구별하지 못하고 자신의 이익을 위해서라면 물불을 안 가리고 덤벼드는 불나방 같은 사람들 때문이다. 그런데 더 큰 문제는 잘 못을 저질러 놓고 그게 잘못인 줄 모른다는 데 있다. 마치 자신은 당연한 듯한 표정이다. 자신의 잘못을 모르는 사람은 금수禽獸와 같다. 그래서 이 런 사람들은 어딜 가나 제 버릇 못 버리고 같은 잘못을 반복한다.

김구는 조국의 독립과 민족을 위해 단 한 번도 사리사욕을 채운 적이 없다. 앉으나 서나, 잠을 자나 잠에 깨어 있을 때나, 오직 그의 가슴은 조 국과 민족의 열망으로 가득 차 있었다.

공과 사를 엄격히 하여 잘못한 동지들에 대해서는 단호하게 그 잘못을 물었던 김구의 고귀한 정신을 받들어 실천한다면, 스스로에게 떳떳하고 부끄러움이 없는 삶을 살게 될 것이다. 또 그렇게 하는 것이 국가와 사회 는 물론, 자신에게도 마땅한 일임을 잊지 말아야겠다.

공과 사를 엄격히 하는 참마음을 기르기

사적인 의리로 보자면 서로 어울릴 수 없겠지만, 어찌 우리 집안의 사사로운
원수라는 것 때문에 조정에서 뽑아 쓴 인재를 버릴 수 있을 것인가.

_김수홍

01. 공직자는 국민이 낸 세금으로 먹고 산다는 말이 있듯 국가와 국민을
    위해 깨끗한 몸과 마음으로 일해야 한다. 그런데 사리사욕에 눈이 어
    두워 탐욕을 부린다면 국가와 국민을 우롱함은 물론 배신을 하는 것과
    같다고 하겠다.
02. 공과 사를 구분하여 행하는 것은 스스로를 떳떳하게 하는 아름답고 바람
    직한 행위이다.
03. 자신에게 엄격하고 타인에게는 관대해야 한다. 그리하면 어떤 상황에서
    도 공과 사를 엄격하게 지키게 된다.
04. 어리석은 사람은 공을 사적으로 이용한다. 그런데도 그것이 잘못인 줄을
    모른다. 공적인 일을 사적인 일로 여기지 말라.
05. 모든 비리는 탐욕으로부터 온다. 탐욕을 버리면 공과 사를 구별하는 혜안
    이 밝아진다. 탐욕을 멀리하라.

대의를 위해
자신을 희생하다

'사람이 마땅히 지켜야 할 도리나 본분'을 대의명분大義名分 이라고 하는데, 이를 어긴다는 것은 사람의 도리를 져버리는 행위이다. 그래서 무슨 일을 하는데 있어 대의명분에 어긋나면 사회적으로 지탄이 따르게 된다.

특히, 그 일이 자신의 유익을 위하는 거라면 대의명분과는 전혀 상관없는, 자신의 욕망을 채우기 위한 구실에 불과할 뿐이다. 그런데도 사람들 중엔 그럴듯한 구실을 붙여 자신의 욕망을 채우기에 급급해, 타인에 대한 의리를 헌신짝 차 버리듯 버리고 친구와의 관계도 단칼에 잘라버리고 만다.

대의명분에 벗어나는 행위는 그 어떤 이유로도 용납될 수 없다. 그 사람이 어떤 자리에 있던, 얼마나 많이 배웠던, 얼마나 많은 부를 축적했던, 얼마나 인격이 뛰어나던, 얼마나 미모가 빼어나든 대의명분에 벗어나면 아무것도 아닌 것이 되고 만다.

어느 날 맹자의 제자인 진대陳代가 왕도정치의 실현을 꾀하는 그에게 다소 전도에서 벗어나, 절개의 일부를 훼손시키는 한이 있더라도 제후들에게 찾아가 유세를 해야 하는 것이 좋으냐고 질문하였다.

이에 맹자는 비굴한 타협으로 명분을 손상시킬 수 없고, 그런 타협을 통해 얻는 실리實利 역시 본질적 기본이 부실할 수밖에 없는 한계가 있음을 분명히 했다. 즉, 정도를 벗어나는 것은 그것이 어떤 것이라 할지라도 대의명분에 어긋남을 말한다.

철새정치인이라는 말이 있다. 자신의 유익을 위해 필요에 따라 이당 저당으로 자리를 바꾸는 정치인을 말한다. 그런데 이들은 자신들의 줏대 없는 행위에 대해 하나같이 '대의大義'를 위해서라고 말한다. 물론 사람에 따라, 경우에 따라서는 그럴 수도 있겠다는 생각이 드는 것도 사실이다.

그러나 이는 어디까지나 좋게 생각해서이고, 대개는 자신의 욕망을 펼치기 위한 그럴듯한 구실에 불과하다. 사실 그런 부류의 정치인들은 제 버릇 개 못 주듯 항상 그 짓거리에 이골이 나 있다는 것은 삼척동자도 다 아는 사실이다. 부언해서 말하자면 어느 분야의 사람이든 꼭 그런 사람이 그런다는 말이다.

누구나가 인정하지 않는 것은 대의명분이라고 할 수 없다. 그것은 자신의 더러운 욕망을 숨기기 위한 아주 그럴듯한 포장일 뿐이다.

조국과 민족을 위해 고군분투하다

김구는 자신의 욕망을 위해 권력을 손에 쥐겠다는 생각을 한 번도 해 본 적이 없다. 그는 조국이 독립을 하여 민주진영과 공산진영이 하나로 통일이 되면 이승만이 초대 대통령이 되어야 한다고 말했다. 김구는 많은 사람들이 자신을 추앙하는 걸 알면서도 늘 그렇게 말했던 것이다. 김구를 존경하는 사람들은 그의 그런 생각을 안타까워하면서도, 사심 없는 그의 인품에 더욱 그를 존경하지 않을 수 없었다.

이를 보면 김구의 사상과 철학에 대한 진정성을 알 수 있다. 그가 평생을 조국과 민족을 위해 헌신한 것은 자신의 숨겨진 욕망을 펼치기 위해서가 아니라, 국민의 한 사람으로서 마땅히 해야 할 일로 생각한 것이다. 오직 김구는 조국의 독립과 민족의 자유와 평화를 위한다는 대의명분을 위해 헌신했음을 알 수 있다.

그러나 이승만은 달랐다. 그는 권력에 대한 욕망의 칼을 가슴속에 숨기고 있었다. 그리고 겉으로는 나라를 걱정하고 독립을 열망하는 척 했던 것이다. 이런 그의 욕망을 알 수 있듯 그가 독재자로서 보인 훗날의 행보가 그것을 잘 말해준다. 이에 대해 아무리 아니라고 해도 손바닥으로 결코 하늘을 가릴 수는 없는 것이다.

이러한 관점에서 이승만은 김구와 같은 대의명분을 추구했다고 볼 수 없다. 그것은 자신의 욕망을 위한 그럴듯한 대의명분에 불과한 것이었다.

대의명분이 있고 없고는 한 사람을 평가하는데 있어 매우 중요하다. 김구가 지금도 국민의 존경을 한 몸에 받는 것은 대의명분을 분명히 했기 때문이다. 하지만 이승만은 권력에 눈이 먼 독재자라는 오명을 씻지 못한 채 역사의 한 귀퉁이를 얼룩지게 하고 있다.

김구의 대의명분을 잘 알 수 있는 몇 가지 이야기를 살펴보는 것도 진정성 있는 대의명분을 마음에 새기는 데 큰 도움이 되리라 생각한다.

김구가 열여덟 어린나이에 동학에 입도, 동학접주가 되어 비록 실패를 했지만 해주성 전투에 참여한 것이나, 스물한 살 때 치하포에서 민비의 시해사건에 대한 보복으로 왜인을 살해한 것이나, 안악에서 가르치는 일

에 전념한 것이나, 이봉창과 윤봉길을 통해 거사를 벌여 독립의 의지를
세계에 알린 것은 조국의 독립이라는 대의명분아래서 실행한 일이다.

김구는 자신이 추구하는 대의명분을 위해 때로는 외로움과 싸워야했
고, 사무치는 가족에 대한 그리움도 삼켜야만했다. 끼니를 잇는 것도 어
려울 정도로 가난에 시달렸지만 그것마저도 달게 받아들였다.

맑은 날이나, 비가 오는 날이나, 눈이 내리는 날이나, 바람이 부는 날에
도 오직 대의명분을 위해 자신을 아낌없이 헌신하였다.

그 어느 것도 자신을 위한 삶은 없었다. 하나에서부터 열까지 조국만
생각하고 민족의 자유와 평화만을 위해 목숨을 걸고 싸웠다. 김구는 조국
의 독립과 민족의 평화를 위한 대의명분을 위해 자신의 모든 불행과 시련
의 아픔을 기꺼이 감수하였던 것이다.

큰 뜻을 지키기 위해 가족을 생각지 아니하다.

이는 『춘추좌씨전春秋左氏傳』(공자가 편찬한 『춘추』의 대표적인 주석서로 『좌
전』, 『좌씨전』, 『좌씨춘추』라고도 한다.)에 나오는 대의멸친大義滅親이란 말로
'국가와 사회를 위하는 대의명분 앞에는 사사로운 정을 버려야함'을 뜻
한다. 이 말이 생긴 유래는 다음과 같다.

춘추시대 주周나라의 환왕 원년(B.C 719년) 위衛나라에서는 공자公子 주우
가 환공을 시해하고 스스로 군후의 자리에 올랐다. 주우와 환공은 이복
형제간으로서 둘 다 후궁의 소생이었다.

선군先君 장공 때부터 충의지사로 이름난 대부 석작은 일찍이 주우에게
역심이 있음을 알고 아들인 석후에게 주우와 절교하라고 했으나 듣지 않

았다. 석작은 환공의 시대가 되자 은퇴하였다. 그 후 얼마 안 돼 자신이 우려했던 주우의 반역이 현실로 나타난 것이다. 반역은 성공했지만 백성과 귀족들로부터의 반응이 별로 좋지 않았다. 이에 석후는 아버지 석작에게 그에 대한 지혜를 구했다. 석작은 천하의 종실宗室인 주왕실을 예방하여 천자天子를 배알하고 승인을 받는 게 좋을 것이다, 라고 말했다. 그리고 이어 주왕실과 각별한 사이인 진陳나라 진공을 통해서 청원하도록 하라고 말했다. 이에 주우와 석후가 진나라로 떠나자 석작은 진공에게 밀사를 보내 주군을 시해한 주우와 석후를 잡아 죽여 대의를 바로잡아달라고 부탁하였다. 이에 진나라에서는 그들 두 사람을 잡아 가둔 뒤 위나라에서 파견한 입회관이 지켜보는 가운데 처형하였다.

이 이야기를 통해 석작의 대의멸친함을 잘 알 수 있다. 그는 자신의 아들이라고 해도 불의에 가담한 죄를 도저히 용서할 수 없었던 것이다. 자신과 가족의 안위보다도 나라를 먼저 생각하는 진정성을 잘 알 수 있다.

김구 또한 조국의 독립과 민족을 위해 가정의 행복과 평안을 뒤로 한 채 오직 조국의 독립이라는 대의명분을 위해 헌신하였다. 그의 빛나는 독립의지의 투혼은 광복 70주년이 되는 지금(2015년)까지도 식지 않고 국민의 가슴속에서 뜨겁게 불타오르고 있다.

대의를 거스르는 일은 스스로를 부끄럽게 한다

대의를 거스르는 일은 아무리 그럴듯한 명분을 내세운다고 해도 진정성을 확보하지 못한다. 그것은 대의가 아니라 사리사욕을 채우기 위한 욕망으로 바라보기 때문이다.

세조가 조카인 단종을 무력으로 폐위시킨 것은 그 어떤 말을 동원하여 포장을 한다 해도 권력에 눈이 먼 삼촌의 왕위 찬탈로 볼 뿐이다. 이는 우리의 역사가 계속 이어지는 한 지울 수 없는 엄연한 사실인 것이다. 역사는 그만큼 냉정하다.

태봉을 세운 궁예가 대의명분을 내세워 백성들을 아끼고 사랑할 땐 존경을 받았지만, 대의명분을 잃고 권력에 눈이 멀어 초심과는 달리 패악을 일삼을 땐 백성들의 원성을 샀다. 그는 자신이 저지른 죄 값을 치르며 비참하게 최후를 마쳤다. 대의명분이 있고 없고는 흑백을 구분 짓는 것처럼 확연한 결과를 초래하게 된다.

백제의 의자왕 또한 대의명분을 잃었을 때 백성들의 분노를 샀다. 민심이 그를 떠나자 나라는 위태롭게 흔들렸고, 결국 나당연합군에 의해 멸망하고 말았다. 그는 백제를 멸망으로 몰고 간 패악한 군주 일뿐이다.

대의를 거스르는 일은 스스로를 부끄럽게 하고, 최악의 상황으로 몰고 간다. 그 어떤 일도 대의명분을 떠나서는 진정성을 확보할 수 없는 것은 그것이 진실이 아니기 때문이다.

여기서 한 가지 주목할 것은 대의명분에 어긋나지 않아도 어떤 일을 할 때 실수가 따를 수 있다. 실수는 언제 어디서든 일어나기 마련이다. 실수를 하니까 사람이고, 사람이니까 실수를 하는 것이다.

그런데 대의명분하에서 실수는 실패로 끝나지 않는다. 실수를 딛고 반드시 성공을 한다. 이에 대해 표도르 도스토예프스키^{Fyodor Dostoyevsky}(1821~1881. 러시아 소설가. 주요작품『카라마조프의 형제들』,『가난한 사람들』,『죄와 벌』)는 다음과 같이 말했다.

훌륭한 대의명분은 비록 몇 가지 실수가 있더라도 결코 실패하지 않는다.

이봉창이 일본천황을 암살하기 위해 거사를 벌였지만 안타깝게 실패를 하고 말았다. 하지만 윤봉길이 홍구공원에서 일으킨 거사는 완벽한 성공이었다. 만일 김구가 이봉창의 실패를 염려하여 윤봉길의 거사를 시도하지 않았다면 역사에 길이 남는 사건은 없었을 것이다. 역시 김구다운 결정이었다.

이렇듯 대의명분을 앞세우는 일은 반드시 성공을 한다. 그것은 진실을 바탕으로 하기 때문이다. 이런 이유로 대의를 위해 자신을 희생한다는 것은 참으로 위대한 일이다. 그것은 아무나 할 수 있는 일이 아니기 때문인데, 그렇다고 해서 대의를 위해 자신을 희생하라는 것은 아니다. 사리사욕을 위해 대의명분을 거스르는 일은 없어야 한다는 말이다.

김구는 평생을 조국의 독립이라는 대의명분을 가슴에 품고 살았다. 김구의 위대성은 바로 대의명분을 잃지 않았다는데 있다. 무슨 일을 할 땐 큰일이든 작은 일이든 대의명분에 어긋나지 말아야 함을 명심 또 명심해야 한다.

대의명분을 위한 몇 가지 아름다운 지혜

그 어떠한 대의명분이 있는 전쟁이라도 범죄이다.

_어니스트 헤밍웨이

01. 사리사욕을 위해 그럴듯한 대의명분을 앞세우지 말라. 그것은 스스로를 치졸하게 만드는 비겁한 행위이다.

02. 대의에 어긋나는 일은 하지도 말고, 쫓아서도 안 된다. 대의를 저버리는 것은 자신을 모독하는 일이다.

03. 대의를 거스르는 일은 스스로를 부끄럽게 하고, 최악의 상황으로 몰고간다. 그 어떤 일도 대의명분을 떠나서는 진정성을 확보할 수 없다. 대의명분에 어긋나는 일은 진실이 아니기 때문이다.

04. 대의명분을 분명히 하면 다소 실수가 따르더라도 부끄럽지 않다. 실수는 누구나 하는 보편적인 일이다. 어떤 상황에서도 대의명분을 잃지 말아야 한다.

05. 누구나가 인정하지 않는 것은 대의명분이라고 할 수 없다. 그것은 자신의 더러운 욕망을 숨기기 위한 아주 그럴듯한 포장일 뿐이다.

부정부패를
척결하여 멀리하다

官倉老鼠大如斗 관창노서대여두

見人開倉赤不走 견인개창적불주

健兒無糧百姓饑 건아무량백성기

誰遣朝朝入君口 수견조조입군구

조업曹鄴(816~875 당나라 시인)의 관창서官倉鼠 라는 한시로써 그 뜻은 이러하다.

양곡 창고 늙은 쥐가 말斗만한데

사람이 창고 문 열고 들어와도 달아나질 않는구나.

병사들 군량미가 없고 백성들은 굶주리는데

뉘라서 아침마다 네 놈 입에 먹을 것을 가져다 바치느냐.

아득한 옛날도 지금처럼 부정부패가 만연했음을 이 한시를 통해서 잘 알 수 있다. 부정부패는 동서양을 막론하고 막을 수 없는 하나의 커다란 물줄기와도 같은 것이다. 국민을 돌보고 국가의 안위를 위해 그리고 국가의 발전에 전심전력해야 하는 국가 지도자나 공무원(관리)들이, 검은 돈에 눈이 멀어 제 할 일을 다 하지 못하고 뇌물청탁에 빠져 허우적거린다면, 그 사회와 그 나라의 현실은 암울할 것이다. 이 한시에서 보면 부정부패한자를 늙은 쥐에 비유했고, 그 크기가 말만하다고 했다.

병사와 백성들이 먹을 것이 없어 굶주리는데도 제 뱃속만 채우는 부정부패한 자들의, 더러운 행위를 신랄하게 비판하는 이 한시는 시공을 초월하여 현 시대에도 정문일침의 교훈을 준다.

이 한시에서는 부도덕한 지도자나 정부의 관리자들을 부정부패자로 지목했지만, 부조리한 마음은 어느 누구에게나 있는 것이므로 이를 철저히 경계해야 한다. 그렇지 않으면 자신도 모르는 사이 부정부패한자가 되어 많은 사람들로부터 원성을 살지도 모른다.

부정부패를 단호히 척결하다

김구는 과거시험을 보러갔다 놀라운 광경을 목격했다. 서로 좋은 자리를 차지하기 위해 주먹패거리들을 내세워 소란을 피우고, 나이 든 선비들이 시험관에게 과거시험에 합격하게 해달라고 간청하는 모습을 본 것이다. 그리고 글을 대신 써주기도 하고, 글을 모르는 부자들이 돈을 주고 진사도 하고 급제를 한다는 말을 듣고는 과거시험에 대한 꿈을 접고 말았다. 어린 마음에도 그것은 옳지 않다고 생각한 것이다.

김구가 자신과는 아무 상관없는 안명근 사건으로 4년 6개월 동안 옥고를 치르고 가석방되어 안악으로 돌아온 후 김용진이라는 사람의 동산평 농장의 책임자로 갔다. 동산평은 감독관과 소작인들의 횡포로 소문난 곳이었다. 감독관과 소작인들이 짜고 농산물을 가로채는가 하면 도둑질로 유명한 곳이었다. 김용진은 왜 그런 험한 곳으로 갈려고 하느냐며, 경치가 아름다운 곳을 말했지만 김구가 굳이 그곳으로 가겠다고 했던 것이다.

김구는 어머니에게 소작인들이 뇌물을 가지고 와도 절대 받지 말라고 신신당부를 하였다. 하지만 소작인들은 담배, 생선, 과일이나 물건을 가지고 와 서는 이런저런 청탁을 하였다. 이에 김구는 빈손으로 왔으면 생각해보겠지만, 뇌물을 가지고 와서 청을 들어주지 않겠다고 말했다. 그래도 소작인들은 물러나지 않고 계속 청하였다. 그러나 김구는 끝까지 청을 들어주지 않았다.

김구는 소작인들이 지켜야할 규칙을 정해 알렸다. 다음은 그가 정한 소작인들의 규칙이다.

첫째, 소작인으로 도박하는 자에게는 소작권을 주지 않겠다.

둘째, 취학연령의 아동을 입학시키는 자는 소작지 중 가장 좋은 논 두 마지기를 더 줄 것임.

셋째, 집에 취학연령의 아동이 있는데 입학시키지 않는 자는 기존의 소작지 중 좋은 논 두 마지기를 도로 회수함.

넷째, 농업에 근면하고 성실한 성적(실적)이 있는 자는 조사하여 추수할 때 곡물을 상으로 줌.

김구는 이 규칙을 정한 뒤 소학교를 세우고 교사 한 명을 청하여 20명의 학생을 모집하고 학교를 열었다. 소작인들은 이 규칙에 따라 아이들을 학교에 보내야만 했다.

그런데 전 감독관인 노극형이란 사람이 그의 형제들과 이 규칙에 반대를 하였다. 그러자 김구는 노가 형제들의 소작권을 회수하겠다고 말했다. 그 일이 있고 어느 날 밤 노가 형제들이 찾아와 김구를 끌고 저수지 인근으로 갔다. 하지만 어느 누구 하나 나서서 말리는 사람이 없었다. 김구는 이에 물러서면 안 되겠다는 생각으로 당당하게 맞섰다. 그러자 노가 형제들도 김구의 기세에 눌려 어쩌지 못하고 눈치만 보았다. 이에 김구는 큰 소리로 외쳤다.

"여러분들은 저자의 말을 명심하시오. 어느 날이고 내 집에 불이 나면 저 놈들의 짓이니 여러분들이 그때에 입증하시오."

노가 형제들이 물러가자 사람들이 그들과 원수를 지지 말라고 하자 김구는 그들을 꾸짖고 돌려보냈다.

그 일이 있고 김구가 정한 규칙은 그대로 실행이 되었다. 김구는 아침마다 일찍 일어나 소작인들의 집을 찾아다니며 게으름을 피우는 자를 깨워 집안 일을 시키고, 땔감으로 마른풀을 거두게 하고, 짚신삼기와 자리짜기를 장려했다. 이렇게 하자 추수 때 소작인들의 곡간이 가득하게 되었다. 소작인들은 저마다 김구에게 감사해했다. 삶의 질이 달라진 것이다.

김구가 부정부패로 얼룩진 동산평농장을 양심이 살아있는 깨끗하고 살기 좋은 농장으로 탈바꿈시켰다. 부정부패가 근절되자 소작인들의 삶도 생각도 변화한 것이다. 부정부패는 반드시 척결되어야 한다는 것을 잘 알게 하는 이야기이다.

김구의 청렴결백한 마음은 부정부패를 용납하지 않았다. 비록 그곳이 시골이라 할지라도 단호하게 척결하였던 것이다. 부정부패는 사람들의 마음을 황폐화시키고, 삶의 질서를 흐트러뜨리는 패악한 일이라는 걸 잘 알았던 것이다.

김구는 임시정부요인으로 근무하면서 먹을 것이 없어도 부정한 마음을 지닌 적이 단 한 번도 없었다. 공과 사를 엄격히 했던 그의 강직한 성품이 그것을 용납하지 않았다. 김구는 있으면 먹고 없으면 굶었다. 그래도 그의 가슴은 언제나 따뜻했다. 조국의 독립을 위해서라면 그 어떤 것도 능히 감내할 수 있었기에 그는 어려움 속에서도 꿈을 놓지 않았던 것이다.

지족가락知足可樂
무탐즉우務貪則憂

『명심보감』 안분 편에 나오는 말로 '족한 줄 알면 가히 즐거울 것이며, 탐욕에 힘쓰면 곧 근심이 있을 것이다' 라는 뜻이다. 이를 좀 더 달리 말하면 '작은 일에도 만족할 줄 아는 마음이 진정 즐거운 마음이며, 탐욕을 버리면 근심거리를 없앨 수 있다' 는 말이다. 김구는 이런 마음으로 한 평생을 살았던 민족의 정신적 지주였다.

부정부패는 삶의 패악이다

부정한 마음으로 살면 부정하게 되고, 부패한 마음으로 행하면 부패하게 된다. 어떤 마음으로 사느냐는 것은 매우 중요하다. 삶의 방식이 곧 그 사람의 모든 것을 말해주기 때문이다.

역관의 신분으로 태어나 관직에 오른 거상 임상옥은 청렴한 삶을 살았던 조선시대의 표상이라고 할 수 있다. 그는 1796년부터 장사를 시작하여 한국최초로 국경지대에서 중국과의 무역을 통해 막대한 이윤을 남기며 부를 축적하였다.

임상옥은 붉은 색을 좋아하는 중국인들의 심리를 상술에 접목시켰는데, 그것은 바로 오래 보관하기 좋다는 점을 이용해 인삼을 홍삼으로 만든 것이다. 청나라 상인들은 이를 헐값에 사들이기 위해 단합해서 조선 인삼 불매운동을 벌였다. 이에 조선의 상단들은 청나라 상인들의 단합에 굴복하여 헐값에 인삼을 내놓았다. 임상옥은 곧바로 인삼을 사들였다. 그리고 임상옥은 헐 값에 파느니 다 태워버리겠다며 인삼에 불을 지폈다. 그러자 청나라 상인들은 자신들의 부정한 마음이 안 통하자 임상옥에게 참패를 당하고 말았다. 임상옥은 원가의 수십 배의 이윤을 남겼던 것이다.

청나라 상인들은 자신들이 세운 계략에 자신들이 넘어가고 말았다. 부정한 마음으로 잘 될 리가 없다. 지금 당장은 잘 되는 것 같아도 끝내는 망하게 된다. 부정부패를 일삼은 사람치고 결말이 좋은 사람이 없는 걸 봐도 이는 분명한 사실이다.

하지만 순리를 거스르지 않고 정당하게 장사를 한 임상옥은 자신이 원하는 것을 손에 넣을 수 있었다. 그가 거상이 될 수 있었던 것은 정직과 신용이었다. 특히, 기업을 하거나 장사를 하는 사람에게 정직과 신용은 큰 자산과도 같다.

임상옥의 청렴한 삶에서 김구의 청렴한 정신을 볼 수 있다. 임상옥이 정직한 방법으로 부를 쌓은 것이나, 김구가 지독한 가난 속에서도 물질을 탐하지 않고 혼신의 힘을 다하여 임시정부를 탄탄한 반석위에 올려놓은 것은 청렴결백한 정신에 있었던 것이다.

얼굴이 잘 생긴 것은 몸이 건강한 것만 못하고, 몸이 건강한 것은 마음이 바른 것만 못하다.

이는 김구가 한 말로 마음이 바른 것이 그 어떤 것보다 우선한다고 말한다. 그렇다. 마음이 바르면 거짓되게 말하거나 행하지 않는다. 그래서 마음이 바른 사람은 부정부패를 일삼지 않는 것이다.

그러나 지금의 우리 현실은 그렇지 않다. 총리후보자나 장관후보자들을 비롯한 고위공직후보자들이 청문회에서 줄줄이 낙마하였다. 그 이유는 부정한 방법으로 재산을 증식하고, 자녀들을 명문학교에 보내기 위해 이사도 하지 않은 채 주소지를 변경하고, 전관예우를 받으며 높은 수임료를 챙기는 등 부정한 방법도 참 다양하다.

또한 대기업 총수들이 자녀에게 부당한 방법으로 재산을 증여하여 세금을 포탈하고, 불법으로 주식을 매입하는가 하면, 부당한 방법으로 자영업을 하는 사람들의 분야에 까지 파고들어 벼룩의 간을 빼 먹듯이 자영업자들을 위기에 몰아넣어 파산하게 만든다.

돈을 받고 교수직을 사고팔고, 돈을 받고 대학특기생으로 합격시키는 예술대학교수들, 축구를 비롯한 각 스포츠 감독들, 청탁뇌물을 받고 민원을 해결해주는 공직자들을 비롯한 사회도처에 부정과 비리가 만연해 있다. 그래도 그것이 잘못인 줄도 모른다. 마치 자신들이 잘나고 똑똑해서라고 생각하는 것 같다. 참으로 무지몽매한 자들이 아닐 수 없다. 일찍이 정약용丁若鏞은 부정부패의 위험성에 이렇게 말했다.

나라를 망치게 하는 것은 외침이 아니라 공직자의 부정부패에 의한 민심의 이반이다.

참으로 지당하고 지당한 말이다. 정약용이 오랜 시절 인고의 세월 속에서도 흔들리지 않고 올곧게 살아갈 수 있었던 것은, 부정한 마음을 버리고 맑고 깨끗한 정신으로 자신을 지켜냈기 때문이다.

이렇듯 부정한 마음을 버리지 않는 한 부정부패로부터 자유롭지 못하다. 부정한 마음을 멀어지게 하려면 늘 자신을 돌아보는 마음을 길러야 한다. 악한 것을 멀리하고, 정도正道에서 벗어나지 말아야 하며, 맑고 곧은 마음을 닦아야 한다. 그리고 자신이 하는 일에 긍지를 갖고, 보람 있는 일이 무엇인지에 대해 돌아보는 눈을 가져야 한다. 그래야 허하고 부정한 마음으로부터 벗어 날 수 있다.

또한 규율을 갖추고 부정을 경계하여 바로잡아야하는데 이를 강기숙정綱紀肅正이라고 한다. 그렇다. 엄격하게 법을 적용하여 사회의 질서를 파괴하고, 계층 간에 위화감을 조성하는 부정부패는 반드시 근절시켜야 한다. 그것만이 김구가 모든 부정과 부패에서 자유로울 수 있었듯이, 각 개개인이 부정한 마음으로부터 자유로울 수 있다는 것을 잊지 말아야 할 것이다.

부정부패를 물리치는 비책

직무를 수행함에 있어 엄하고 바르며 청렴하다.

_초직청렴直淸廉

01. 부정부패는 탐욕에서 온다. 탐욕이 생길 때마다 마음으로부터 탐욕을 뽑아버려라.
02. 악한 것을 멀리하고 정도正道에서 벗어나지 말아야 하며 맑고 곧은 성품을 닦아야 한다.
03. 부정부패를 일삼은 사람치고 결말이 좋은 사람은 없다. 부정부패는 자신을 패악으로 이끄는 부정한 행위이다.
04. 부정하게 번 돈으로 먹는 것은 음식이 아니라 독을 먹는 것이다. 독은 몸을 병들게 하고 죽게 만드는 것처럼 부정한 짓은 자신을 죄인으로 만드는 일이다.
05. 자신에게 떳떳한 사람은 어딜 가든 당당하다. 하지만 자신에게 떳떳하지 못한 사람은 어딜 가든 자신도 모르게 위축이 된다. 죄가 몸과 마음을 움켜쥐고 놓아주지 않기 때문이다.

민주시민이 되어
민주주의를 실현하라

국민이 주인이 되는 나라, 주권이 살아 있는 나라, 법 앞에 모든 국민이 자유롭고 평등한 나라, 자신이 능력을 맘껏 펼치며 살 수 있는 나라, 인간의 존엄성을 존중해 주는 나라, 입법, 사법. 행정 등 삼권분립이 엄격히 지켜지는 나라, 국민의 의무를 다하는 나라, 국민의 생명과 재산을 보호해 주는 나라, 이런 조건을 갖춘 나라를 민주국가라고 한다. 그리고 그 국민들을 민주시민이라고 한다.

우리나라는 민주주의를 근본으로 삼는 민주국가이다. 그런데 과연 우리나라사람들은 민주시민의 도리와 의무를 다 하는가, 라고 말한다면 자신 있게 말할 수 있는 사람은 과연 얼마나 될까. 이 물음에 당당하게 그렇다고 말할 수 있는 사람이 많을수록 민주주의는 생명력이 넘친다.

민주주의는 가장 바람직한 사상이며, 인간의 자유와 평화와 인권을 보장하는 가장 근원적인 통치의 수단이기도 하다. 이에 대해 존 F. 케네디[John Fitzgerald Kennedy](1917~1963. 미국 제35대 대통령. 저서 『용기 있는 사람들』, 『대통령이 된 기자』)는 다음과 같이 말했다.

민주주의는 무엇보다 우수한 통치형태이다. 그것은 인간을 이성적인 존재로서 존경하는 데 기초하기 때문이다.

그렇다. 민주주의는 가장 이상적인 통치의 형태이다.

민주주의에 대응해 칼 하인리히 마르크스^{Karl Heinrich Marx}(1818~1883. 공산주의 혁명가. 역사학자. 경제학자. 철학자. 마르크스주의 창시자. 저서『공산당선언』,『자본론』,『잉여가치론』)는 마르크스주의를 창시하였으며, 공산주의자 동맹을 창설하였다. 칼 마르크스의 마르크스주의는 레닌^{Lenin}(러시아공산당을 창설함. 소련 최초의 국가원수. 마르크스 이후 가장 위대한 혁명사상가)을 비롯해 많은 사람들이게 막대한 영향을 끼쳤다. 그러나 공산주의는 '사유재산제 대신에 재산의 공유를 실현시킴으로써 계급 없는 평등 사회를 이룩하려는 사상 및 운동' 이란 근본의 이념과는 달리 날이 갈수록 부패하였고, 결국은 무너지고 말았다. 한 때 민주주의와 쌍벽을 이루었을 만큼 강성했던 공산주의는 그렇게 역사의 뒤안길로 사라져갔다.

민주주의는 인간을 위한 가장 이상적인 사상이며 삶의 근원이므로, 그 생명력은 계속해서 이어져 나가야함은 물론 지금보다 더 발전해야 할 것이다.

인간답게 살 권리 민주주의의 위대성

민주주의란 국민의 의사를 알아보는 한 절차의 방식이지, 그 내용은 아니다. 즉, 언론의 자유, 투표의 자유, 다수결의 복종 이 세 가지가 곧 민주주의이다.

이는 김구가 민주주의에 대한 자신의 생각을 말한 것으로, 민주주의에 대한 그의 사상이 매우 뚜렷함을 알 수 있다. 그만큼 민주주의에 대한 김구의 식견이 매우 뛰어나다는 것을 잘 알게 한다. 이는 민주주의를 간절히 열망하는 그의 마음이기도 하다.

민주주의에 대한 김구의 생각을 좀 더 살펴보는 것도 민주주의를 이해하는데 많은 도움이 됨은 물론, 민주주의에 대한 김구의 사상과 철학을 더 깊이 이해할 수 있을 것이다.

김구가 생각하는 민주주의는 국민이 중심이다. 언론, 투표, 다수결의 원칙에 의해 법도 바꿀 수 있고, 정책도 만들 수 있어야 한다고 말한다. 이는 국민이 국가의 주권자로서 권리를 행사함을 말하고, 모든 법과 정책이 국민을 떠나서는 안 된다는 것이다. 그래서 국론을 움직이려면 어떤 개인이나 당파를 움직여서는 안 되고, 국민의 의견, 즉 국민의 마음을 움직여야 한다는 것이다.

그런데 이렇게 되기 위해서는 교육과 문화가 중요하고 생각한다. 교육과 문화의 힘이 곧 정신을 높여주고, 산업의 발달에도 영향을 끼친다고 믿기 때문이다. 김구는 교육을 생활의 기술, 즉 살아가는 방편을 가르치는 것만이 아니라 우주와 인생, 정치에 대한 철학을 갖게 한다고 본다. 즉, 어떠한 철학의 기초 위에 어떤 기술, 즉 방식을 가르치는 것이 국민교육이라는 것이다. 이를 좀 더 부연해서 말한다면 좋은 민주주의 및 민주정치는 좋은 교육에서 비롯된다는 말이다. 만일 그렇지 않다면 좋은 민주주의를 이루는데 문제가 된다는 것이다.

이처럼 김구는 민주주의에 대한 사상과 철학이 매우 뚜렷했음을 알 수 있다. 그래서 일까, 김구는 공산주의를 배격한다. 이에 대한 그의 말을 보자.

공산당이 주장하는 소련식 민주주의란 것은 독재정치 중에서도 가장 철저한 것이어서 독재정치의 모든 특징을 극단으로 발휘하고 있다. 그것은 헤겔의 변증법, 포이에르바하의 유물론 이 두 가지에, 애덤스미스의 노동가치론을 가미한 학설을 최후의 것으로 믿어 공산당과 소련의 법률과 군대와 경찰의 힘을 한데 모아서 마르크스학설에 일점일획이라도 반대는 고사하고 비판하는 것도 엄금하여, 위반하는 자를 죽음의 숙청으로써 대하니, 이는 옛날 조선의 사문난적에 대한 것 이상이다.

만일 이런 정치가 세계에 퍼진다면 전 인류의 사상은 마르크스주의 하나로 통일이 될 법 하거니와 설사 그렇게 통일이 된다고 하더라도 그것이 불행히 잘못된 이론일진대, 그런 큰 불행은 없을 것이다.

이 이야기를 통해 공산주의의 폐단에 대해 정확히 꿰뚫고 있는 김구의 통찰력이 소름이 돋을 만큼 예리하다는 것을 알 수 있다. 김구는 이미 헤겔의 변증법과 마르크스의 공산주의 이론에 대해 비판적이었다. 그의 생각대로 마르크스의 공산주의 이론은 소련, 체코. 루마니아, 동독을 비롯한 공산주의 국가들의 몰락으로 허무하게 무너지고 말았던 것이다.

김구는 독재라는 것은 그 어떤 것도 강하게 비판한다. 그것은 인간의 기본권을 무너뜨림은 물론 주권을 상실시키는 위험한 게임처럼 인식한다는 것을 알 수 있다. 김구는 이런 이유로 우리나라가 그 어떤 형태로든 국민의 자유를 구속하고 억압하는 독재를 원하지 않았다. 이에 대한 김구의 생각이다.

나는 우리나라가 독재의 나라가 되길 원치 않는다. 독재의 나라에서는 정권에 참여하는 계급을 제외하고 다른 국민은 노예가 되고 마는 것이다. 독재

중에 가장 무서운 독재는 어떤 주의, 즉 철학을 기초로 하는 계급 독재이다. 군주나 기타 개인 독재자의 독재는 그 개인만 제거되면 그만이지만, 다수의 개인으로 조직된 한 계급이 독재의 주체일 때는 이것을 제거하기는 심히 어렵다. 이러한 독재는 그보다도 큰 조직의 힘이나 국제적 압력이 아니고는 깨뜨리기 어려운 것이다.

김구의 말에서 그가 어떤 형태로든 독재에 대한 강한 알레르기 반응을 보인다는 것을 잘 알 수 있다. 김구는 조선이 망한 것 또한 왕권에 따른 독재로 인한 결과라고 본다. 즉, 개인의 자유를 억압하고 구속함으로써 왕을 비롯한 왕족과 양반계층의 특별한 사람들이 부를 누리고 자유를 누림으로써 조선은 무너져 내렸다는 것이다.

김구의 주장은 공감을 주기에 부족함이 없다. 조선이 무너진 것에 대한 원인을 아주 정확하게 분석하여 독재의 위험성을 간파하였음을 알 수 있다.

민주시민이 되어 민주주의를 실현하기

김구는 민주주의를 갈망하였으며 남북으로 갈린 조국이 하나가 되길 간절히 열망하였다. 그는 민주주의 진영의 남한과 공산주의 진영인 북한이 따로 국가를 세우는 것에 대해 강하게 반대하였으며, 이를 막기 위해 많은 사람들의 반대에도 무릅쓰고 김일성과 단판을 짓기 위해 평양으로 갔던 일은 너무도 잘 알려진 얘기이다. 김구의 간절한 바람은 안타깝게도 무산되고 말았지만, 그랬기에 통일된 민주국가를 간절히 갈망했던 그의 애국심은 더 빛을 발하는 것이다.

김구는 우리나라가 완전한 자유국가가 되기를 바랐다. 자유국가란 국민의 자유와 인권이 보장된 민주주의 국가를 말하는 것으로, 국민이 주인이 되어 인간답게 살 권리가 보장되는 나라를 말한다. 김구가 말하는 자유가 보장되고 국민이 주인이 되는 나라는, 아브라함 링컨이 말한 민주주의와 일맥상통한다.

링컨이 게티스버그^{Gettysburg}(미국 펜실베이니아 주 애덤스 군에 있는 마을로 남북전쟁당시 치열한 전투가 벌어진 곳)에서 한 연설문엔 진정한 민주주의에 대한 그의 열망이 감동적으로 잘 나타나 있다.

국민의, 국민에 의한, 국민을 위한 정치.
of the people, by the people, for the people.

링컨의 이 연설문은 세계에서 가장 유명한 연설문으로 높이 평가 받고 있는데, 민주주의의 이념을 이토록 짧은 문구로 함축적으로 정의한다는 것은 너무도 놀라운 일이기 때문이다. 이 짧은 문구의 가장 큰 핵심은 '국민'이라는 것이다. 즉, 민주주의의 주체는 어느 한 개인도 아니며, 특권층의 무리도 아니다. 국민 각 개개인이 국가의 주체가 되는 것으로 모든 정치와 정책이 국민 모두를 위한 것이어야 한다는 말이다. 그리고 그것을 실행하는 것 역시 국민이 주체가 되어야 함을 말한다.

그런데 김구 역시 국민의 주체가 되는 나라가 진정한 자유국가, 즉 민주주의 국가라는 것이다. 즉, 국민을 떠나서는 나라도 정권도 존재할 수 없다는 말이다. 그리고 김구가 공산주의를 그토록 배격하고 불쾌하게 생각한 것은 자신이 생각하는 민주주의와는 너무나도 동떨어진 사상이기 때문이었다.

여기서 오해의 소지가 있어 이를 좀 더 구체적으로 말한다면 국민이 주체가 된다고 해서 무엇이든 국민 맘대로 해서는 안 된다. 국민이 국민답게 권리를 누리기 위해서는 국민으로서 해야 할 의무를 다 해야 한다. 나라를 위하는 일, 사회가 요구하는 것을 해야 한다는 것이다. 그렇게 서로 조화를 이루어야 비로소 자유민주국가가 되고 민주시민이 된다.

이에 대해 토마스만Thomas Mann(1875~1955. 독일 평론가. 소설가. 노벨문학상 수상. 주요작품『베네치아에서의 죽음』,『마의 산』)은 다음과 같이 말했다.

민주주의는 자유와 평등, 개인적인 가치와 사회적 요구의 조화이다.

토마스만의 말은 민주주의의 체제하에서 국민은 누구나 자유를 누리고 평등하게 살아야 함을 말한다. 또한 각 개개인이 추구하는 삶의 가치가 각 개인은 물론 그가 속해 있는 국가와 사회에 부합되어야함을 말한다. 그렇다. 아주 정확한 지적이라고 할 수 있다.

그러나 사람들 중엔 민주주의는 자신이 하고 싶은 대로 하고, 살고 싶은 대로 살면 된다고 생각하는 이들이 있는데 이것이 얼마나 어리석고 무책임한 생각인지를 똑똑히 인식해야 한다. 왜냐하면 민주주의는 자유가 보장되고, 누구나 평등하고, 인권이 보장 되는 것인 만큼 그에 대한 책임 또한 따르기 마련이기 때문이다. 그런데 자신의 잘못에 대해 책임을 지지 않는다면 민주주의는 무너지고 만다.

이렇듯 진정한 민주주의는 국민이 주인이 되고, 국민이 주체가 됨은 물론 국가와 사회에 대한 책임과 의무를 다해야 한다. 그리고 국가는 국민의 권리를 최대한 보장해 주어야 하고, 국민의 삶의 질을 높여 인간답게 살아갈 수 있도록 해야 한다.

임금은 나라에 의지하고, 나라는 백성에게 의지한다. 그러므로 백성은 나라
의 근본이요 임금은 하늘이다.

이는 정도전鄭道傳(1342~1398. 고려말기와 조선 초기의 문신. 조선의 개국공
신. 조선의 기틀을 마련한 정치가)의 『삼봉집三峯集』(정도전이 평생에 걸쳐 쓴 글
을 모아 편찬한 것으로 부, 오언 및 칠언 고시, 율시, 악장, 제문 등 다양한 형식
의 글로 구성되었음)에 나오는 말로 이를 현대식으로 바꿔 말하면 '국가는
국민에 의해 존속되고, 국민은 국가의 주인이자 주체'라는 말이다.
　정도전이 고려를 무너뜨리고 이성계와 함께 조선을 건국한 것은 백성,
즉 국민이 주인이 되는 나라를 만들기 위해서였다. 그랬던 그였기에 자신
의 사상과 철학을 함축적으로 잘 보여준 말이라 할 수 있다.

　김구가 꿈꾸었던 나라는 국민이 주인이 되어 자유를 누리며 행복하게
사는 나라, 그리고 나라를 위해 책임과 의무를 다하는 국가와 국민이 조
화롭게 하나가 되는 진정한 민주국가이다.
　진정한 민주주의를 실현하기 위해서는, 진정한 민주시민이 되어 지금
보다 더 많이 노력하고 책임과 의무를 다 해야 한다. 그것이 조국의 독립
을 위해 그리고 하나 된 통일 민주국가를 위해 평생을 헌신한 김구에 대
한 예의이자 우리에 의무이다.

진정한 민주국가를 위한 바람직한 자세

민주주의 체제하에서는 제일 약한 자도 제일 강한 자와 똑 같은 기회를 획득한다.

_간디

01. 국민의 한 사람으로서 자신에게 주어진 의무와 책임을 다 해야 한다. 의무와 책임을 다 할 때 반석위에 세운 집처럼 튼튼한 민주국가가 형성된다.
02. 국가는 국민에게 최대한 자유를 보장하고, 국민이 편안하게 살아갈 수 있도록 사회적 제도와 삶의 질을 높여주어야 한다. 국민을 사랑하는 국가치고 잘못되는 나라는 어디에도 없다.
03. 나만을 생각하는 개인주의는 민주주의를 타락시키는 주범이다. 나 보다는 먼저 '우리'를 생각해야 한다. 모두인 우리가 잘 되면 나 또한 잘 된다.
04. 민주주의는 개인의 역량을 맘껏 펼칠 수 있다. 자신의 역량을 국가를 위해 자신을 위해 맘껏 쏟아낼 수 있도록 해야 한다. 그것이 민주주의에 대한 예의이다.
05. 진정한 민주주의를 실현하기 위해서는, 진정한 민주시민이 되어 지금보다 더 많이 노력하고 책임과 의무를 다 해야 한다.

스스로가
주인이 되어 행하다

자주정신自主精神이란 남의 간섭이나 보호를 받지 않고 스스로의 힘으로 일을 처리하려는 정신을 말한다. 그래서 자주정신이 강한 사람일수록 자신에게 주어진 일을 잘 해나간다. 그리고 성공할 확률도 높다. 독립심이 강하고 주인의식이 뚜렷하기 때문이다.

그러나 자주정신이 약한 사람은 남에게 의존하려는 마음이 강하다. 그런 까닭에 자신이 해야 할 일을 남에게 미루거나 막상 일을 한다고 해도 좋은 결과를 얻기가 힘들다. 독립심이 약하고 주인의식이 밋밋하다보니, 충분히 할 수 있는 일도 잘 하지 못하고 아예 엄두조차 내지 못한다.

자주정신이 강한 사람은 주인의식이 강해 무슨 일을 하던지 스스로 하려는 마음이 강하다. 웬만큼 힘들어도 힘들다는 내색도 잘 하지 않는다. 그래봐야 자신의 약점만 드러낼 뿐 자신에게 아무런 도움이 안 된다는 걸 잘 알기 때문이다. 그래서일까, 자주정신이 강한사람은 어딜 가던 환경에 적응하는 능력이 뛰어날 뿐만 아니라 대처하는 능력 또한 좋다.

어딜 가던 주인의식을 가져라.

이는 수처작주隨處作主라는 사자성어로 왜 주인의식을 가져야 하는지를 함축적으로 잘 보여준다.

자신을 한 번 냉정하게 판단해 보라. 나는 자주정신이 강한 사람인지, 아닌지를. 만일 자주정신이 강하다면 문제될 게 없으나 자주정신이 약하다면 자주정신을 강하게 길러야 한다. 그것이 곧 정글 같은 사회에서 자신에게 지지 않고, 자신의 꿈을 이룰 수 있는 최선의 방법이기 때문이다.

자주정신이 살아있는 국가를 꿈꾸었던 김구

김구는 평생을 헐벗고 굶주리면서, 가족들과 행복한 삶을 누려보지도 못한 채 오직 조국의 자주독립을 위해 헌신하였다. 그의 가슴엔 일편단심 조국의 독립만이 존재하였다. 조국의 독립 외엔 그 어떤 것도 그의 가슴을 뜨겁게 타오르게 하지 못했다.

밥을 먹을 때도 독립, 길을 갈 때도 독립, 잠을 잘 때도 독립, 차를 마실 때도 독립, 잠시 짬을 내 여유를 가질 때도 독립, 사람들과의 대화에서도 독립, 책을 읽을 때도 독립, 자나 깨나 독립 생각뿐이었다. 독립에 대한 김구의 의지를 잘 알게 하는 말이다.

"네 소원이 무엇이냐?" 하고 하나님이 물으시면, 나는 서슴지 않고 "내 소원은 대한 독립이오." 대답할 것이다. "그 다음 네 소원이 무엇이냐?"하면, 나는 또 "우리나라의 독립이오."할 것이요. 또 "그 다음 소원이 무엇이냐?"하는 세 번째 물음에도 나는 더욱 소리 높여 "나의 소원은 우리나라 대한의 완전한 자주독립이오." 대답할 것이다.

김구의 말엔 그가 얼마나 조국의 자주 독립을 꿈꾸었는지를 잘 알 수 있다. 그가 꿈꾸었던 우리나라는 자주정신이 살아있는 나라였다. 즉, 우리나라만의 자주성을 지닌 나라가 바로 그것이다. 그렇다고 해서 김구가 꽉 막힌 사고를 가진 것은 절대 아니다. 그는 누구보다도 생각이 깨어있었다. 그의 생각을 잘 알게 하는 말을 보자.

우리가 세운 나라에는 유교도 성하고, 불교도, 예수교도 자유로 발달하고, 또 철학을 보더라도 인류의 위대한 사상이 다 들어와서 꽃이 피고 열매를 맺게 해야 할 것이다. 이래야만 비로소 자유의 나라라 할 것이요, 이러한 자유의 나라에서만 인류의 가장 크고 가장 높은 문화가 발생할 것이다.

이 말을 보면 김구의 생각이 매우 활달하다는 것을 알 수 있다. 꽉 막히거나 모난 곳이 없다. 모든 종교가 자유로이 펼쳐지고, 철학 또한 우리가 받아들여 활짝 피어나게 해야 그것이 자유국가라는 것이다. 김구의 이런 생각은 당시로써는 매우 획기적인 것이라고 할 수 있다.

김구는 남의 나라 것이라도 우리나라가 발전하는 데 필요하다면 받아들여야 한다고 말했다. 그렇다고 해서 그냥 받아들이는 것이 아니라, 우리에게 맞게 받아들이자는 것이다. 그의 이런 생각을 잘 알게 하는 말이다.

내가 미국의 민주제도를 그대로 받아들이자는 것은 아니다. 다만 소련의 독재적인 민주주의에 대하여 미국의 언론 자유적인 민주주의를 비교해서 그 가치를 판단하였을 뿐이다. 둘 중 하나를 택한다면 사상과 언론의 자유를 기초로 한 것을 취한다는 말이다. 그러나 나는 미국의 민주주의 정치 제도가 반드시 최후적인 완성된 것이라고는 생각하지 않는다. 인생의 어느 부분이나 마찬가지로 정치 형태도 무한한 창조적 진화가 있을 것이다. 더구나 우리나라와 같이 반만년 이래 여러 가지 국가 형태를 경험한 나라에도 결점은 많으려니와 교묘하게 발달된 정치제도도 없지 아니할 것이다. 가까이 조선시대만 보더라도 홍문관, 사간원, 사헌부 같은 것은 국민 중에 현인의 의사를 국정에 반영하는 멋있는 제도요, 과거제도와 암행어사 같은 것도 연구할 만한 제도다. 역대의 정치제도를 상고하면 반드시 쓸 만한 것도 많으리라 믿는다. 이렇게 남의 나라의 좋은 것은 취하고 내 나라의 좋은 것을 골라서 우리나라에 독특한 좋은 제도를 만드는 것도 세계의 문운에 보태는 일이다.

김구의 말을 보면 우리다운 것을 중심으로 하여 남의 나라 것이라도, 우리나라에 잘 맞는 것은 취사선택해 받아들여 우리 것으로 하면 더 좋은 제도를 만들 수 있다는 것이다. 참으로 현명한 생각이 아닐 수 없다

이렇듯 김구는 자주정신이 살아 있는 국가를 꿈꾸었다. 즉, 국민이 주인이 되는 세상에서 가장 아름다운 나라를 꿈꾸었던 것이다. 우리나라 국민들이 풍족하면 되고, 남의 나라 침략으로부터 우리나라를 지킬 수 있는 힘을 가진 나라라면 족하다고 생각했다. 이를 보더라도 김구는 지도자의 자질을 충분히 갖춘 현자라고 할 수 있다.

자주정신이 살아 있는 주인의식을 기르기

주인의식은 내가 갖겠다고 해서 가져지는 것은 아니다. 자주정신을 갖게 될 때만이 가질 수 있는 게 주인의식이다. 그러면 왜 우리는 자주정신

을 가져야 하는가. 한 마디로 말해 우리다운 것을 통해 우리만의 삶을 지향하기 위해서다. 정치와 경제, 문화, 역사, 철학, 사상 이 모든 것이 우리나라에 맞는 우리만의 것이 될 때 우리는 진정 우리나라 국민으로서 당당하게 살아가게 된다.

김구가 원하는 것이 바로 우리나라만의 자주독립이었으며 자주 국민이 되는 것이었다. 그래서 세계에서 가장 아름다운 나라, 사랑이 넘치는 나라, 문화수준이 높은 새로운 문화의 근원이 되는 나라, 모범이 되는 나라를 원했다. 그로 말미암아 진정한 세계의 평화가 우리나라로부터 시작되고 실현되기를 바랐다. 그렇게 되기 위해서는 우리민족이 그만한 노력을 해야 한다고 말했다. 이에 대한 김구의 생각이 잘 드러난 말이다.

우리 민족의 최고의 임무는 첫째 남의 절제도 아니 받고, 남에게 의지도 아니 하는, 완전한 자주 독립의 나라를 세우는 일이다. 이것 없이는 우리 민족의 생활을 보장할 수 없을뿐더러 우리 민족의 정신력을 자유로 발휘하여 빛나는 문화를 세울 수 없기 때문이다. 이렇게 완전한 자주 독립의 나라를 세운 뒤에는 둘째로 이 지구상의 인류가 진정한 평화와 복락을 누릴 수 있는 사상을 낳아 그것을 먼저 우리나라에 실현하는 것이다.

이 말에는 자주 독립국가가 되어야 할 목적이자 이유가 잘 나타나 있다. 또한 자주 독립국가가 된 우리나라의 역할이 매우 중대하다는 것을 잘 알 수 있는데, 우리나라가 진정한 자유 민주주의를 실현시킴으로써 세계 모든 나라에 모범이 되어야 함을 말한다. 이를 좀 더 부연해서 말하면 세계 속에 대한민국이 되어야 한다는 것이다.

이렇게 하기 위해서는 우리민족이 해야 할 일을 철저하게 해야 한다.

그렇지 않으면 아무리 목적이 훌륭하고 좋다고 해도 실현가능성이 없다. 이에 김구는 우리 민족이 해야 할 것에 대해 다음과 같이 제시하였다.

우리가 할 일은 사상의 자유를 확보하는 정치 양식의 건립과 국민교육의 완비이다. 내가 자유 나라를 강조하고, 교육의 중요성을 말한 것도 이 때문이다. 최고의 문화를 건설하는 사명을 달성한 민족은 한 마디로 말하면 국민 모두를 성인(聖人)으로 만드는데 있다. 대한 사람이라면 간 데마다 신용을 받고 대접을 받아야 한다.

김구는 우리나라와 우리민족에 대한 자부심과 긍지가 대단했음을 알 수 있다. 우리나라와 우리민족을 골수에 사무치게 아끼고 사랑했던 것이다. 그렇지 않고서는 이처럼 구구절절이 자신의 생각을 밝힐 수 없다. 김구는 우리나라가 자주독립 국가로써, 우리국민이 자유와 평화를 누리며 살기를 간절히 소망하였음을 알 수 있다.

대장부는 마땅히 웅비해야 할 것이다. 어찌 가만히 엎드려 있을 수 있단 말인가.

이는 『후한서(後漢書)』(중국 이십사사 중의 하나로 후한의 역사를 남북조 시대 송나라의 범엽이 정리한 책으로 현재 전하는 것은 120편 130권이다.)에 나오는 말로 장부가 해야 할 일에 대해 일침을 놓고 있다. 여기서는 '장부'라는 말로 표현했지만 우리민족이라면 누구나가 다 최선의 노력을 다 해야 함을 말하는 것이다. 그런데 노력을 하다보면 나오는 전혀 상관없는 일에 봉착할 때가 있다. 사사건건 간섭하는 사람도 있고, 잘 모르는 것도 있고,

내가 의도하는 것과는 전혀 다른 방향으로 흘러가기도 한다. 특히, 내가 하는 일에 대해 왈가왈부하며 간섭을 하거나 기분을 잡치게 만드는 일도 있다. 그래도 내가 원하는 것을 위해서는 그 길을 가야 한다. 이에 대해 단테[Dante](1265~1321. 이탈리아 시인. 세계 4대 시성 중 하나. 주요작품으로 대서사시『신곡』이 있음)는 다음과 같이 말했다.

너의 길을 가라. 남들이 무엇이라 할지라도 내버려두어라.

단테의 말은 자주정신을 가지라는 말과 같다. 즉, 남이 무어라 하던 자신이 하고 싶은 것을 위해서는 자신의 길을 가라는 것이다. 자신이 추구하는 일을 해 낼 사람은 결국 자신이기 때문이다. 그리고 원하는 길을 가다보면 남과 경쟁에 휘말릴 때가 있다. 이럴 때 자신을 이겨야 남을 이길 수 있다. 자신에게 지면 남에게도 지게 된다. 이에 대해『여씨춘추』는 다음과 같이 말한다.

남을 이기려는 사람은 반드시 먼저 자신부터 이겨야 하고, 남을 논하려는 자는 반드시 자신부터 논해야 한다.

김구는 조국의 자주독립을 위해 한시도 가만히 엎드려 지낸 적이 없다. 그것은 곧 조국과 민족에 대한 불충이라고 생각했기 때문이다. 그리고 그것은 자신과의 싸움에서 패배를 의미하는 것이기도 했다.
김구가 자신을 이겨냈듯이 자신을 이겨야 한다. 그래서 자신이 원하는 길을 감은 물론 우리나라가 김구의 바람대로 세계에서 가장 아름다운 나라, 문화가 꽃피는 나라, 자주 독립국가로서 모범이 되는 나라가 되는데

있어 책임과 의무를 다해야겠다. 그것이 김구가 지금을 살아가는 후세들
에게 가장 바라는 일일 것이다.

자주정신을 길러 삶의 주인으로 살아가기

주인은 손님처럼 손님은 주인처럼 서로의 입장이 바뀌는 것을 말한다.

_주객전도主客顚倒

01. 자주정신이 강한 사람이 주인의식이 강하다. 주인의식이 강하면 자신의 삶을 리드하며 살아가게 되지만, 그렇지 않으면 삶에 끌려가게 된다.
02. 자신을 이겨야 남을 이길 수 있다. 자신에게 지면 남에게도 지게 된다. 자신을 이기도록 강하게 자신을 단련시켜야 한다.
03. 주인의식은 내가 갖겠다고 해서 가져지는 것은 아니다. 자주정신을 갖게 될 때만이 가질 수 있는 게 주인의식이다.
04. 자주정신이 강한 사람일수록 자신에게 주어진 일을 잘 해나간다. 그리고 성공할 확률도 높다. 독립심이 강하고 주인의식이 뚜렷하기 때문이다. 자주정신이 약한 사람은 남에게 의존하려는 마음이 강하다. 그런 까닭에 자신이 해야 할 일을 남에게 미루거나 막상 일을 한다고 해도 좋은 결과를 얻기가 힘들다.

배움에 힘쓰고
스스로를 강하게 하다

스스로 힘쓰고
가다듬어 열심히 하다

스스로 힘쓰고 가다듬어 쉬지 아니하다.

이는 사자성어 자강불식自强不息의 뜻으로 스스로 힘쓰는 일에 열중해야 함을 말한다. 그러면 왜 스스로 강해져야 하는 것일까. 스스로 강해지지 않으면 남에게 짓눌려 경쟁에서 밀려나게 되고, 자신이 원하는 것도 하지 못하기 때문이다. 즉, 스스로를 강하게 단련시켜야 자신이 원하는 길을 갈 수 있고, 자신이 바라는 것을 이룰 수 있다는 말이다.

그런데 문제는 스스로를 강하게 단련시키는 일은 쉽지 않다. 그 어느 것보다도 어렵고 힘들다. 그러나 자신이 원하는 길을 가기 위해서는 어렵고 힘들어도 해야 한다. 그렇지 않으면 자신이 원하는 길을 간다는 것은 불가능하다.

정말로 단단한 칼은 아무리 갈고 닦아도 얇아지지 않는다. 정말로 흰 것은 아무리 검은 물을 들여도 검어지지 않는다. 진정으로 확고한 마음에 품은 신념이란 바로 그런 것이다. 어떠한 유혹이나 역경 앞에서도 절대 흔들리지 않는다.

이는 『논어』에 나오는 말로 신념이 강하면 어떤 어려움이나 유혹에도 흔들림 없이 자신의 길을 갈 수 있음을 말한다. 그렇다. 신념이 강한 사람은 목표의식이 뚜렷하고, 강철의지로 무장되어 있어 그 어떤 일에도 좌지우지하지 않는다. 언제나 견고하게 자신을 지탱하며 앞으로 나아간다.

이는 마치 명검名劍을 만드는 과정과 비슷하다. 하나의 명검이 되기 위해서는 쇠붙이를 불에 새빨갛게 달궈 망치로 두드리고 찬물에 담그기를 수없이 반복해야 한다. 그렇게 반복하는 가운데 쇠붙이는 더욱 단단해짐으로써 명검으로 거듭나는 것이다.

자신의 신념이 강하다면 문제가 없지만 만일 신념이 약하다고 생각이 들면 자신의 신념을 강화시켜야 한다. 그렇게 하다보면 스스로 힘쓰고 가다듬어 스스로를 강하게 단련시킬 수 있다.

어려움 속에서 더욱 강해지고 단단해졌던 김구

평탄한 길만 가던 사람이 갑자기 가파른 길을 오르려면 쉽지 않다. 늘 평탄한 길로만 다녀 적응을 하기가 힘들어서 이다. 하지만 가파른 길을 자주 올라 본 사람은 쉽게 올라갈 수 있다. 가파른 길에 적응이 되어서 이다.

어려움을 자주 겪어 본 사람은 어지간한 어려움은 어려움이라고 여기지도 않는다. 어려움을 겪으면서 스스로 강해졌기 때문이다.

살아가면서 고난과 어려움을 만나지 않으면 좋겠지만, 사람 사는 일이 어디 사람 뜻대로 되는 것인가. 살다보면 곳곳에 어려움이 진을 치고 있는 것이 누구나의 인생이다.

　김구는 평범한 어린 시절을 지나면서 점차 강해졌다. 가난한 집안사정으로 하고 싶은 공부를 제대로 하지는 못했지만, 서너 번에 걸쳐 서당공부의 분위기를 느낄 수 있었다. 그리고 스스로 공부하여 학문을 익혔다. 또한 과거시험에도 응시했으나 실패로 끝났다.

　김구는 동학에 눈을 뜨게 되어 접주가 되었고, 해주성을 공격하다 실패를 하고 말았다. 실패의 충격은 그에게 좌절감을 주기도 했으나, 강한 신념과 의지를 길러야 한다는 강한 자각심을 심어주었다.

　그리고 민비시해사건에 대한 울분을 품고 지내던 김구는 치하포에서 왜인을 죽임으로써 울분을 풀어냈다. 하지만 그로인해 감옥에 투옥되어 모진 고문을 겪으면서도 기개를 꺾지 않고 더욱더 강해졌다. 김구는 탈옥 후 전국 각지를 떠돌며 삼남 유생인 유완무와 성태영 등을 비롯해 많은 사람들과 교류를 가졌다. 그러는 동안 김구는 많은 것을 보고, 듣고, 겪고, 느낌으로써 삶을 성찰하는 기회를 갖게 되었다.

　그 후 안악에서 교육에 치중하던 중 민족주의자로 지목되어 또 다시 투옥 되었다. 그러나 세 번에 걸친 투옥으로 김구의 신념과 의지는 더욱 강해졌고, 훗날 임시정부요인으로 일하는데 있어 큰 용기와 힘이 되었다.

　김구는 힘든 감옥생활에서도 스스로를 단련시키며 앞날을 생각하였는데, 다음 글을 보면 그러한 그의 의지가 잘 나타나 있다.

　나는 나라가 망하기 전 구국사업에 성심성력을 다하지 못한 죄를 받는 것이라 생각했다. 그리고 이와 같은 어려운 때를 당하여 응당 지켜야 할 신조가 무엇인지 깊이 생각하였다.

"드센 바람에 억센 풀을 알고, 나라가 어지러울 때 참된 신하를 안다."고 한 옛 가르침과 죽어도 꺾이지 않았다는 사육신과 삼학사에 대해 가르쳐 주신 고능선 선생의 말씀을 다시금 생각하였다.

김구가 감옥에서 고문을 당하며 힘들어 할 때 자신을 스스로 강하게 하기 위해서 스승 고능선의 가르침을 떠올리며 자신에게 힘을 불어 넣는 모습이 참 인상적이다.

사람은 같은 환경에서도 어떻게 생각하느냐에 따라 제각각의 현상을 보인다. 긍정적일 땐 긍정적으로, 부정적일 땐 부정적인 결과를 보이는 것은 생각의 차이에서 오는 것이다. 그런데 긍정적인 결과, 즉 좋은 결과는 한 순간에 이루어지지 않는다. 차근차근 노력이 더해지고, 주변의 도움이 더 해질 때 오는 것이다.

거대한 나무 안에는 미래를 위한 에너지가 꽉 차 있다는 생각이 문득 떠올랐다. 그런데 이 나무는 하루아침에 거대한 에너지를 얻었을까. 그렇지 않다. 험준한 산은 옆에서 다그치며 자극을 주었다. 산등성이의 흙은 나무를 지탱해 주었으며, 구름은 눈비를 뿌려 성장을 도와주었다. 여름과 겨울을 거듭해서 지내며 넓게 뻗어나간 뿌리 역시 귀중한 양분을 흡수했던 것이다.

이는 토머스 스타 킹^{Thomas Star King}이 한 말로 거대한 나무로 자라기 위해서는 흙이 있어야 했고, 눈비도 있어야 했고, 뿌리를 통해 귀한 양분을 섭취해야만 했다. 그리고 강한 비바람도 이겨내고 뜨거운 햇살도 이겨내야만 했다. 나무가 이런 과정을 거쳐 에너지가 넘치는 거대한 나무로 자라나듯 위대한 인물 또한 주변의 많은 도움과 가르침을 받고, 고난과 역경을 이겨낸 끝에 탄생되는 것이다.

김구는 치하포사건으로 투옥된 뒤 그의 기개를 본 많은 사람들로부터 도움의 손길을 받았다. 그가 인천감옥을 탈옥한 후 숨어 지내는 동안 많은 사람들의 도움을 받음으로써 자신의 앞날을 기약하는데 큰 힘이 되었다.

절차탁마切磋琢磨라는 말이 있다. 이는 『시경詩經』에 나오는 말로 '옥과 돌을 갈고 깎는 것 같이 학문과 덕행을 힘써 닦음' 이란 의미이다.

김구는 다듬어지지 않은 하나의 돌이었으며 하나의 옥과 같았다. 그러나 스스로 갈고 닦음으로써 더욱 강해지고 그의 심지는 굳어졌던 것이다. 그리고 훌륭한 인격을 갖춘 군자가 되었다.

고난과 역경에 절대로 굴복하지 않기

인생을 살다보면 평탄하게 살아가기도 하지만, 예기치 않은 일들로 고난과 역경에 빠져 허우적거릴 때가 있다. 더구나 어느 누구 하나 힘이 되어주지 않다보면 마치 커다란 우주에 자신 혼자서만 있는 것 같은 암담함으로 절망하게 된다. 그래서 어떤 사람은 마지막 길을 택하고, 또 어떤 사람은 제 멋대로 살고, 또 다른 어떤 사람은 자신과 주변사람들을 원망하며 시름의 세월을 보낸다.

그러나 가장 고통스러울 때 가장 자신을 냉정하게 들여다 볼 수 있다. 자신을 냉정하게 들여다보면 자신의 단점과 약점이 훤히 들여다보인다. 그러면 '나란 존재란 우주의 티끌만도 못한 존재구나' 하는 생각을 하게 된다. 이런 생각을 하게 되면 자신의 잘못된 말과 행동에 대해 반성하게 되고, 지금의 자신으로부터 강해지고 단단해지기 위해 노력하게 된다.

인생은 어려움을 극복함으로써 더욱 참된 인생으로 변화하는 것이다.

그러므로 인생의 고난은 아픔을 주기 위한 것이 아니라 더 나은 인생이 되기 위한 기회인 것이다.

인생이라는 바다에 큰 폭풍우가 몰아칠 때 안전한 해변에서 하나님이 구원해주시지 않을까 가만히 기다리지 말고 몸과 마음을 다해 힘껏 헤쳐 나가라. 칼바람이 불어와 바늘처럼 살을 찌를 때 두꺼운 옷으로 온 몸을 가려 그 신성한 힘, 그 신성한 목적을 무시하지 말고 온 신경을 곤두세우며 견디내라.

이는 존 휘티어^{John Whiter}(1807~1892. 미국 시인. 언론인. 노예폐지론자. 주요 시집 『눈 속에 갇혀』, 『해변에 텐트』, 『언덕들 사이에서』)가 한 말로 인생이란 바다에 폭풍우가 휘몰아쳐도 두려워하지 말고 헤쳐나가야 함을 강조한다. 그러다보면 반드시 어려움을 극복하게 되고 자신이 원하는 것을 손에 쥐게 됨을 의미한다.

인생이란 바다는 누구에게나 똑 같이 주어진 바다다. 자신에게만 폭풍우가 휘몰아친다고 생각한다면 인생이란 바다를 건널 수 없다. 인생이란 바다를 건너기 위해서는 무엇보다도 자신과의 싸움에서 지면 안 된다. 지는 순간 그것으로 끝장 날 수도 있기 때문이다. 하지만 자신을 이겨낸다면 결과는 매우 긍정적으로 나타난다.

김구 역시 한 때는 인생의 바다에 내동댕이쳐진 인생이었다. 거듭된 실패와 투옥으로 몸은 만신창이가 되었지만 그는 절망하지 않았다. 그에게는 꿈이 있었다. 지금과 다른 길을 가야 한다는 그 원대한 꿈이 있기에, 자신에게 놓여진 인생의 폭풍우를 이겨냈던 것이다.

적과 싸우기에 앞서 자신의 약점과 싸워 이기지 않으면 안 된다. 사람은 적이 강해서 지는 경우보다 자신에게 먼저 지는 경우가 많다.

이는 에픽테토스^{Epiktetos}(55~135. 고대그리스 스토아학파의 대표적인 철학자)가 한 말로 적을 이기기 위해서는 반드시 자신의 약점을 이겨내야 한다고 주장한다. 이를 바꿔 말하면 자신의 적은 자신이므로 자신을 이겨내야만 진짜의 적을 이겨낼 수 있다는 것이다. 그렇다. 이 세상에서 가장 좋은 아군도 자신이며 가장 나쁜 적도 자신이다.

김구는 언제나 자신이 처해 있는 환경에 대해 원망하거나 불평하지 않았다. 자신이 반드시 딛고 가야하는 디딤돌로 생각했다. 물론 그도 인간인지라 극심한 고문과 심적 고통으로 너무도 힘이 들어 자살을 생각하기도 했다. 그러나 그는 자신의 그릇된 생각을 고치고 더욱 자신을 강하게 단련시켰다.

각고면려刻苦勉勵라는 말이 있다. ‘심신을 괴롭혀 더욱 노력하다’ 라는 뜻으로 괴로움이 거듭하여도 힘써서 이겨냄을 말한다.

사람들은 누구나 편히 살기를 원한다. 그러면서도 조금만 힘든 일이 있어도 자신의 처지를 한탄하고, 주변사람들을 원망하고, 마치 세상을 다 산 사람같이 행동하려고 한다. 이는 자신을 죽이는 일이며 약점을 드러내는 일인 동시에 스스로를 약화시키는 어리석은 일이다.

힘쓰고 노력하지 않는데 어떻게 좋은 일이 주어지며, 조그만 일에도 좌절하고 절망하는데 어떻게 가치 있는 삶을 살기를 바란단 말인가. 이는 자신의 인생을 모독하는 일이며, 인생에 대한 예의가 아니다. 참된 인생은 고난을 극복하고 힘써서 얻은 결과에서 더 크게 빛나는 것이다.

만일 고뇌가 없다면 인간이 자기 자신의 경계를 알지 못할 것이다. 우리가 고뇌의 의의를 깊이 깨달아야 하는 이유가 여기에 있는 것이다. 우리가 처한 모든 상황은 고뇌를 동반한다. 인간이 고뇌할 줄 안다는 것은 차라리 행복한 것이다.

도덕적으로 자신이 표준이하로 떨어지려고 한다는 사실을 느끼는 것은 고뇌이다. 또한 도덕적으로 표준이상으로 올라가려고 하는 욕심도 고뇌이다. 마찬가지로 한자리에 마냥 머물러 있으려는 태도도 고뇌이다.

양심의 가책이 곧 고뇌를 불러오는 것이다. 양심의 가책으로 인한 고뇌는 인간을 도덕적으로 전진하게 만드는 축복이다. 고뇌 속에서 정신적 성장에 대한 의의를 찾아야 한다. 그러면 그대의 고뇌가 사라지고, 환희와 광명이 새벽하늘처럼 밝아올 것이다. 인간적 성장의 표적은 다름 아닌 고뇌이다. 고뇌 없는 생활은 발전할 수 없다. 고뇌는 성장을 불러오기 때문이다.

이는 스트라호프^{Strahovsky} (러시아 비평가)가 한 말로 고뇌, 즉 고난은 인간에게 행복을 주기 위한 하나의 장치라고 본다. 다시 말해 고난을 극복하고 났을 때 느끼게 되는 기쁨과 행복은 더 기쁘고 더 행복하기 때문이다. 그리고 양심의 가책이 고뇌를 불러온다는 스트라호프의 말은 바른 삶에 대한 고뇌를 말한다. 바르지 않는 삶은 그것이 무엇이라 할지라도 그 고뇌는 가치가 없다. 하지만 바른 삶을 위한 고뇌는 가치가 있는 고뇌임으로 그 고뇌를 피하거나 멀리해서는 안 된다.

한 마디로 말해 고난은 자신의 발전을 위한 긍정적인 에너지와 같다. 고난을 극복하면 반드시 좋은 결과를 얻게 되기 때문이다.

지금 자신의 삶 앞에 절망하고 힘들어 하는 젊은이들이 있다. 하나의 사회적인 현상이라고 볼 수 있을 만큼 그 수가 너무 많아 마음이 아프다.

그러나 앞으로도 더 나아질 기미는 보이지 않는다. 그렇다면 주저앉아 절망하고 있을 필요는 없다. 지금 이순간 자신의 고난과 싸워야 한다. 그리고 이겨야 한다. 그것만이 자신의 인생을 패배로부터 이끌어 낼 수 있다.

김구가 오늘 날 많은 사람들에게 존경받는 인물이 될 수 있었던 것은, 가난을 극복하고 온갖 고난과 역경 속에서도 조국의 독립을 위해 자신의 하나뿐인 인생을 아낌없이 던졌기 때문이다. 김구가 겪었던 파란만장했던 고난에 비하면 그 누구의 고난도 고난이라고 말하기엔 부끄러울 따름일 것이다. 그렇다면 문제는 간단하다. 자신의 고난 앞에 무릎 꿇지 말고 더욱 강해져야 한다. 스스로 강해지지 않으면 그 누구도 자신을 책임져 주지 않는다. 자신의 인생을 책임지고 원하는 길로 이끌어가는 것은 오직 자기 자신인 것이다.

자신을 스스로 강하게 강화시키기

한 발짝 천천히 걸어도 목적지에 닿을 수 있다고 생각하지 마라. 한 발짝은 그 자체로써 가치가 있어야 한다. 커다란 성과는 조그만 가치가 모여 이루어지는 것이다. 알찬 성과를 얻으려면 한 발짝, 한 발짝 힘차고 충실하지 않으면 안 된다.

_단테

01. 인생을 살다보면 어려움은 누구에게든지 찾아오는 반갑지 않은 손님이다. 그렇다고 어려움을 피할 필요는 없다. 피하는 순간 어려움에게 지게 된다. 어려움을 이기는 가장 좋은 방법은 어려움에 맞서는 것이다.
02. 스스로를 강하게 단련시키는 것은 스스로를 존중하는 아름다운 행위이다. 그것은 곧 자신의 인생에 대한 예의를 지키는 일이기 때문이다.
03. 인류역사상 아무리 위대한 인물도 단숨에 자신이 원하는 길을 간 적이 없다. 가다가 넘어지기도 하고, 돌부리에 채이기도 하고, 시련의 강물에 빠져 허우적거리고, 죽고 싶을 만큼 좌절을 겪기도 했다. 하지만 그 모든 것을 극복하고 자신의 길을 갔던 것처럼 자신에게 주어진 그 어떤 고난도 두려워하지 말고 굳세게 나아가야 한다.
04. 삶은 누구에게나 공평하다. 이에 대해 아니라고 말하는 이들이 있다. 물론 객관적으로 보면 그렇다. 하지만 삶 그 자체만 본다면 누구에게나 공평한 것이 삶이다. 다만 자신이 어떻게 하느냐에 따라 그 결과는 달라지는 것이다. 스스로를 강하게 단련시켜라. 그것이 자신을 고난으로부터 지켜내고 원하는 것을 얻는 가장 확실한 비결이다.

잘못을 알고도 고치지 않으면
그 또한 잘못이다

사람은 누구나 잘못을 한다. 살다보면 잘못은 자연히 따라오는 인생의 그림자와 같은 것이다. 그런데 문제는 잘못을 하고도 반성하지 않고, 고치지 않는다는 것이다. 이는 스스로를 욕되게 함은 물론 다른 사람들에게 나쁜 이미지를 심어준다. 하지만 잘못에 대해 반성하고, 고쳐 행하면 스스로를 복되게 하고 다른 사람들에게 좋은 이미지를 심어준다.

사람들은 흔히 자신도 모르는 사이에 잘못된 말과 행동을 하게 된다. 그런데 이를 그대로 두면 습관처럼 되어 반복적으로 행하게 됨으로 자신에게 좋지 않은 결과를 가져올 수 있다. 그래서 지기반성을 함으로써 잘못을 고쳐야하는 것이다.

일일삼성一日三省이란 사자성어가 있는데 '하루의 일 세 가지를 살핀다는 뜻으로, 하루에 세 번씩 자신의 행동을 반성하라' 는 말이다.

공자의 제자 중 증자라는 이가 있는데 그는 자기반성을 잘 하기로 유명하다. 그는 날마다 세 번 반성을 했다고 한다. 첫째, 남을 도와주면서 진정으로 양심의 가책을 느끼지 않을 만큼 성실하게 도와주었는가, 하는 것과 둘째, 친구와의 교제를 할 때 혹여 신의 없는 행동은 하지 않았는가, 하는 것과 셋째, 스승에게 배운 것을 잘 익혔는가, 하는 것이다.

증자가 하루에 세 번 반성한 것들을 보면, 인간으로서 마땅히 해야 할 도리에 대한 것들이다. 그런데 대개의 사람들은 증자처럼 하지 못할 뿐만 아니라, 자신의 잘못을 그대로 방치한다. 그러다보니 돌아오는 것은 원성과 듣기 싫은 말 뿐이다.

증자가 존경 받는 인물이 될 수 있었던 것은, 매일 자신을 반성함으로써 바르고 올곧게 살아갈 수 있었기 때문이다.

잘못은 누구나 한다. 하지만 반성은 누구나 하지 않는다. 그렇다면 어떻게 해야 할까. 잘못에 대해 망설임 없이 반성하는 쪽을 택해야 할 것이다.

잘못한 것을 알고 자신을 반성했던 김구

거듭 말하지만 김구는 훌륭한 인품을 지닌 인격자이다. 그러나 그도 완벽한 인격자일 수는 없다. 자신의 입장에서 보면 잘한 것 같아도 돌이켜 보면 '아, 그게 아니었는데' 하는 반성하는 마음이 들곤 했다. 이는 인간이기에 당연한 일이다.

김구가 세 번째 투옥되었을 때 일이다. 김구는 당시 서대문감옥에 갇혀 있었다. 그 때 수감인원이 2천명 정도였는데, 대부분은 의병義兵이고 나머지는 잡범들이어서 김구는 다행이라고 생각했다. 의병들이 나라를 위해 싸운 의로운 사람들인 만큼 배울 점이 많을 거라고 생각한 것이다. 하지만 그들이 하는 말과 행동을 보고는 크게 실망하였다. 이에 대해 김구는 다음과 같이 말했다.

처음에는 매우 존경하는 마음으로 그들과 사귀었으나 마침내 쓸쓸이와 하는 짓거리가 순전한 강도로밖에 보이지 않았다. 참모장이라는 사람이 군대의 규율과 전략은 고사하고, 의병을 일으킨 목적이나 국가가 무엇인지도 모르는 사람이 많았다. 오히려 그들은 무기를 들고 시골마을을 휘젓고 다니면서 저지른 나쁜 짓을 자랑인 양 떠벌렸다.

김구의 말에서 보듯 의로운 그로서는 충분히 실망할 수밖에 없었을 것이다.

그런데 어느 날 박 간수라는 사람이 김구에게 예의를 갖춰 말하는 것을 본 어떤 수인이 박 간수가 김구를 보고 공대를 한다며 떠들어댔다. 그러자 수인들은 깊은 관심을 갖고 저마다 떠들어댔다.

그러다 어떤 수인이 양기탁을 아느냐고 물었다. 김구는 안다고 했다. 수인들은 미루어 김구가 국사범(정치범)이라고 여겼다. 그리고는 김구에게 자신들을 무시해 묻는 말에 대답도 잘 안한다며 힐책을 하였다. 그리고 어떤 수인은 자신도 전엔 의병장 허위 밑에서 참모장을 지냈다면서 빈정거렸다.

김구는 그의 말을 듣고 저런 자가 참모장을 했으니 허위 선생이 실패를 했다며 깊이 탄식하였다.

그러나 김구는 그런 중에 옥중에서 들은 이야기를 떠올렸다.

일본군에게 붙잡힌 의병장 이강년과 허위가 심문이나 재판을 받지도 않고 사형 당했는데, 둘 다 순국하는 순간까지 일본군을 더럽게 여기며 꾸짖었다는 것이다. 그런데 의병장 허위가 사형당한 그날부터 서대문감옥에서 사용하던 자래정 우물이 핏빛으로 변해 못쓰게 되었다는 것이다.

김구는 순간 부끄러움을 느꼈다. 그들의 훌륭한 삶을 생각하니 자신이 한없이 부끄러워졌던 것이다. 그리고 일본인들에게 소와 말이나 야만인 취급을 받는 자신이 의병들의 자격을 가타부타 논할 자격이 있는가, 라고 생각했다. 그들을 잠시 무시했던 것이 오만처럼 여겨졌던 것이다. 김구의 이런 심정은 그의 말에 잘 나타나 있다.

옛날 의병은 내가 보는 바와 같이 낫 놓고 기억자도 모르는 까막눈이라서 국가에 대한 의무가 무엇인지 모르는 것이 사실이다. 그러나 너는 일찍이 고후조에게 의리가 무엇인지 가까이서 배우지 않았느냐. 그에게서 배운 '삼척동자라도 개나 양을 보고 절을 시키면 반드시 크게 노하며 따르지 않는다'는 금언을 신성한 어린 학생들에게 가르치던 네가, 왜놈 간수에게 머리 숙여 절을 하느냐? 네가 항상 읊던 고인의 시 가운데 '남의 밥과 옷을 먹고 입으며 평생에 행여 잘못이 없기를 빌었네' 라는 구절을 잊었느냐? 네가 지금껏 스스로 농사짓고 손수 옷을 해 입지 않았어도 대한의 사회가 너를 먹이고 입혀주었다. 그런데 오늘 왜놈이 주는 콩밥을 먹고, 왜놈이 주는 죄수복을 입으라고 지금까지 나를 먹이고 입혔느냐? 명색이야 의병이든 도적이든 왜놈에게 순종하는 백성이 아니라고 인정하여 종신이니 10년이니 가두어두는 것만으로도 충분히 의병의 가치를 했다고 할 수 있지 않느냐? 너는 평소에 어린학생들에게 '남아는 의를 위해 죽을지언정 구차하게 살지 않는다'고 가르치지 않았느냐? 그런 네가 오늘 살아 있는 것이냐 죽은 것이냐? 네가 개 같은 생활을 참고 이겨내서 17년 뒤에 마침내 공을 세워 죄를 갚을 자신이 있느냐?

김구의 말엔 자신에 대한 부끄러움과 의병들을 함부로 생각했던 것에 대해 깊이 반성하는 자세가 진정성 있게 잘 나타나 있음을 볼 수 있다. 김구는 스스로에게 엄정하고 타인에게는 한없이 따뜻하였다.

또한 김구는 고문을 받으며 생각한 것이 있다. 일본 순사는 자신의 조국을 위해 밤을 새워가며 일을 하는데, 자신은 그렇지 못했음을 깨닫고는 뼈에 사무치게 반성하고 또 반성한 것이다.

과거의 잘못을 뉘우치고 새롭게 출발하다.

이는 회과자신悔過自新이라는 사자성어로 김구의 반성과 뉘우침은, 자신을 돌아보게 함으로써 더욱 자신을 변화시키며 발전하는데 큰 힘이 되었다.

잘못한 일은 반드시 반성하여 바로 잡아야 한이다

허물을 뉘우쳐서 스스로 꾸짖다.

이는 회과자책悔過自責이란 사자성어로 잘못이 있다면 스스로 잘못을 반성하여 꾸짖음으로써 바르게 길을 가야함을 뜻한다.

사람들 중엔 자신의 잘못에 대해 반성함으로써 자신을 바로 세우는 사람들이 있는가 하면, 그렇지 않은 사람들이 더 많다. 자신의 잘못을 뉘우칠 줄 아는 사람은 지금 보다 나은 삶을 살아갈 수 있지만, 그렇지 않은 사람은 답보 상태를 면치 못하거나 지금보다 못한 삶을 살아가게 된다.

영국에서 있었던 일이다. 어떤 남자가 골목길을 힘차게 걸어가고 있었다. 그는 사랑하는 여자에게 결혼을 승낙받기 위해 가는 길이었다. 그의 가슴은 풍선처럼 부풀어 올라 금방이라도 터질 것만 같았다. 오늘 자신의 인생이 새로이 거듭나는 날이기 때문이었다.

　남자의 머릿속엔 여자에 대한 생각으로 가득 차 있어 다른 것은 생각할 겨를이 없었다. 그 때 저만치서 어떤 여자가 오고 있었다. 그런데 남자가 급히 가는 바람에 여자와 그만 부딪치고 말았다. 여자는 충격으로 넘어졌다. 하지만 남자는 미안하다는 말 한 마디 없이 그냥 지나치고 말았다. 바로 그 때 이 모습을 창가에 서서 지켜보던 여자가 있었다. 그녀는 바로 남자가 그토록 사랑하는 여자였다.

　여자의 집 앞에 도착한 남자는 벨을 눌렀다. 그런데 밖으로 나온 사람은 그녀가 아니라 그 집 하녀였다. 순간 남자의 밝았던 얼굴은 먹구름이 낀 듯 어두워졌다. 여자가 달려 나와 반겨 주리라 기대했었는데 그게 아니어서 크게 실망하였던 것이다. 더욱이 남자를 더 맥 빠지게 한 것은 하녀가 전해준 말이었다.

　"아가씨께서 만나고 싶지 않다고 돌아가시랍니다."

　남자는 멍한 가슴으로 집으로 되돌아왔다. 아무리 생각해도 자신이 무시당한 이유를 알 수 없어 편지를 썼다. 그리고 며칠 후 그녀로부터 답장을 받았다. 그가 자신을 만나러 오던 날 골목에서 어떤 여자와 부딪치고도 사과도 하지 않은 당신과는 결혼할 생각이 없다는 내용이었다. 남자는 자신의 경솔한 행동에 대해 깊이 반성하였다.

　그날 이후 남자는 남을 배려하는 멋진 매너를 가진 남자로 거듭났다. 비록 사랑하는 여자와는 결혼하지 못했지만 여자를 통해 참된 인생을 살게 된 것이다. 그 남자는 바로 영국을 대표하는 에세이스트 찰스 램Charles Lamb(1777~1834. 영국의 수필가 및 시인. 주요작품 『엘리아 수필집』)이다.

　이 이야기에서 찰스 램의 위대성은 그가 영국 최고의 에세이스트라는 데도 있지만, 그 보다는 자신의 잘못을 반성하고 새로운 인생으로 거듭났다는 데 있다. 그는 사랑하는 여자의 충고를 고깝게 여기지 않고 받아들임으로써 훌륭한 인품을 갖춘 사람으로 변모한 것이다.

군자는 모든 것을 반성해서 허물을 자기에게 구한다.

『논어』에 나오는 말로 군자, 즉 '현명한 사람은 모든 잘못으로부터 자신을 반성함으로써 지혜를 얻는다' 는 것을 의미한다. 즉, 자신의 허물을 허물로 덮지 않고, 그 허물을 통해 현명함을 깨우친다는 것이다.

옳은 말이다. 현자란 달리 현자가 아니다. 같은 것도 받아들여 깨달아 행하면 그것이 현자인 것이다.

앞글에서 잠시 언급했듯이 일일삼성一日三省이란 말처럼 사람은 매일 자신을 되돌아보는 시간을 가질 필요가 있다. 특히 하루하루를 바쁘게 살아가는 현대인들은 더욱 자신을 살피는 시간을 가져야 한다. 그렇지 않으면 자신이 한 잘못을 답습함으로써 원성을 사게 되고, 비인격적인 사람으로 낙인이 찍힐 수도 있다.

매일 반성하라. 만약 잘못이 있으면 고치고, 없으면 더 반성하라.

이는 주자朱子가 한 말로 매일 자신을 반성하는 것이 곧 자신의 허물을 덮고 지금보다 나은 자신으로 살아갈 수 있음을 의미한다.

그렇다. 반성이 없는 삶은 언제나 같은 삶을 반복하듯 살게 된다. 반성을 단지 반성으로만 생각하기 때문인데 반성은 단순하지만은 않다. 그것은 새로움을 깨우치는 반성이어야 한다. 그래서 자신을 돌아보며 살필 줄 아는 사람이, 그렇지 않은 사람보다 지혜롭고 명철한 것이다.

김구는 일생을 살아가는 동안 수많은 일을 겪었다. 죽을 고비를 수도 없이 넘겼으며, 앞이 보이지 않을 것만 같은 길을 걷고 또 걸었다. 그러는 가운데 실수도 하고 실패도 하면서, 한 인간으로 성장해 나갔다.

김구가 훌륭한 인품을 갖추게 된 것은 그가 수없이 겪었던 실패와 실수를 통해 반성하고 자신을 성찰함으로써 이다. 성찰은 깊은 사색과 독서를 통해서도 하게 되지만, 잘못을 반성하고 뉘우침으로써 더 깊이 깨닫게 된다. 그러므로 잘못과 허점이 많아도 문제될 게 없다. 다만, 자신을 반성하고 뉘우치는 삶을 통해서만 그렇다는 것을 유념했으면 한다.

여기서 한 가지 짚고 갈 것은 자신을 반성할 땐 엄중히 해야 한다. 엄중한 반성은 자신을 인격자란 반석위에 올려놓지만, 자신에게 엄중하지 않으면 제대로 된 반성을 할 수 없기 때문에 제대로 된 깨우침을 얻지 못한다. 그리고 나아가 타인에게는 관대하게 해야 뒤탈이 적은 법이다.

자기반성은 엄중히 하고, 다른 사람을 꾸짖는 일을 가벼이 하면 남의 원망이 멀어진다.

이는 공자가 한 말로 '성찰하는 자세'에 대해 잘 보여준다. 사람은 대개 자신에게 관대하고 남의 잘못에 대해서는 냉혹하리만치 비판적이다.

사람은 누구나 한 번뿐인 삶을 산다. 그 어느 누구에게도 두 번의 삶은 없다. 그러기 때문에 후회하지 않고 잘 살기 위해서는, 끊임없이 자신을

반성하고 돌이켜 성찰하고 또 성찰해야 하는 것이다. 자신에게 부끄럽지
않은 인생, 그런 인생이야말로 값지고 행복한 인생이다.

날마다 자신을 살펴 반성하고 깨닫기

자기반성은 지혜를 배우는 학교이다.

_발타자르 그라시안

01. 반성이 없는 사람은 정제되지 않은 원석과 같다. 원석이 정제가 되었을 때 비로소 가치 있는 보석으로 인정받는 것처럼 사람은 반성하고 살핌을 반복함으로써 인격자로 거듭난다.
02. 날마다 자신이 한 말과 행동에 대해 살피는 시간을 가져야 한다. 하루 일과를 끝낸 고요한 시간에 자신의 내면의 소리에 귀를 기울임으로써 자신이 미처 깨닫지 못한 것들을 깨닫게 된다. 그리고 그 깨달음을 통해 진정성이 있는 인품을 갖추게 되는 것이다.
03. 자신을 반성할 땐 엄중히 해야 한다. 엄중한 반성은 자신을 인격자란 반석위에 올려놓지만, 자신에게 엄중하지 않으면 제대로 된 반성을 할 수 없기 때문에 제대로 된 깨우침을 얻지 못한다.
04. 현자賢者란 달리 현자가 아니다. 같은 것도 받아들여 깨달아 행하면 그 사람이야말로 현자인 것이다.

스승의 말을
따르고 존경하다

스승은 영원한 영향을 준다.

헨리 애덤스Henry Adams(1838~1918. 미국의 역사학자. 문필가. 주요저서 『헨리 애덤스의 교육』)가 한 말로 스승이 제자에게 미치는 영향을 절대적인 의미로 나타냈다. 애덤스의 말처럼 스승의 영향은 실로 크다. 스승의 가르침을 훌륭히 받은 사람들은 자신의 분야에서 뚜렷한 족적을 남긴 사실이 그것을 증명하고 있다.

사람은 제 아무리 영특하다고 하나, 진리의 길로 이끌어 줄 스승이 없이는 저 홀로 잘 되는 법은 없다. 서양철학의 대표적인 철학자 소크라테스Socrates(B.C 470~ B.C 399. 고대 그리스 철학자)는 플라톤Platon(고대 그리스 철학자. 형이상학의 수립자)에게 가르침을 주었으며, 플라톤은 아리스토텔레스Aristoteles(B.C 384~B.C 322. 고대 그리스 최대의 철학자. 물리학, 형이상학, 동물학, 논리학, 수사학 등 다양한 주제에서 서양 철학의 포괄적인 체계를 창조하였다.)에게 가르침을 주었다. 플라톤과 아리스토텔레스는 각자의 철학을 펼침으로써 서양 철학사에 큰 획을 그었다.

동양철학의 대표주자격인 공자는 훌륭한 제자 칠십을 두었는데, 그 중 안회顔回를 가장 아끼고 사랑하였다. 그가 공자의 가르침을 가장 잘 받아들이고 잘 지켜 행하였기 때문이다. 동서양을 막론하고 스승은 누구라 할지라도, 자신의 가르침을 잘 받아들이고 열심히 노력하는 제자를 아끼는 것은 인지상정이다.

조선시대 성종의 총애와 신뢰를 한 몸에 받았던 점필재畢齋 김종직金宗直(1431~1492. 영남학파의 종조. 사림파의 거두. 문신. 사상가. 성리학자. 정치가. 형조판서. 지중추부사. 저서 『유두유록』, 『청구풍아』, 『당후일기』)은 정여창, 김굉필, 홍유선, 김일손, 이승언, 권오복, 이원, 조광조, 이황, 이이 등 수많은 제자들을 배출하였다.

조선말기 다산茶山 정약용丁若鏞은 황상에게 가르침을 주어 그가 뛰어난 학문의 길을 가도록 이끌어 주었다.

역사적 관점에서 살펴보았을 때 애덤스가 말했듯이, 스승은 제자에게 영원한 영향을 준다는 것을 잘 알 수 있다. 이렇듯 스승은 제자에게 무지를 일깨우게 하여, 밝은 세계로 향하게 하는 가르침의 빛이다.

스승의 가르침을 평생토록 지침으로 삼다

김구가 동학접주로 해주 성을 공격했으나 실패로 끝나 은둔생활을 마치고, 안중근의 아버지 안태훈의 도움을 받고 있던 어느 날 스승이 된 고능선을 만났다. 안태훈은 고능선을 존경하여 극진히 모시던 차, 그를 김구에게 소개한 것이다.

고능선은 학식이 풍부하고 올 곧은 성품으로 해서지방에서는 존경받는 학자이며 선비였다. 김구는 고능선이 자신에게 깊은 관심을 보이고 가르침을 주겠다고 하자 크게 감복하였다. 더구나 김구의 마음이 극도로 혼란할 때였다. 그 당시 김구의 말을 보면 그의 마음이 어땠는지를 잘 알 수 있다.

당시 나의 심리상태는 매우 절박했다. 먼저 과거장에서 비판적인 생각을 품었다가 관상공부에 희망을 걸었으나, 내 관상이 너무 못생겨 슬퍼하다가 마음 좋은 사람이 되기로 결심했었다. 그러나 마음 좋은 사람이 되는 방법 또한 막막하던 차에 동학의 수양을 받아 새 국가 새 국민을 꿈꾸었으나, 이제 와서 생각하면 그 역시 바람 잡듯 헛된 일이었다. 이제 패장의 신세로 안진사의 후의로 다행히 목숨만은 보전하게 되었지만, 과연 어디에 발을 디뎌야 장차 나아갈 방향을 찾을 수 있을지를 생각하면 가슴이 답답하고 우울했다.

김구는 고능선에게 제대로 가르침을 받고 싶었다. 하지만 자신에게 그의 가르침을 받을 만한 소질이 있는지에 대해 생각해보았다. 혹시라도 자신이 고능선의 인품에 누를 끼치지 않을까, 염려해서였다.

그러나 김구는 배우고 싶었다. 그래서 솔직하게 자신의 심정을 밝혔다. 김구의 눈가엔 눈물이 가득 고였다. 그런 김구의 모습을 보고 고능선은 사람이 자신을 아는 것도 쉬운 일이 아닌데 남을 어찌 밝힐 수 있느냐며 말하고는, 성현의 발자취를 밟아가도록 하자며 김구를 토닥였다. 그러면서 자신의 가르침이 김구의 앞길에 보탬이 된다면 그 또한 자신에게는 영광이 될 거라고 말했다. 김구는 고능선의 말을 듣고 선생님이 가르침을 주는 대로 성심을 다해 받들어 행하겠다고 말했다.

고능선을 대하는 김구의 자세는 매우 바르고 절도가 있었다. 그 날부터

김구는 고능선의 제자가 되었다. 김구는 그의 제자가 된 기쁨을 이렇게
말했다.

그날부터 나는 밥을 안 먹어도 배고픈 줄 모르겠고, 고 선생이 죽으라면 죽
을 수도 있을 것 같았다.

고능선은 고금古今의 위인들을 비평한 내용을 자신이 연구하여 깨달은
핵심을 가르쳐주었다. 그리고 『화서이언』, 『주자백선』에 나오는 중요한
구절도 가르쳐주었다. 특히 고능선이 김구에게 강조한 것은 '의리'에 대
해서였다. 아무리 뛰어난 재능을 가진 사람도 의리에서 벗어나면, 그 재
능이 오히려 화근이 된다고 했다. 또한 사람의 처세는 마땅히 의리 근본
을 두어야 한다고 말하며 무슨 일을 할 때 판단, 실행, 계속의 세 단계로
해야 제대로 성취할 수 있다고 말했다. 고능선은 김구의 인물됨을 알아보
듯 그를 성심성의껏 가르쳐주었다. 뿐만 아니라 김구에게 각별한 애정을
쏟아 김구는 그의 가르침에 대해 감복하여 열심히 받아들이고 익혔다. 다
음, 김구의 말에서 그것을 잘 알 수 있다.

가만히 보면 언제나 내게 보여주기 위해 책장을 접어두었다가 들쳐 보이곤
했는데, 그것만 보아도 선생이 온 힘을 기울여 나를 가르치고 있다는 사실을
알 수 있었다.

김구는 스승이 가르침을 준 시구詩句를 평생의 좌우명으로 삼아 실천하
였는데 그 시구는 다음과 같다.

得樹攀枝未足奇 득수반지미족기
懸崖撒手丈夫兒 현애살수장부아

이 시는 야부도천冶父道川(송나라 사람으로 성은 적狄이고 이름은 삼三이다. 군의 궁수로 재임하다 도겸선사에게 부름을 받았는데, 이름 또한 적삼을 도천이라 명하였다.)의 '금강경 송'의 일부로 이를 풀이하면 '가지를 잡고 나무를 오르는 것은 기이한 일이 아니나, 벼랑에 매달려 잡은 손을 놓는 것은 가히 장부로다'라는 뜻이다. 스승의 가르침은 김구에게는 어둠을 환히 밝히는 광명의 빛이었다. 그런데 그토록 존경하던 스승 고능선이 제천 동문의 집에서 객사했다는 소식을 듣고, 김구는 그 슬픔을 감추지 못하고 비탄에 잠겼다. 김구는 자신의 슬픔심정을 다음과 같이 말했다.

아, 슬프도다! 이 말을 기록하는 오늘까지 삼십 여 년 동안, 내가 그동안 마음을 쓰거나 행동할 때에 만에 하나라도 아름다운 점이 있다면, 그것은 온전히 그 때 청계동에서 고 선생이 나를 특히 사랑하여 온 정성을 다 쏟아서 구전심수하시던 가르침의 덕택일 것이다. 다시 이 세상에서 그같이 사랑하시던 위대한 얼굴을 봐옵고 참되고 거룩한 사랑을 다시 받지 못하겠으니, 아, 슬프고도 애통하도다!

'스승은 영원한 영향을 준다'는 헨리 애덤스의 말은 김구에게는 매우 적합한 말이 아닐 수 없다. 김구는 자신의 저서 『백범일지』에서 누누이 스승 고능선의 가르침을 높이 받들어 칭송하였듯, 그의 가르침은 김구가 민족의 위대한 지도자가 되는 데 있어 큰 빛이 되었던 것이다.

스승의 가르침을 따르는 것이
제자의 마땅한 도리이다

스승이란 도를 전하는 것이 그의 본분이다. 도를 터득한 사람이 있다면 그곳에 스승이 있는 것이 된다. 나이의 많고 적음, 신분의 귀천과는 아무 관계가 없는 것이다.

『문장궤범文章軌範』(중국 송나라 사방득謝枋得이 편찬한 산문선집)에 나오는 글귀로 '스승이란 무엇인가'에 대한 정의가 잘 나타나있다. 스승이란 '도道'를 전하는 사람이라는 말이 스승의 본분을 함축적으로 잘 말해준다고 하겠다.

스승은 하늘과 같고 대지와 같은 존재다. 하늘이 태양을 비추게 하여 생명을 따뜻하게 품어주고 길러주듯, 또 대지가 온 생물들을 길러내듯, 스승은 무지하고 몽매한 자를 밝음의 빛으로 인도하는 등불과 같다. 그런데 현실은 매우 안타깝고 허무하다. 스승에 대한 예의는 땅에 떨어지고, 스승의 품위 또한 예전만 못하다. 이렇게 된 데에는 물질만능에 따른 부작용도 있지만, 스승을 마음으로부터 존경하지 않기 때문이다. 그저 직업적으로 하는 일로 치부하는 경향이 짙다. 또한 스승 중에는 스승의 본분을 다 하지 못하는 이들이 있다. 이들로 인해 스승의 이미지가 땅에 떨어진 데에도 그 원인이 있다고 하겠다.

하지만 보다 더 중요한 것은 스승을 대하는 부모나 제자들의 마음가짐이다. 아무리 스승의 도가 땅에 떨어졌다고 해도 다 그런 것은 아니다. 누가 보나 안 보나 묵묵히 자신의 본분을 다하는 스승도 많다. 이를 인정하지 않기 때문에 스승과의 거리는 점점 더 멀어지게 되는 것이다.

임금과 스승과 아버지는 하나다.

군사부일체君師父一體라는 말처럼 스승은 임금과 같고 아버지와 같은 사람이다. 임금이 나라를 다스리고, 아버지가 가정을 이끌어 가듯 스승은 한 사람을 가르쳐 홀로서기를 돕는 사람이다. 그만큼 중요한 역할을 하는 사람이 스승인 것이다. 그래서 스승의 가르침을 받아 따르고 존경하는 것은 당연한 일이다. 이를 필수사언必須師言이라고 한다. 스승의 가르침을 받고 그대로 실천하여 성공적인 삶을 살았던 사람들을 살펴보는 것도 스승과 제자의 도리를 새롭게 정립하는데 도움이 될 듯싶다.

보지 못하고 듣지 못하고 말하지 못했지만 인간의 위대함을 한껏 드러내며 세계인들의 귀감이 되었던 헬렌 켈러Helen Adams Keller에게는 설리번이라는 훌륭한 스승이 있었다. 설리번은 헬렌 켈러에게 단어 하나를 가르치기 위해 다양한 방법을 사용했다. 후각을 이용하기도 하고, 손바닥에 글씨도 써주었다. 설리번의 학습법은 매우 효과적이었다. 헬렌 켈러는 단어를 익히고 의미를 익혀 나가는 데 흥미를 보였다. 두 사람의 노력 끝에 헬렌 켈러는 인생의 승리자가 되었다. 여기엔 설리번의 희생정신과 스승의 그런 노력을 헬렌 켈러가 진정으로 존경하며 받아들였기에 가능했던 것이다.

조선중기 때 명재상이었던 백사白沙 이항복李恒福(1556~1618. 문신. 영의정)은 스승 받들기를 하늘과 같이 모신 걸로 유명하다.

어느 날 스승이 왔다는 하인의 말에 방에 있던 이항복은 버선발로 뛰어나갔다. 좌중에 있던 사람들은 그의 행동에 놀라움을 감추지 못했다. 일인지하만인지상一人之下 萬人之上 영의정인 그가 보여준 행동은 그러고도 남았다. 이항복은 초라한 행색의 노인을 모시고 들어와서는 자리에 모셔놓고 큰절을 하였다. 그리고 잘 지내셨느냐며 물었다. 그의 스승은 "잘 지냈소이다.”하고 말을 올렸다. 이항복은 말씀을 놓으라며 깍듯이 말했다.

이항복은 어린 시절 가르침을 주었던 스승을 극진히 모시고, 그가 갈 때 면포 십 여단과 쌀 두 섬을 노자로 주었다. 그러자 스승은 나라의 재산을 이렇게 많이 받을 수 없다고 말하자, 이 항복은 자신의 것에서 드리는 것이니 받아달라고 청하였다. 그러자 스승은 쌀 두 말만 갖고 가겠다고 했다. 이에 이항복은 스승님이 그러시면 제가 너무 송구하다고 말했고, 스승은 어찌 스승이라고 하면서 말을 따르지 않는가, 하고 웃으며 말했다. 그러자 이항복은 아무 말도 못하고 스승의 말에 따랐다고 한다.

역시 훌륭한 스승 밑에 훌륭한 제자가 나는 법이다. 이 항복의 스승은 청빈하고 강직하였는데, 제자인 이항복 또한 청빈하고 강직하여 명재상으로 이름을 드높였다.

‘그 스승에 그 제자’ 라는 말은 괜히 있는 것이 아니다. 스승의 인품이 뛰어나면 가르침을 받은 제자 또한 인품이 뛰어난 법이다.

김구 또한 청빈하고 강직한 스승인 고능선의 가르침을 잘 받아들여, 그역시 훌륭한 인격을 갖추고 국민의 존경을 한 몸에 받는 인물이 될 수 있었던 것이다.

스승을 존경하고 협조자를 사랑하라.

『한비자韓非子』(중국 전국시대의 책으로 한비자가 쓴 법가 사상을 집대성한 것이다)에 나오는 말로 스승을 존경하는 것이 도리임을 말한다. 그리고 협조자를 사랑하라고 했는데, 이 또한 같은 맥락으로 보면 된다. 협조자란 나에게 도움을 주는 사람인 까닭이다.

　그런데 사람들 중엔 자신의 유익을 위해 간이라도 빼줄듯 하다가도, 자신의 목적을 이루고 나면 언제 그랬느냐는 듯, 봐도 못 본 척 안면을 싹 바꾸고 만다. 이럴 때 가르침을 준 스승의 마음은 한없이 통탄스러울 수가 없다. 배은망덕도 그런 배은망덕은 없다. 이에 대한 심정을 이오덕李五德 (1925~2003. 아동문학가. 평생을 우리말 바로쓰기 운동에 헌신함. 주요작품『별들의 합창』,『까만새』,『개구리 울던 마을』,『우리글 바로 쓰기』,『시정신과 유희정신』)은 다음과 같이 말했다.

　　나한테 기대어 책을 내고 싶어 하고 문단에 나오고 싶어 하는 사람들이 그 뜻이 어느 정도 이뤄지면 아주 싹 돌아서서 제 갈 길을 간다. 그 제 갈 길이란 것이 속된 말로 이름 팔고 돈에 관심 가지고 이름을 내고 하는 길이다.

　이오덕의 말에 나 또한 같은 마음이다. 나 역시 문학의 가르침을 준 제자들이 있다. 그들 중에는 제자의 예를 다 하는 제자들도 있지만, 그보다는 자신의 목적을 이루면 언제 그랬느냐는 식으로 제 갈 길을 가는 이들이 더 많다. 누군가에게 가르침을 준다는 것은 내 개인적인 관점에서 보면 참 은혜롭고 감사한 일이 아닐 수 없다. 그러나 가르침 준 것을 도로 빼앗고 싶은 심정이 들 땐, 그 무엇보다도 더 슬프고 안타깝다.

　스승은 인격적인 결함이 없다면, 그래서 타인들에게 지탄의 대상이 아니라면 비록 그가 지금은 초라하고 못나 보인다 해도 스승은 스승이다. 그 스승이 있었기에 자신이 성장하는데 도움을 받을 수 있었음을 명심해야 한다. 저 홀로 잘 되는 사람은 어디에도 없는 법이다.

　아무리 사는 게 바쁘고 힘들어도 가끔은 안부전화도 하고, 편지를 보내는 것이 좋다. 또 가능하다면 직접 찾아뵙고 인사를 드리고 따뜻한 밥 한

끼 대접한다면, 스승은 그것만으로도 제자를 가르친 보람에 한껏 즐거워
할 것이다.

잊지 마라. 한 번 스승은 영원한 스승이다.

스승의 가르침에 따라 참 좋은 제자로 살아가기

옛것을 복습하여 새로운 것을 깨닫는 사람이라면 남의 스승이 될 만하다.

_공자

01. 동서고금 어느 누구도 스승의 가르침을 받지 않은 사람은 없다. 스승의 가르침이 있었기에 무지를 깨우고 밝은 눈과 맑은 마음을 지닐 수 있었음을 늘 상기하라.

02. 스승은 곧 하늘이며 땅이다. 스승은 자신의 미래를 위해 길을 닦아준 인생의 은인이다. 은인을 잊는다는 것은 배은망덕 중에 배은망덕이다.

03. 자신이 잘 못한 말, 행동 하나에 스승의 가르침이 들어 있다. 함부로 말하고 행동하는 것을 조심하라.

04. 제자는 스승의 말씀과 가르침을 먹고 자란다. 나에게 꿈을 심어주는 사람, 나에게 희망을 주는 사람, 나의 앞길에 빛이 되어주는 사람은 누구나 스승이 될 수 있다. 그런 사람에게는 예를 다하라.

05. 좋은 스승을 만난다는 것은 하늘의 축복이다. 좋은 스승을 모시기 위해서는 행실을 바르게 해야 한다. 행실이 바르지 못하면 아무리 재능을 겸비했다하더라도 제자로 삼는 것을 꺼려한다. 왜냐하면 그런 사람은 꼭 스승을 욕되게 하기 때문이다.

06. 한 번 스승은 영원한 스승이다. 이는 언제나 변치 않는 진리임을 잊지 마라.

밥을 먹듯
책을 읽어야 한이다

'책은 가장 훌륭한 스승이다' 라는 말이 있다. 그만큼 책 읽기의 영향이 지대함을 말한다. 그런데 바쁘다는 핑계로 책을 읽지 않는 사람들이 날로 는다고 한다. 이를 잘 말해주듯 우리나라 성인기준 일 년 독서량은 약 10권 정도라고 한다. 그리고 성인 중 일 년에 책을 단 한 권도 읽지 않는 사람은 3, 4명이라고 하니 자못 심각한 일이 아닐 수 없다.

지하철을 타면 책을 읽는 사람은 거의 찾아 볼 수 없다, 어쩌다 e-Book을 읽는 이들이 더러 있지만, 그 숫자는 지극히 밋밋하다. 몇 년 전까지만 해도 이렇지는 않았다. 정보화시대가 빠르게 진행되는 과정에서 비롯된 현상이다. 웬만한 정보는 인터넷을 통해 습득하고, 스마트폰의 급격한 발달로 전국어디를 가나 스마트폰 하나면, 앉은 자리에서 검색이 가능하다 보니 국민들의 뇌리에 깊이 각인 된지 이미 오래다.

이는 지하철이나 버스를 타보면 확연히 드러난다. 지하철을 이용하다보면 남녀노소 할 것 없이 스마트폰에 눈을 맞추고 목적지에 다다를 때까지 눈을 떼지 못한다. 어떤 이는 게임을 하느라 정신이 없고, 또 어떤 이는 카톡이나 문자를 보내느라 정신이 없다. 어느 노선이나 똑같은 현상이다.

이는 버스를 타도 마찬가지다. 모두가 고개를 숙이고 스마트폰에 눈을 맞춘 채 뗄 줄을 모른다. 글을 쓰는 사람으로서 '이러다간 책이 없어지는 것은 아닌가' 하여 위기감을 느낀다는 게 솔직한 표현이다. 내가 아는 출판사 대표들은 매출이 점점 떨어진다고 걱정이 이만저만이 아니다.

이 모든 것이 책을 읽지 않아 생기는 현상이고 보니 당연한 결과이다. 독서량은 그 나라의 국력과 깊은 관계가 있다. 책을 많이 읽는 나라일수록 의식수준이나 경제수준이 높다. 또한 그와 비례해 국력이 강하다. 그러나 독서량이 적은 나라일수록 의식수준이나 경제수준이 낮을 뿐만 아니라 국력 또한 약하다.

이는 각 개개인도 마찬가지다. 책을 많이 읽는 사람은 지식이 풍부하고, 의식수준이 높다. 그러나 책을 읽지 않는 사람은 지식이 얕고 의식수준이 떨어진다. 이는 당연한 결과이다.

책은 단순한 책이 아니다. 책은 모든 지식의 집합체이며, 정서의 샘이다. 특히, 책은 지식을 쌓는데 훌륭한 도구와 같다. 왜냐하면 남이 힘들게 연구하고 노력해서 쓴 지식을 쉽게 자신의 것으로 만들 수 있기 때문이다. 이에 대해 소크라테스는 다음과 같이 말했다.

남의 책을 읽는데 시간을 보내라. 남이 고생한 것에 의해 쉽게 자기를 개선할 수 있다.

참 정확한 지적이 아닐 수 없다. 책은 가장 적은 비용으로, 어느 곳에서나 쉽게 가장 훌륭한 지식을 배울 수 있는 위대한 스승이다.

독서를 통해 지식과 인격을 쌓다

사람이란 그 얼굴이나 용맹이나 조상이나 문벌을 가지고 이야기할 것이 아니다. 다만 독서한 학문인이라야 더불어 이야기할 수 있느니라.

이는 공자가 한 말로 사람에게 있어 가장 필요로 하는 것은 얼굴의 외모나 용맹스러움, 문벌이 아니라 독서를 통해 학문을 쌓는 것이라는 것이다. 독서가 그만큼 사람에게 미치는 영향이 크다는 것을 의미한다.

정규학교를 다니지 않은 사람이 꾸준히 책을 읽으면 대학을 나온 사람보다도 더 많은 지식을 갖게 된다. 남들이 힘들게 공부하고 연구해서 쓴 책이니 만큼, 다양한 지식을 취하는 것은 물론 그 사람의 사상과 철학까지 배우게 된다. 진정한 공부는 스스로 공부하여 익히는 것이다. 스스로 공부를 하다보면 더 노력하게 되고, 더 깊이 몰두하게 되니 자연히 더 많은 것을 알게 되기 때문이다. 김구는 집이 가난하여 양반자제들처럼 제대로 된 서당을 다니지 못했다.(김구의 요청으로 김구 아버지는 가난한 살림에도 글방 선생을 초빙하여 짧은 기간이나마 배움을 갖게 해 주었다.) 하지만 스스로 한글을 깨치고 천자문을 뗐다. 김구가 한글을 깨치고 천자문을 깨친 것은 책을 읽음으로 해서다. 김구는 책이야말로 알고 싶은 것을 알게 하는 말없는 스승처럼 여겼다. 김구는 열네 살 무렵 북송 때 사마광이 지은 『자치통감』과 원나라 증선지가 지은 『십팔 사략』을 즐겨 읽었다.

김구의 독서력은 치하포사건으로 인천감옥에 갇히면서 더 활발해졌다. 김구는 아버지가 갖다 준 『대학大學』과 신서적의 필요성을 느껴 『세계 역사』, 『지지地誌』(지리에 관한 책)를 읽었다. 책을 읽으면서 김구는 새롭게 눈을 떴다. 김구에게 새로운 자각을 일으킨 책은 『태서신사』라는 책이다.

김구의 말을 보면 그러한 그의 생각이 잘 나타나 있다.

『태서신사』라는 책 한권만 보아도 눈이 움푹 들어가고 코가 우뚝 선 원숭이에서 멀지 않은 오랑캐들로 여겼던 서양인들이 도리어 나라를 세우고 백성을 다스리는 좋은 법규가 사람답다는 느낌이 들었다. 반면에 높은 갓을 쓰고 넓은 허리띠를 두른 선풍도골의 우리 탐관오리들은 오히려 그와 같은 오랑캐의 칭호조차도 받을 수 없다는 사실을 깨닫게 되었다.

김구의 말에서 보듯 책은 이제껏 깨닫지 못했던 새로운 사실을 자각시키는 힘이 있어, 다양한 책을 많이 읽으면 읽을수록 지식의 폭은 그만큼 더 깊고 넓어지며, 새로운 사실에 대해 알게 됨으로써 지금과 다른 삶을 살아가는데 큰 도움이 된다. 김구가 서양에 대해, 또 교육에 대해 깊은 관심을 갖게 된 것도 독서의 힘이었다.
김구가 가르치는 일에 그토록 열정을 기울인 것은 교육이야말로 인간의 정신과 삶을 반듯하게 하고, 새로운 길로 나아가게 하는 원동력이라고 굳게 믿었기 때문이다.

독서는 다만 지식의 재료를 공급할 뿐이며, 그것을 자기의 것이 되게 하는 것은 사색의 힘이다.

존 로크John Locke (1632~1704. 영국의 철학자이자 정치사상가. 저서 『인간 오성론』, 『통치론』)가 한 말로 읽는 것으로만 끝나면 그것은 진정한 독서가 아니다. 생각하고 느낌으로써 읽은 것을 자신의 것으로 만들어야 한다.
김구는 존 로크의 말처럼 자신이 읽은 것을 자신의 것으로 만들어 훗날

교육에 헌신하는 데 있어 크게 활용하였다.

독서는 선택이 아니라 당연한 삶의 과제다

책은 읽어도 그만, 안 읽어도 그만이라고 여기는 이들이 있다. 노래방 가고, 놀러가고, 술 먹고, 게임하는 시간은 있어도 책 읽는 시간을 없다고 하는 이들은 정작 무엇이 중요한지를 망각한 듯하다. 책은 내가 읽고 싶다고 해서 읽고, 읽기 싫다고 해서 안 읽어도 되는 선택의 문제가 아니라 당연한 내 삶의 과제라고 생각해야 한다. 독서는 우리가 건강을 위해 밥을 먹는 것처럼, 우리의 정신건강을 위해 반드시 읽어야 하는 것이기 때문이다.

독서는 단순한 책읽기가 아니다. 그것은 삶을 변화시키고 발전시킬 뿐만 아니라, 사람답게 사는 길을 가르쳐주는 지혜의 길이다. 이에 대해 몽테스키외Montesquieu(1689~1755. 프랑스 계몽사상가. 법학자. 법원장. 저서 『법의 정신』)는 다음과 같이 말했다.

나는 재산도 명예도 권력도 다 가졌으나, 생애 중 가장 행복했던 순간은 독서를 통하여 얻었다. 독서처럼 값싸고 영속적인 쾌락은 없다.

몽테스키외의 말에서 보듯 독서는 재산과 명예, 권력으로는 누릴 수 없는 깊고 충만한 행복을 준다. 독서를 통한 기쁨과 행복을 경험해본 사람은 이를 잘 알 것이다.

나는 지인 집을 방문했을 때 서재를 제일 먼저 본다. 서재에 책이 가득한 집을 보면 참 풍요롭게 느껴진다. 또한 따뜻한 기운을 느낌과 동시에

이 사람과는 계속 친분을 유지해도 좋겠다는 생각이 들곤 한다.

마르쿠스 툴리우스 키케로Marcus Tulius Cicero(B.C 106~B.C 43. 로마시대 정치가. 문학가. 철학자. 저서 『키케로의 국가론』, 『신의 본질에 대하여』, 『의무론』)는 나와 비슷한 생각을 가진 사람으로 다음과 같이 말했다.

책 없는 방은 영혼 없는 육체와 같다.

참 적절한 표현이 아닐 수 없다. 나 역시 그렇게 생각한 적이 있어 키케로의 말에 깊이 공감한다.

책을 읽으라면 어려워서 읽기 싫다는 사람들이 있다. 물론 책이 어려우면 흥미롭지 못한 건 사실이다. 그러나 그렇다고 해서 쉬운 책만 읽는다는 것도 옳은 것은 아니다. 정서적인 책, 흥미를 주는 책, 이성을 길러주는 책 등 다양한 책을 읽어야 생각의 균형을 이루는 데 도움을 줄 수 있기 때문이다. 아무리 어려운 책도 반복해서 읽으면 그 뜻을 이해하게 된다. 이에 대해 『위략魏略』(중국 삼국시대 우 나라를 중심으로 쓴 역사서)에는 다음과 같은 글이 있다.

책을 백번 읽으면 그 뜻이 저절로 통해진다.

그렇다. 아무리 어려운 책도 반복해서 읽다보면 이해할 수 있게 된다. 그래서 책은 많이 읽으면 읽을수록 좋다.

간서치看書痴(책만 읽는 바보)로 잘 알려진 이덕무李德懋(1741~1793)는 무려 2만권이 넘는 책을 읽었다고 한다. 그는 서자임에도 그를 아끼는 정조임금에 의해 규장각검서관이 되었다. 또 위나라 상림常林은 밭을 갈면서도 책을 읽었으며, 당나라 이밀李密은 쇠뿔에 한서漢書를 걸어놓고 꼴을 먹이면서도 책을 읽었다고 한다. 홍경로洪景盧는 유배지에서 기름이 없어 책을 일지 못하자 먼동이 트기만을 기다려, 창 아래에 서서 여명의 빛으로 14년간 책을 읽었다고 한다.

조선시대 시인 김득신金得臣은 『백이전伯夷傳』을 가장 좋아해 1억 1만 3천 번이나 읽어 자신의 서재를 '억만재'라고 지었다고 한다. 그런데 한 가지 재밌는 사실은 김득신은 머리가 나빠 열 살 때 글을 배웠으나, 같은 글도 알 때까지 반복하여 읽음으로써 그 뜻을 깨우쳤다고 한다. 그가 뛰어난 시인이 되고 늦은 나이에 벼슬길에 나갈 수 있었던 것은 끊임없이 읽고 또 읽은 결과였다. 김득신은 후세 사람들에게 이렇게 말했다.

재주가 남만 못하다고 한계를 짓지 마라. 나보다 미련하고 둔한 사람도 없겠지만 결국에는 이룸이 있었다. 모든 것은 힘쓰는데 달려 있을 따름이다.

소식蘇軾(1037~ 1101. 중국 북송시대의 시인이자 문장가)은 일러 말하기를 '만권의 책을 읽으면 신의 경지에 까지 이른다'고 했다. 이는 책을 많이 읽으면 읽을수록 세상의 이치를 훤히 깨칠 수 있다는 말이다. 그렇다. 책을 많이 읽는 사람을 당할 재간은 없다. 그의 머릿속에는 수많은 지혜가 그를 감싸고 있기 때문이다.

여기서 한 가지 생각할 것은 그렇다고 해서 아무 책이나 마구 읽어서는 안 된다. 좋은 책은 스승과 같아 배울 점이 많다. 또한 좋은 책은 훌륭한 사람들과 교류하는 것과 같아, 좋은 책을 많이 읽으면 훌륭한 사람들을 많이 아는 것과 같다. 이에 대해 데카르트Descartes(1596~1650. 프랑스 철학자. 수학자. 과학자. 저서 『철학의 원리』)는 이렇게 말했다.

좋은 책을 읽는다는 것은 과거의 가장 훌륭한 사람들과 대화하는 것이다.

그렇다. 좋은 책은 훌륭한 사람과 같다. 또한 좋은 책은 가장 훌륭한 벗이기도 하다. 필립 체스터필드^{Philip Chesterfield}는 "가장 훌륭한 벗은 가장 좋은 책이다."라고 했다. 그리고 안중근^{安重根}은 '一日不讀書口中生荊棘 일일부독서 구중생형극' 이란 글씨를 써서 남겼는데, 이는 '하루라도 책을 읽지 않으면 입에 가시가 돋는다' 라는 뜻이다.

독서할 때 효과를 높이기 위해서는 주자^{朱子}의 독서삼도^{讀書三到}를 실행해 보는 것도 좋을 것 같다.
첫째는 책을 읽을 때 눈으로 본다.
둘째는 입으로 소리를 내어 읽는다.
셋째는 마음에서 얻는다.
그런데 이 중에 제일은 심도, 즉 마음으로 얻는 것이라고 말했다. 그렇다. 아무리 눈으로 보고, 소리 내어 읽는다 해도 마음으로 깨닫지 못하면 독서의 효과는 떨어진다.

독여취식^{讀如取食}이라는 말이 있다. 이는 '밥 먹듯이 책을 읽으라' 는 말로 매일 밥을 먹듯 매일 책을 읽으라는 말이다.

김구는 책 읽기를 즐겼으며, 책을 통해 인간의 도리와 삶의 이치를 깨우쳤다. 또한 서양문화를 이해하게 되었으며, 이는 독립운동을 하는데 있어 정신적인 밑바탕이 되었다. 다시 말해 견문을 넓히는 데 큰 도움이 되었던 것이다.

"아는 것은 힘이다."라는 말이 있다. 안다는 것은 배움의 의미도 있지만, 읽음으로 해서 안다는 의미가 더 크다고 본다. 책은 인류가 만든 최고의 발명품이자 최고의 스승이다.

독서는 정신적인 밥, 독서를 생활화하기

단 한 권의 책밖에 읽지 않는 사람을 경계하라.

_벤저민 디즈레일리

01. 독서는 가장 실체적인 행위이며, 가장 유익함을 주는 수단이다. 독서는 알지 못하는 것을 알게 하여 새롭게 눈을 뜨게 하고, 자신이 추구하는 일을 당당하게 해 나갈 수 있도록 큰 힘을 준다.

02. 날마다 밥을 먹듯 날마다 책을 읽어야 한다. 그런데 사람들은 밥을 꼭꼭 챙겨 먹으면서도 독서는 마치 나와는 상관없는 듯 행동한다. 독서는 정신건강을 튼튼하게 해주는 가장 이상적인 행위이다.

03. 아무리 바빠도 독서는 해야 한다. 가랑비에 땅이 젖듯 틈틈이 하는 독서가 견문을 넓히고 식견을 키운다. 독서량이 풍부하면 어려움에 처했을 때 손쉽게 지혜를 활용할 수 있다.

04. 책을 읽은 후 반드시 그 느낌이나 생각한 것을 메모하라. 하나의 메모는 보잘것없어 보여도 메모가 쌓이면 정신적인 부가가치를 준다. 독서 후 메모는 맛있는 후식을 먹는 것과 같다.

05. 어려운 내용의 책도 반드시 읽어야 한다, 읽기 쉬운 책만 읽다보면 편독으로 인해 생각의 폭이 좁아진다. 다양한 분야의 다양한 독서는 자신의 인생을 풍요롭게 만드는 최선의 비법이다.

배움에는
왕도가 없다

오늘 배우지 아니하고 내일이 있다고 말하지 마라.
올해 배우지 아니하고 내년이 있다고 말하지 마라.
날과 달이 흘러가서 세월은 나를 위해 늦추지 않는다.
아, 늙었도다. 이 누구의 허물인가.

이는 주자朱子가 한 말로 배움에 대한 경각심을 일깨워준다. 사람들이 흔히 하는 말 중에 "오늘 못하면 내일 하면 되고, 내일 하지 못하면 그 다음 날 하면 되지. 세월이 뭐 좀 먹나?"하고 말한다.

이는 대단히 잘못된 생각이다. 오늘 할 일을 미루면 그 만큼 시간을 까먹는 것이다. 그러니 세월이 좀을 먹는 셈이다. 그래서 오늘 할 일은 오늘 해야 하는 것이다. 좋은 시절에 부지런히 힘쓰지 않으면 그 만큼 퇴보하는 것이며, 오늘 할 일을 하는 사람에겐 그 만큼 뒤처지게 된다. 이에 대해 도연명陶淵明(365~427. 중국 동진말기부터 남조의 송 초기에 시인)은 다음과 같이 말했다.

及時當勉勵 급시당면려
歲月不待人 세월부대인

이는 '좋은 시절에 부지런히 힘쓰라. 세월은 사람을 기다려주지 않는다' 라는 뜻이다. 옳은 말이다.

시간은 흐르는 강물과 같아 아무리 인위적으로 막는다 해도 멈추지 않는다. 시간은 앞만 보고 달리는 에고이스트다. 그런데 오늘 못하면 내일 한다고 하면 그것은 자신에게 주어진 시간에 대한 모독이다. 시간은 누구에게나 똑 같이 주어지지만, 시간을 어떻게 쓰느냐에 따라 시간의 가치는 천차만별이다. 그러기 때문에 시간을 잘 써야 한다. 이 세상에서 가장 치사하고 가장 어리석은 도적은 시간을 낭비하는 사람이다. 치사하고 어리석은 도적이 되고 싶지 않다면 시간을 금같이 아껴서 써야 한다.

배움을 갖는 만큼 가치 있는 인생이 된다

여조삭비如鳥數飛라는 사자성어가 있다. 이는 '새가 하늘을 날기 위해 날개 짓을 하는 것' 으로 '배움도 쉬지 않고 끊임없이 익혀야 한다' 는 의미이다. 알에서 부화한 아기 새는 어미가 잡아다 주는 먹이를 먹고 자라면 본능적으로 날개짓을 한다. 수없는 날개짓을 함으로써 날개에 근육을 키우고 비로소 날개 된다.

배움 또한 이와 같아 끊임없이 반복학습을 함으로써 실력을 기르게 되고, 자신이 원하는 것을 막힘없이 해 나갈 수 있는 것이다.

어린 시절부터 김구는 배우는 것을 매우 좋아하였다. 가난한 집안 형편으로 제대로 된 서당을 다니지 못했지만, 아버지를 졸라 이 생원이라는 글방 선생을 초빙하여 배웠다. 그 때 나이 열두 살이었지만 김구는 배우는 것 자체가 너무 좋아 배우는 일에 힘썼다.

무슨 뜻인지도 모르고 너무 기쁜 마음에 어머님이 밤에 밀 매갈이(벼를 맷돌에 갈아서 가루로 만드는 일)하는 것을 도와드리면서도 외우고 또 외웠다. 새벽에 일찍 일어나서 선생님 방으로 가서 제일 먼저 배우고, 밥그릇 망태기를 메고 먼 데서 동무들이 오면 배운 것을 가르쳐주었다.

김구의 말엔 그가 배움을 얼마나 즐겁게 여겼는지를 잘 알 수 있다. 그러나 석 달을 배우고 산동에 사는 신 존위의 집으로 글방을 옮겨 배웠다. 김구는 함께 배우는 아이들 중에 언제나 일등이었다. 김구는 일취월장하는 것을 스스로 느낄 만큼 열심히 배웠다. 그러나 글방 선생과 아쉬움의 작별을 하고 말았다. 그 때 김구의 심정은 이루 말할 수 없이 슬펐다. 배우지 못한다는 슬픔에, 스승을 다시는 볼 수 없다는 슬픔이 더해졌기 때문이다.

얼마 후 다른 선생을 초빙하여 배움을 이어갔지만, 불행히도 갑작스런 아버지병환으로 배움을 멈추어야 했다. 그러다 아버지 병이 나은 후 정문재라는 선생에게 글을 배웠다. 배움은 김구에게 언제나 기쁨을 주었고, 즐거움을 주었다. 그러나 이 공부도 과거에 낙방하고 부정부패를 목격한 뒤 그만두었다.

세월이 흘러 김구의 인생에 큰 영향을 준 스승 고능선을 만남으로써 배움은 더욱 깊어졌다. 고능선은 김구의 영민함과 됨됨이를 보고 가르침을 주었고, 김구는 생각지도 못한 이름난 스승의 가르침에 눈물을 흘릴 만큼 기뻐하였다. 김구는 하루하루의 배움이 꿈결처럼 행복했다. 고능선은 인간과 인간간의 관계의 중요성에 대해 역설하였다.

선생은 주로 의리가 어떤 것인지에 대해 말씀하셨다. 아무리 뛰어난 재주와 능력이 있는 사람이라도 의리에서 벗어나면 그 재능이 도리어 화근이 된다고 하셨다. 또 사람의 처세는 마땅히 의리에 근본을 두어야 한다는 것과, 일을 할 때에는 판단, 실행, 계속의, 세 단계로 사업을 성취해야 한다는 등의 좋은 말씀을 많이 들려주셨다. 가만히 보면 언제나 내게 보여주기 위해 책장을 접어두었다가 들쳐 보이곤 했는데, 그것만 보아도 선생이 온 힘을 기울여 나를 가르치고 있다는 사실을 알 수 있었다.

김구의 말에서 보듯 고능선은 사람의 진정성과 도리에 대해 강조했음을 알 수 있다. 훗날 김구가 의리를 목숨처럼 중히 여겨 행한 것은 고능선의 가르침에 힘입은바가 크다고 하겠다.

훌륭한 스승의 가르침은 금은보화보다 귀한 인생의 보석이다. 동서고금을 막론하고 훌륭한 인물 뒤에는 훌륭한 스승이 있었음을 알 수 있다.

그런데 여기서 한 가지 짚고 가야할 것은 배움의 대상은 꼭 훌륭한 스승의 가르침만이 아니라, 자신보다 나이가 어리거나 못한 사람도 해당이 된다. 배움은 누구에게서나 배울 수 있는 것이다.

아랫사람에게 묻는 것을 부끄럽게 여기지 않는다.

앞글은 사자성어 불치하문不恥下問의 뜻으로, 배움이란 그 어느 것이라 할지라도 가치가 있음을 의미한다. 김구가 서대문감옥에 투옥되었을 때 활빈당活貧黨(조선후기 사회혼란으로 몰락한 일부 농민들이 조직적으로 구장을 갖추고 부호나 양반집을 습격하는 화적으로, 1900년 삼남지방을 중심으로 조직되었지만 그 유래는 수백 년이나 되었다.)의 두령 김 진사(평양사람으로 이름은 김종훈이다)로부터 비밀결사의 조직과 전술, 훈련방법, 규율, 동료가 잡히면 목숨을 걸고 구출하는 등의 방법을 배웠다. 김 진사로부터의 배움을 통해 김구는 자신이 지금까지 해온 것들에 대해 심히 부끄러움을 느꼈다. 김구의 말에는 그의 그런 마음이 잘 나타나 있다.

내가 국사를 위해 위대한 계획을 품고 비밀결사로 일어난 신민회 회원의 한 사람이지만 저 강도단에 비하면 아무것도 아니다. 우리의 조직과 훈련이 아주 유치한 것을 깨닫고 부끄러움을 금할 수 없었다.

김구는 상식적으로 볼 때 자신과는 어울리지 않는 활빈당의 두령이었지만, 그로부터 배운 것을 훗날 임시정부요인으로 일할 때 요긴하게 활용할 수 있었다. 누구에게 배우냐는 것은 대단히 중요하지만, 하찮은 사람에게도 배울 것은 얼마든지 있다.

가장 유능한 사람은 배움에 힘쓰는 사람이다.

이는 요한 W. 뵌 괴테가 한 말로 이 말의 관점에서 볼 때 김구는 정신적으로 깨인 화통하고 그릇이 큰 사람이었다는 걸 알 수 있다. 그렇다. 거지에게도 배울 것이 있고, 철부지 어린 아이에게도 배울 것이 있다. 다만 자신 보다 못한 사람에게 무엇을 배울 수 있겠는가, 라는 그릇된 마음을 바로 세우면 얼마든지 배울 수 있다.

배움을 즐겨 행하라, 배움은 사람을 가리지 않는다

배우는 데는 자격이 없다. 미천한 사람이든, 좋은 환경을 갖춘 사람이든, 부유한 사람이든, 가난한 사람이든 남녀노소를 가리지 않고 배울 수 있다. 그가 누구든 배우려는 열의만 있으면 얼마든지 배울 수 있다.

그렇다면 배움에서 중요시해야 하는 것은 무엇인가. 열의만 가지고 하면 되는 것일까. 아니면 배움에 대한 비결이 있는 것일까. 이에 대한 가르침의 말을 마음에 새기는 것도 배움을 갖는데 큰 도움이 될 것이다.

學而不思則罔 학이불사즉망
思而不學則殆 사이불학즉태

이는 『논어』 위정爲政 15장에 있는 공자가 한 말로 '배우기만 하고 스스로 생각하지 않으면 헛되고, 생각만하고 배우지 않으면 위태롭다' 라는 뜻으로, 즉 배운 것은 반드시 깊이 생각해야 내 것이 되고, 생각한 것은 배움으로써 그 가치를 드러내는 것이다.

요즘 공부라는 것은 참된 인간이 되기 위해 배우는 것이 아니라, 좋은 대학을 나와 좋은 직업을 갖기 위한 수단으로 전락한지 이미 오래다. 점수 따기 공부는 공부가 아니라 얄팍한 요령일 뿐이다. 진정한 배움의 가치에 대해 공자는 다음과 같이 말했다.

사람은 어질어도 배우지 않으면 현명해 지지 못한다.

배움의 가치는 현명해지는 데 있고, 그것은 마음이 어진 것과는 별개의 것이다. 마음이 어질고 현명한 것이야 말로, 사람이 지녀야할 품성이며 그 사람의 가치인 것이다.

김구는 도덕적으로 매우 청렴했으며, 인간관계에 있어서도 겸허하고 매우 인격적이었다. 이는 배움을 통해 얻은 결과였다.

또한 김구는 배움을 통해 배움이 주는 가치성에 대해 깊이 인식하게 되었고, 교육에 적극 헌신하였다. 김구가 스물아홉 살 되던 해 오인형 진사의 후원으로 광진학교를 열어 아이들을 가르쳤다. 그리고 사범강습회에 참여하고, 봉양학교, 서명의숙에서 가르쳤다. 이후 안악읍에 신설된 양산학교로 부임하여 아이들을 가르쳤으며, 최광옥 등과 '해서교육총회'를 조직하고 학무총감을 맡아 헌신하였다. 그리고 서른네 살 때 재령 보강학교 교장에 되었으며, 사범강습회를 개최하는가 하면, 환등기를 가지고 각 군을 순회하며 계몽운동에 힘썼다.

배움은 끝이 없고 언제나 현재 진행형이다. 지금 배우지 못하면 그 만큼 남에게 뒤처지게 되고, 한 번 흘러간 시간은 되돌릴 수 없으니 배울 수 있을 때 힘써 배워야 한다. 설령 시간이 없다 해도 짬을 내서라도 배워야 한다.

하루를 공부하지 않으면 그것을 되찾는데 이틀이 걸린다. 이틀을 공부하지 않으면 그것을 되찾는데 나흘이 걸린다. 일 년을 공부하지 않으면 그것을 되찾는 데는 이 년이 걸린다.

이는 『탈무드』에 나오는 말로 배움의 시간을 게을리 하면 그만큼 자신에게는 손해가 된다는 말이다. 배움의 손해에 대해 에우리피데스Euripides(B.C 480~B.C 406. 고대그리스 3대 비극 시인 가운데 한사람)는 "배움을 소홀히 하는 자는 과거를 상실하고 미래도 없다."고 말했다.

참으로 무서운 말이 아닌가. 인간에게 과거를 상실하고 미래가 없다면 그것은 더 이상 인간의 삶이 아니다. 그것은 살아 있어도 산목숨이 아니다. 그런즉 배움이란 실존의 행위며, 인간은 배움을 통해 더욱 인간다워지는 지는 것이다.

배움을 지속함으로써 늦은 나이에 더 좋은 성과를 내고 세계사에 영원히 남은 인물이 된 사람들이 있다.

르네상스시대의 대표적인 화가이며, 건축가이자 조각가였던 미켈란젤로Michelangelo(1475~1564)는 쉰다섯 살 때 피렌체의 라우렌치아나 도서관을 건축했으며, 예순세 살 때 성 베드로성당을 건축하여 천장에 '최후의 심판' 그림을 그리고, 반구형 지붕작업을 마치고 완성했을 때 그의 나이는 여든 아홉이었다.

독일의 대표적인 철학자 임마누엘 칸트Immanuel Kant가 최고의 역작인 『순수이성비판』을 마쳤을 때 그의 나이는 쉰일곱이었다. 그리고 그 후 그가 작고할 때 쓴 책이 『실천이성비판』, 『판단력비판』 등으로 그는 나이가 들수록 더욱 왕성한 글쓰기를 하였다.

김구 또한 임시정부 경무국장이 된 것은 그의 나이 마흔네 살 때였다. 그 후 마흔 아홉에 내무총장이 되었으며, 쉰하나에 국무령이 되었다. 그리고 예순 다섯에 국무위원 주석이 되었다.

한 사람의 관점으로 볼 때 김구는 대단한 인내심과 실천력을 지닌 매우 긍정적인 인물이다. 그가 상해 임시정부요인 중 가장 존경받는 인물이 될 수 있었던 것은 배움을 게을리 하지 않고, 자신에게 주어진 그 어떤 상황에도 두려워하지 않고 최선을 다했기 때문이다.

배움은 사람을 배반하지 않는다. 배우고 익히는 한 그것은 모두 자신의 것이 된다. 또한 배움은 사람을 기다려주지 않는다. 배우는 일에 한계를 짓지 말고, 평생을 배우는 자세로 배움에 임하라.

배움에 대해 한번쯤 생각해야 할 것들

학문의 길에는 방법이 따로 없다. 모르는 것이 있으면 길을 가는 사람이라도 잡고 물어야 한다. 또한 비록 종이라도 나보다 글자 하나라도 많이 알고 있으면 그에게 배워야 한다.

_박지원

01. 배움은 절대 사람을 기다려주지 않는다. 자신이 알아서 배우는 것이지 누가 대신 배워주는 것은 더더욱 아니니 만큼 배움에 열심을 다해야 한다.
02. 배울 때 배우지 않음은 자신의 인생을 후퇴시키는 일이다. 자신이 앞으로 나아가길 원한다면, 그래서 자신이 원하는 인생을 살고 싶다면 배움을 소중히 하라.
03. 배움은 실존적인 행위이다. 사람은 배움을 통해 현실을 자각하고, 지금보다 나은 자신을 위해 살아간다.
04. 모르는 것은 부끄러운 일이 아니다. 모르니까 배우는 것이다. 배우고 싶은 것이 있다면 망설이지 말고 배워라. 배우는 것이 남는 것이다.
05. 무엇을 배울 땐 알 때까지 배워라. 배우는 도중에 그만 두는 사람들이 많은데 그것은 차라리 배우지 않는 것만 못하다.
06. 배움은 끝이 없고 언제나 현재 진행형이다. 죽을 때까지 배워도 못 배우는 게 배움의 본질이다.

군자의 세 가지
즐거움을 행하라

사람이 살아가는 데 있어 즐거움이 없다면 사는 재미가 없어, 삶의 소중함과 인생의 참된 가치를 알지 못한다. 즐겁지 않으면 하루하루가 지겹고 살아야하는 의미를 망각하게 된다.

혹여, 오해의 소지가 있어 말하는바 여기서 말하는 즐거움이란 단순히 즐거운 감정을 느끼는 것만이 아니라, 자신이 할 수 있는 여러 가지 일에서 보람과 성취욕을 얻을 때 느끼는 모든 감정을 포함해서 일러 하는 말이다. 이에 대해 일찍이 맹자는 다음과 같이 말했다.

父母俱存 兄弟無故 부모구존 형제무고
仰不愧於天 俯不作於人 앙불괴어천 부부작어인
得天下英才 而敎育之 득천하영재 이교육지

이는 군자삼락君子三樂이라는 말로 '첫째는 부모가 건재하고, 형제가 무고한 것, 둘째는 하늘을 우러르고 땅을 굽어보아도 남 앞에 부끄러움이 없는 것, 셋째는 천하의 재주 있는 젊은이를 모아 교육하는 것이다' 라는 뜻이다. 물론 이는 지금과는 삶의 구조가 상대적으로 지극히 단순한 시대에 한 말이지만, 삶의 근본에 있어서는 예나 지금이나 다름이 없다하겠다.

현대사회는 복잡하고도 미묘한 구조를 이루는 시대이고, 사람마다 각기 하는 일이 다르고, 환경이 다르다 보니 이를 현재에 맞게 적용시킨다면 매우 유용한 삶을 살아가게 됨으로써, 마음의 즐거움을 얻고 보람 또한 충분히 느끼게 됨으로 가치 있는 인생으로 살아갈 수 있다.

한 걸음 한 걸음 천천히 걸어가도 목적지에 도달할 수 있다고 생각해서는 안 된다. 한 걸음 한 걸음 그 자체에 가치가 있어야 한다. 큰 성과는 가치 있는 일들이 모여 이룩되는 것이다. 실속 있는 성과를 얻으려면 한 걸음 한 걸음이 힘차고 충실하지 않으면 안 된다.

이는 단테^{Dante}가 한 말로 가치 있는 삶을 살기 위해서는 매사에 가치가 있어야하고, 그러기위해서는 매사에 충실해야 한다는 것이다. 그렇다. 가치 있는 인생은 저절로 되지 않는다. 가치 있는 일을 통해서만이 될 수 있다.

가치 있는 일을 통해 가치 있는 삶을 살기

가장 귀중한 사랑의 가치는 희생과 헌신이다.

발타자르 그라시안이 한 말로 인간의 삶에서 가장 중요한 가치인 '사랑' 은 '희생과 헌신' 을 통해서만이 이룰 수 있음을 의미한다.

278

이런 관점에서 볼 때 김구의 삶은 조국과 민족에 대한 희생과 헌신이라고 할 수 있다. 가난한 나라, 가난한 집안에서 태어나 스스로 읽고 쓰고 스승 고능선을 통해 배움의 갈증을 풀며 인격을 닦았던 김구는 자신의 인생에서 정작 자신은 없었다. 가족 또한 조국과 민족의 뒷자리에 두었다.

첫째도 대한독립이오, 그 다음도 우리나라의 독립이오, 세 번째 물음에도 더욱 소리 높여 우리나라 대한의 완전한 자주독립이오.

이는 김구가 '나의 소원'이라는 글에서 한 말이다. 이 말에서도 알 수 있듯 김구에겐 조국의 독립만이 전부였고 민족의 자유와 평화만이 전부였다.

조국의 독립이란 목표가 김구의 가슴에 불타고 있어 그는 어떤 고난과 시련, 그 무슨 일에도 두려움 없이 실행해 나갈 수 있었다. 비록 실패로 끝났지만 김구가 이봉창을 통해 히로히토 일본천황을 제거하기 위해 의거한 것이나, 윤봉길을 통해 홍구공원에서 상해파견 일본군 사령관 시라카와 대장을 비롯한 고위관료들을 제거하기 위해 벌인 의거오, 상해에서 벌인 수많은 거사들과 광복 후 민주진영과 공산진영으로 갈라진 조국을 통일시키기 위해 반대를 무릅쓰고 단판을 짓기 위해 평양을 방문한 일은, 조국과 민족을 사랑하는 희생과 헌신에서 비롯되었던 것이다.

어디 이뿐이랴. 김구가 임시정부의 문지기라도 하기 위해 상해로 가기 전 국내에서 벌인 치하포 사건이나, 동학군 접주로 해주성을 공격한 것이나, 나라의 발전을 위해 교육의 절실함을 느껴 교육에 헌신한 것 등은 오직 조국과 민족을 위해서였다.

김구는 어느 한 순간도 자신을 위해서 가족을 위해서 생각한 적이 없을 만큼, 오로지 조국의 독립과 민족을 위하는 일에만 절대적이었다.

칠십 평생 잘 하나 못하나 독립운동을 해왔다. 이제 마지막으로 독립운동을 하려는데 너희들은 왜 길을 막느냐. 내가 가려는 것은 바로 나라와 여러분들을 위해 가려는 것이다. 내가 가면 공산당에 붙들려서 오지 못할까 염려해서인 줄로 안다. 그러나 내가 살면 얼마를 사느냐. 제발 나의 길을 막지 말라.

이는 김구가 평양으로 가는 날 그를 가지 못하게 하는 사람들을 향해 김구가 한 말이다. 김구는 자신을 아끼는 사람들의 바람을 뒤로 한 채 자신의 신념대로 평양을 갔던 것이다. 자신의 안위는 전혀 생각하지 않는 김구의 의기가 잘 나타난 말이라 하겠다.

앞으로 통일된 대한민국의 초대 대통령은 이승만 박사가 되어야 한다.

김구가 한 말로 자신의 영예보다는 이승만에게 양보하는 그의 마음이 잘 나타나 있다. 이처럼 김구는 사심 없이 오직 나라와 민족을 위해 헌신했다는 것을 잘 알 수 있다. 또한 김구는 독재나 공산주의를 싫어했다. 그것은 인간의 자유와 평화를 억압하는 것이기에 강하게 배격하였다.

나는 우리나라가 독재의 나라가 되기를 원치 아니한다. 독재의 나라에서는 정권에 참여하는 계급을 제외하고 다른 국민은 노예가 되고 마는 것이다. 독재 중에서 가장 무서운 독재는 어떤 주의, 즉 철학을 기초로 하는 계급 독재이다. 군주나 기타 개인 독재자의 독재는 그 개인만 제거되면 그만이지만, 다수의 개인으로 조직된 한 계급이 독재의 주체일 때 이것을 제거하기는 심히 어렵다. 이러한 독재는 그보다도 큰 조직의 힘이나 국제적이 아니고는 깨뜨리기 어려운 것이다.

김구의 말을 보면 그가 독재의 위험성에 대해 세심히 꿰뚫고 있다는 것을 잘 알 수 있다. 김구의 말대로 공산주의의 계급 독재는 많은 문제점을 남긴 채 역사의 뒤안길로 사라지고 말았다.

김구가 원하는 우리나라는 민주국가였다. 민주국가야말로 자유와 평화가 보장되는 나라로 국민이 인간답게 사는 나라라고 생각한 것이다. 이렇듯 김구는 평생을 조국의 독립과 민족을 위한 가치 있는 일을 통해 가치 있는 삶을 살았다. 김구의 삶은 존경받아 마땅하다고 하겠다.

가치 있는 일은 삶을 만족하게 한다

인생은 단 한 번뿐이다. 무사안일하게 사는 것보다 이 세상에서 무슨 일인가를 한 번 이루기 위한 모험을 시도하는 것이 우리 인생에 걸맞다.

시어도어 루스벨트가 한 말로 한 번뿐인 인생을 가치 있게 살아야함을 강조한다. 가치 있는 인생이 되기 위해서는 루스벨트의 말처럼 때론 모험이 필요하기도 하다. 그런데 모험이 두려워 시도하지 않는다면 가치 있는 인생을 기대할 수 없다.

사람들은 대개 가치 있는 일은 남 보기에 멋지고, 화려하고, 고상하고, 품격이 있고, 아무나 할 수 없는 일로 생각하는 것 같다. 그러나 그것은 잘못된 생각이다. 세상에 가치 없는 일은 없다. 세상이 필요로 하는 것들은 다 제 나름대로의 가치성을 지닌다. 다만 같은 일도 더 낫게, 더 보람을 느낄 수 있도록 하면 된다. 한 사람보다는 여러 사람들에게 도움이 되고 의미가 된다면, 그 일이 어떤 일이건 간에 충분히 가치성을 지닌다고 하겠다. 이에 대해 존 러스킨John Ruskin은 다음과 같이 말했다.

법률가도 이발사도 일의 가치에 있어서는 아무 차이도 없다.

존 러스킨의 말을 보더라도 가치 있는 일은 남이 보기에 품격 있고, 누구나 바라는 일이 아니라 누구에게나 꼭 필요로 하는 일이면 된다. 가령 이발사가 없다고 해보자. 머리는 누가 깎는단 말인가. 그래서 무슨 일이든 그 나름대로 가치성을 지니는 것이다. 다만 그 일을 선택하고 결정하는 일은 각자에게 달렸다. 누구나 자신이 잘 하는 일이 있으며, 자신이 하고 싶어 하는 일이 있다. 자신이 하고 싶은 일을 하면 성취감도 크고, 싫증도 나지 않아 즐거운 마음으로 하게 된다.

그래서 일찍이 공자는 이에 대해 종오소호從吾所好, 즉 '내가 좋아하는 것을 하라'고 했다. 평범하지만 진정으로 현명한 말이 아닐 수 없다. 그리고 『황석공소서黃石公素書』(황석공이 장량에게 주었던 책) 제6장 안례安禮에는 다음과 같은 말이 있다.

吉者百福所歸 길자백복소귀
凶者白禍所攻 흉자백화소공

이는 '좋은 일을 하는 사람에게는 항상 백가지 복이 따르고, 흉한 일을 하는 사람에게는 항상 백가지 화가 따른다'는 말이다. 참으로 옳고도 옳은 말이다. 좋은 일은 자신을 기쁘게 할 뿐만 아니라, 다른 사람들에게도 기쁨을 주고 꿈을 준다. 그래서 좋은 일을 하는 사람이나 그 혜택을 입는 사람이나, 그것을 목격하는 사람은 모두가 하나의 기쁨을 누리게 되고 행복을 느끼게 되는 것이다.

진정한 행복이란 각자가 가진 능력을 충분히 계발함으로써, 사회에 이바지하고 나라를 위해 쓰여 질 때 더 한층 배가 되는 것이다. 이때의 행복은 개인적으로는 무한함을 느끼게 되고, 다른 사람들에게는 꿈이 되고 희망이 된다. 이에 버트란트 러셀^{Bertrand Russell}(1872~1970. 영국의 논리학자. 철학자. 1950년 노벨문학상 수상. 주요저서 『수학 원리』, 『결혼과 도덕』, 『자유와 조직』)은 다음과 같이 말했다.

정말로 마음을 만족시켜주는 행복은 우리의 가지가지 능력을 마음껏 행사하는 일에서 우리들이 살고 있는 세계가 충분히 완성되는 일에서 생겨나는 것이다.

인생이란 누구에게나 단 한번 뿐이지만 어떤 사람은 황금처럼 살다가고, 어떤 사람은 쓰레기처럼 살다 간다. 이런 결과가 나는 것은 오직 그 자신에게 달린 문제이다. 그런데 사람들 중엔 자신이 잘 안 되는 것을 남의 탓으로 돌리고, 사회와 국가의 탓으로 돌린다. 물론 억울한 일을 겪은 사람은 그렇게 생각할 수도 있다. 하지만 그것 역시 자신의 탓으로 인해 생긴 것이라는 것을 부인해서는 안 된다.

우리는 때론 자신에 대해 냉정해져야 한다. 자신의 잘못에 대해, 자신의 게으름에 대해, 자신의 무능함에 대해 스스로를 반성하고 스스로를 질책해야 할 필요가 있다. 그래야 자신을 바르게 일으켜 세우게 되고, 지금과는 다르게 살아가게 됨으로써 자신의 인생을 사랑하게 되고, 그로인해 보람과 행복을 만끽할 수 있는 것이다.

인생을 사랑한다면 시간을 헛되이 버리지 말라. 왜냐하면 인생이란 시간으로 만들어지기 때문이다.

이는 벤저민 프랭클린이 한 말로 자신의 인생을 위해 충실하게 그리고 최선을 다해 살아야 한다는 의미이다. 그 역시 가난한 집에서 태어나 4년 밖에 학교에 다니지 못했지만, 많은 책을 읽고 실력을 길러 정치가, 과학자, 체신부장관을 지냈으며 미국의 '건국의 아버지' 중 한 사람으로 미국 역사에 길이 남는 인물이 되었다.

김구의 삶은 여러 사람들과 닮아 있다. 특히 링컨의 인간존중과 민주주의 열망이 그것이며, 프랭클린이 배우지 못했지만 스스로 학문을 익혔듯이 김구 또한 그러했으며, 조지 워싱턴의 정직과 도덕성과 김구의 정직함과 도덕성이 닮아 있음이 그것이다.

또한 벤저민 디즈레일리의 끈기와 도전정신이 김구의 끈기와 도전정신과 맞닿아 있음이 그것이며, 윈스턴 처칠의 의리와 우정이 김구의 의리와 우정이 맞닿아 있음이 그것이며, 순리를 거스르지 않고 자연의 이치를 쫓아 행함은 노자의 무위사상을 쫓음이며, 늘 배우고 익힘은 공자의 사상을 닮았음이 또한 그것이다.

하여 김구의 사상과 철학은 억지스럽지가 않고, 동서양의 장점을 두루두루 갖추었음을 알 수 있다.

민주주의를 사랑하고 열망했으며, 조국의 자유와 평화를 갈망했던 김구, 민족을 자신보다 더 사랑하고 존중했던 김구의 삶은 그에겐 삶의 목적이었으며 즐거움이며 기쁨이었다.

김구의 가치 있는 삶을 마음에 새겨 각자가 원하는 길에서 전심전력을 다해야 한다. 가치 있는 일은 사람으로서 마땅히 해야 할 일인 동시에 권리이기도 하다. 그리고 항상 도전정신을 갖고 배우고 익히고 나아가는 일에 열정을 다 해야 한다. 이에 대해 빌 게이츠[Bill Gates](1955~ 현자. 마이크로소프트사 창업자. 기술고문)는 이렇게 말했다.

나는 세상에서 가장 재미있는 일을 갖고 있고 출근하는 길은 언제나 즐겁다. 항상 새로운 도전과 기회, 배울 것들이 기다리고 있다. 만약 스스로의 일을 이 정도로 즐긴다면, 체력이 소진될 일이 없을 것이다.

빌 게이츠가 세계 최고의 부자가 되고, 자선사업가로서 사람들에게 존경을 받고 꿈을 주는 것은, 바로 그 자신이 자신의 말과 같이 살아왔고, 살고 있기 때문이다.

그렇다. 자신이 하는 만큼 자신에게 돌아오는 게 삶의 법칙이며 미덕이다. 가치 있는 나를 위해 가치 있는 인생이 되어야겠다. 그것이 자신의 인생에 대한 예의며 가치에 대한 도덕성이다.

즐거운 인생이 되는 가치 있는 삶의 자세

늘 알리는 데만 급급하지 말고 자신의 가치를 높이는 데 전념하도록 해야 한다.

_공자

01. 자신의 가치는 자신이 높이는 것이다. 그것이 공부든, 정치든, 사업이든, 작가든, 연예인이든, 직장인이든, 교사든 그 무엇이든 스스로의 선택과 노력으로 이루는 것이다.

02. 즐거움도 보람도 다 자신이 만드는 것이다. 일을 즐겁게 하고 보람 있는 일도 때때로 해야 한다. 즐겁게 일하는 사람이 더 좋은 결과를 내고, 보람 있는 일을 하는 사람이 더 행복한 법이다.

03. 저절로 찾아오는 행복의 파랑새는 없다. 행복의 파랑새가 찾아오도록 행복의 보금자리를 꾸며야 한다. 행복의 보금자리를 꾸미는 그 모든 행위가 곧 행복의 파랑새인 것이다.

04. 하루를 공치면 그것은 비록 하루지만 그것이 쌓이다 보면 결국 공치는 인생이 된다. 공치는 인생은 어디에다 내놔도 거들떠도 안 보는 가련한 인생일 뿐이다.

05. 자신을 사랑하는 사람은 가치 있는 삶이 무엇인지 아는 사람이다. 그래서 이런 사람은 매사에 긍정적이고 허투루 시간을 보내지 않는다. 그것은 바보 같은 짓이라는 걸 너무도 잘 알기 때문이다.

자긍심을 갖고
매사에 빈틈없이 행하다

주체의식主體意識이란 '자신의 분명한 줏대에 의한 인식이나 판단'을 말하는 것으로, 자기주관이 뚜렷한 사람일수록 주체의식이 강하다. 또한 자긍심이 강한 사람일수록 주체의식이 강해 남의 말에 쉽게 휘둘리지 않고, 어떤 현상에 대해 쉽게 동화되지 않는다. 그래서 주체의식이 강한 사람이 책임감이 강하고, 자신에게 맡겨진 일에 대해 끝까지 해내는 힘이 강하다.

그러나 줏대 없이 이리 쏠리고 저리 쏠리는, 즉 부화뇌동附和雷同을 잘하는 사람들은 주체의식이 약해 책임감이 약하고, 자신에게 주어진 일 또한 미루기 십상이다. 이렇듯 사람에게 있어 주체의식은 그 사람의 인생을 새롭게 바꿀 만큼 매우 중요하다.

주체의식은 개인적인 것과 사회적인 것, 그리고 국가적인 것으로 구별해 보는 것도 좋을 듯하다. 개인적인 것은 자신이 하는 일에 대해 자기만의 주체의식을 말하는 것이며, 사회적인 것은 사회적인 측면에서, 그리고 국가적인 것은 국가적인 측면에서 주체의식을 가질 필요가 있다.

자기 자신의 주인이 되지 못하는 사람은 절대 어떤 것의 주인도 될 수 없다.

이는 나폴레온 힐이 한 말로 자기 자신의 주인이 되라는 것은 주체의식을 가지라는 말이다. 나폴레온 힐은 자기계발전문가로 또 작가로 성공하기 전에는 평범한 기자였지만, 데일 카네기를 만나면서 인생이 바뀐 것이다. 그가 자신이 분명히 해야 할 것을 알고 난 이후 완전히 다른 인생이 될 수 있었던 것은, 강한 주체의식을 마음에 깊이 새겨 차근차근 실행에 옮김으로써 해서다.

지금은 그 어느 때보다도 주체의식을 강화시킬 필요가 있다. 왜냐하면 삶의 변화속도가 빠르면 빠를수록 자기다움을 잃고 부화뇌동함으로써 더 나은 자신의 삶을 그릇되게 할 수 있기 때문이다.

주체의식을 갖고 매사에 빈틈없이 행하다

어떤 목표이건 간에 자신이 주체가 되고 주동이 되지 않고서는 우주심宇宙心이나 타력의 협력은 오지 않는 것이다. 주인이 선두에 서야 되는 것이다. 반드시 하고자 하는 마음 반드시 실현시켜 보이겠다는 자신력이 비로소 확실한 효력으로 인도되는 것이다. 우리가 세운 목적이 그른 것이라면 언제든지 실패할 것이요, 우리가 세운 목적이 옳은 것이면 언제든지 성공할 것이다.

이는 도산 안창호安昌浩(1878~1938. 독립운동가. 교육자. 정치가. 저서 『나의 사랑하는 젊은이들에게 도산 안창호』)가 한 말로 주체의식의 필요성을 논리적으로 잘 보여준다. 반드시 하고자 하는 마음이, 반드시 목적을 이루겠다는 자신감이 자신이 원하는 것을 해낸다는 것은 바로 주체의식의 힘인 것이다. 즉, 주체의식은 주인의식을 갖게 하는 강한 의식의 작용이자 원동력이다.

김구는 주체의식이 매우 강했다. 그의 글에는 그가 얼마나 자기주관이 분명하고 주체의식이 강한지를 면면히 보여주고 있다. 김구의 주체의식을 엿볼 수 있는 말이다.

독립이 없는 나라의 백성으로 칠십 평생에 설움과 부끄러움과 애탐을 받은 나에게는 세상에 가장 좋은 것이 완전하게 자주 독립한 나라의 백성으로 살아보다가 죽는 일이다. 나는 일찍이 우리 독립정부 문지기가 되가를 원하였거니와 그것은 우리나라가 독립국만 되면 나는 그 나라의 가장 미천한 자가 되어도 좋다는 뜻이다. 왜 그런고 하면 독립한 제 나라의 빈천이 남의 밑에 사는 부귀보다 기쁘고 영광스럽고 희망이 많기 때문이다. 옛날 일본에 갔던 박제상(왜왕의 신하가 되기를 거절하다가 불에 태워지는 참형을 당했다는 신라의 충신)이 "내 차라리 계림(신라의 별칭)의 개, 돼지가 될지언정 왜왕의 신하로 부귀를 누리지 않겠다."한 것이 그의 진정이었던 것을 나는 안다. 제상은 왜왕의 높은 벼슬과 많은 재물을 준다는 것을 물리치고 달게 죽음을 받았으니 그것은 "차라리 내 나라의 귀신이 되리라."함이었다.
근래에 우리 동포 중에는 우리나라를 어느 큰 이웃나라의 연방에 편입하기를 소원하는 자가 있다 하니, 나는 그 말을 차마 믿지 않으려 하거니와 만일 진실로 그런 자가 있다 하면, 그는 제 정신을 잃은 미친놈이라고밖에 볼 길이 없다.

이 말엔 김구의 주체의식이 밤하늘의 수많은 별처럼 빛을 뿜어대고 있

다. 그 정도가 너무 강해 그 어떤 것으로도 돌릴 수 없을 만큼 주체의식이
확고하다. 특히 '우리나라가 독립국만 되면 나는 그 나라의 가장 미천한
자가 되어도 좋다' 는 말은 가슴을 찡하게 할 만큼 감동적이다.

일부 소위 좌익의 무리는 혈통의 조국을 부인하고 소위 사상의 조국을 운운
하며 혈족의 동포를 무시하고 소위 사상의 동무와 프롤레타리아트의 국제적
계급을 주장하여 민족주의라면 마치 이미 진리권 외에 떨어진 생각인 것같
이 말하고 있다. 심히 어리석은 생각이다. 철학도 변하고 정치, 경제 학설도
일시적인 것이나, 민족의 혈통은 영구적이다.

이 말엔 공산주의를 신봉하는 일부 사람들을 겨냥한 비판의 목소리가
격양을 띠고 있다. 이처럼 김구는 공산주의를 강력하게 배격한다는 것을
잘 알 수 있다. 공산주의사상이란 것은 모든 것이 평등하다는 원리지만
사실은 사람들을 계급으로 차등을 두는 독재정권이다. 그런데 우리나라
의 민족주의를 버리고 공산주의를 신봉하는 것은 엄연히 매국(賣國)의 행위
와 다를 바가 없다. 김구는 철저한 민족주의자이며 민주주의를 열망하는
민주주의자이다. 그러니 공산주의를 신봉하는 이들이 눈엣가시처럼 여겨
짐은 백 번 천 번 마땅한 일이라고 하겠다.

나라는 내 나라요 남들의 나라가 아니다. 독립은 내가 하는 것이지 다른 사
람이 하는 것이 아니다. 우리 민족 삼천만이 저마다 이 이차를 깨달아 행한
다면, 우리나라가 완전한 독립이 아니 될 수 없고, 또 좋은 나라 큰 나라로
길이 보존 되지 아니 할 수 없는 것이다.

이 말엔 자주독립에 대한 김구의 열망이 진하게 묻어난다. 남의 손을 빌려서 하는 것은 자주 정신에 어긋난다는 이 말의 의미는 그가 얼마나 우리민족의 힘으로 자주독립을 갈망했는지를 잘 알 수 있다. 그리고 우리나라가 국민이 살기 좋은 나라, 부강한 나라가 되기를 갈망하는 김구의 염원은 가슴을 뭉클하게 만든다.

뼛속까지 철저한 독립주의자이자 주체의식으로 똘똘 뭉쳐진 김구의 민족정신에 힘입어, 오늘의 우리나라가 될 수 있었음을 조금도 부인할 수 없다. 그는 영원한 우리나라의 자주독립의 등불이며 철학이며 사상이다.

자신을 사랑할수록 주체의식은 강해진다

주체의식은 자신을 사랑하는 사람일수록 강하다. 자신을 사랑하게 되면 자긍심이 강해지고 주인의식 또한 강해진다. 주체의식이 강하면 자신이 목표로 하는 것을 이루고자 하는 목적의식이 강하게 작용한다. 그래서 주체의식이 강한 사람은 신념이 강하다. 이에 대해 요한 W. 뵌 괴테는 이렇게 말했다.

자기가 하는 일에 신념을 갖지 않으면 안 된다. 그리고 누구나 자기가 하는 일이 좋다고 굳게 믿으면 힘이 생긴다.

유득공柳得恭(1748~1807. 조선시대 후기 실학자. 문신. 시인. 저서 『발해고渤海考』)은 자신의 저서 『발해고』에서 발해의 건국과 발해를 고구려의 계승자로 보았으며, 고구려를 계승한 발해를 본격적으로 연구하여 이를 조선 역사의 체계 안에 포함시켜야 함을 주장했다. 또한 발해의 옛 땅을 찾아야 한다는 생각을 갖고 주장하였다. 유득공의 연구는 발해사 초기 연구의 하나로 이런 그의 역사의식은 훗날 정약용의 연구업적에 밑바탕이 되었다.

대개의 선비들이 그러하듯 유득공은 자신이 하는 일에 대단한 신념을 가진 학자였다. 그의 신념은 '발해'라는 나라의 역사를 바로 잡는데 중추적인 역할을 하였다. 그가 신념이 강한 것은 그의 내면에 강한 주체의식이 깔려 있었고, 그 주체의식은 발해라는 나라의 주체성을 확립하는데 큰 힘으로 작용하였던 것이다.

그런데 사람들 중엔 자신의 능력을 의심하여 충분히 할 수 있는 것도 하지 못한다. 또한 주체의식은 찾아볼 수도 없고, 타인에게 의존하려는 마음만이 강하게 작용한다. 이것은 스스로를 삶으로부터 도태시키는 부정적인 사고이다. 이에 대해 알렉상드로 뒤마^{Alexandre Dumas}(1802~1870. 프랑스 소설가. 주요 작품 『삼총사』, 『몽테크리스토 백작』)는 이렇게 말했다.

자신을 의심하는 사람은 마치 적군에 가담해 스스로에게 **총을 겨누는 사람**과 같다.

자신을 의심하는 사람은 스스로에게 총을 겨누는 적군과 같다는 말은 매우 상징성이 강한 표현이 아닐 수 없다. 그렇다. 자신이 자신의 능력을 의심하고 믿지 못하면 누가 자신을 믿어주겠는가. 남들이 자신을 믿어주지 않아도 자신만큼은 자신을 믿어야 한다. 자신의 적은 자신이라는 말이 있듯 자신을 믿지 않으면 스스로를 죽이는 것과 같다.

자신의 모든 것은 자신에게 달려있다. 그래서 모든 것은 자신이 출발점이며, 자신이 과정이며, 자신이 종착점이 되어야 한다. 어느 누구도 자신을 대신해서 해주지 않는다. 자신의 모든 것은 자신이 주체가 되어서 해야 한다.

모든 것은 자신에게서 시작된다는 사실을 명심하라. 자기 자신을 축복하기 전에는 이 세상의 다른 어느 누구도 결코 찬양할 수 없다.

이는 레오 버스카 글리아(1924~1998. 교육학교수. 작가. 주요저서『살며 사랑하며 배우며』, 『서로 사랑한다는 것은』)가 한 말로 자신의 삶의 주체는 자신이기 때문에 모든 것을 주체적으로 실행해야 한다는 의미를 담고 있다. 옳은 말이다. 내가 밥이 먹고 싶으면 내가 직접 해먹으면 되고, 국수가 먹고 싶으면 직접 국수를 끓여먹으면 된다. 그런데 누군가가 해주겠지, 하고 바란다는 것은 자신의 주체성을 포기하는 것과 다름이 없다.

자기 인생의 모든 것은 자신에 의해 시작된다는 레오 버스카 글리아의 말은 공감을 주기에 조금도 부족함이 없다.

隨處作主 立處皆眞 수처작주 입처개진

이는 당나라 선승 임제선사臨濟禪師의 『임제록臨濟錄』에 나오는 것으로 '언제 어디서든 주체적으로 행동하면, 내가 서있는 그 자리에서 모든 문제가 해결된다' 는 의미이다. 즉, 자신이 주체가 되어 행하면 모든 문제를 풀 수 있다는 말이다. 내 일은 내가 주인이며, 내가 행하지 아니하면 그 일은 무無로 끝나고 만다.

'내 인생이 아무 것도 아닌 무無로 끝나느냐, 아니면 흔적을 남기는 유有로 끝나느냐' 는 오직 자기 자신에게 달려 있는 것이다. 그런데 어떤 이들은 자신이 안 되는 것을 부모를 탓하고, 형제를 탓하고, 스승을 탓하고,

사회를 탓하고, 국가를 탓하며 불평을 하고 불만을 토로한다. 이는 스스로를 못난 사람이라고 자인 하는 것과 같다.

김구가 국민들에게 주체의식을 가져야 한다고 누누이 강조한 것은 주체의식이 있음으로, 주인의식을 갖게 됨으로써 자신을 사랑하게 되고, 자신이 하는 일에 자부심과 긍지를 갖게 되기 때문이다. 또 나아가 자신이 속한 사회와 국가를 위해 헌신하는 마음 역시 갖게 되기 때문이다.

우리나라가 1905년 치욕적인 을사늑약 이후 1945년 광복을 하기 까지 모든 자유와 평화를 빼앗긴 체 구금과 같은 생활을 겪어야만 했다. 내 나라에서 내 마음대로 이름을 쓸 수도 없었고, 부르고 싶은 노래도 마음대로 부를 수 없었다. 인간이 기본적으로 누려할 모든 권리를 억압당한 체 살아야만했던, 참담했던 그 암흑기는 두 번 다시는 생각하고 싶지 않은 기억이다. 그 모두가 주체성을 잃고 현실을 직시하지 못한 데 그 원인이 있다.

김구가 그토록 주체성에 대해, 민족정신에 대해 부르짖었던 것은 치욕적인 일이 이 땅에 두 번 다시는 없어야 한다는 강한 의지의 발로에서다. 그렇다. 우리는 주권국가이자 민주국가로서 주체의식을 갖고 세계 속에 대한민국으로, 그 국민으로 거듭나야 한다.

김구는 이 사실을 우리국민에게 분명히 하고 싶었던 것이다. 역사는 도도한 강물과 같다. 그 역사의 흐름을 쫓되 우리답게, 우리나라답게 가야 한다. 그것이 지금을 살고 있는 우리국민 모두의 의무이자 과제인 것이다.

특히, 오늘을 사는 우리 젊은 세대들은 주체의식을 잃어서는 안 된다. 힘들고 어려울수록 주체의식을 길러야 한다. 그리고 자신이 하는 일이나 하고 싶 어하는 일에 신념을 갖고 열과 성의를 다해야 한다. 그것이 가장 평범하지만 가장 확실한 해법이다. 왜냐하면 해낼 수 있다, 이길 수 있다, 는 신념을 가지면 반드시 그렇게 된다는 것을 경험에 의해서 너무도 잘 알기 때문이다. 김구가 남긴 다음의 말을 가슴 깊이 새겨, 자신의 인생을 주체적으로, 그리고 나아가 조국과 민족을 위해 살아가야겠다.

나는 우리의 젊은 남녀들 속에서 참으로 크고 훌륭한 애국자와 빛나는 인물들이 쏟아져 나올 것을 믿는다. 그러나 그 보다도 더 간절히 바라는 것은 누구나 저마다 이 나라를 제 나라로 알고 평생 이 나라를 위하여 힘을 다 하는 것이다.

주체의식을 길러 자긍심 있게 행하기

자기 자신을 신뢰하는 자는 군중을 지도하고 지배한다.

_호라티우스

01. 힘들고 어려울수록 주체의식을 길러야 한다. 그리고 자신이 하는 일이나 하고 싶어 하는 일에 신념을 갖고 열과 성의를 다해야 한다. 그것이 가장 평범하지만 가장 확실한 해법이다.

02. 내 인생이 아무 것도 아닌 무無로 끝나느냐, 아니면 흔적을 남기는 유有로 끝나느냐 는 오직 자기 자신에게 달려 있는 것이다.

03. 밥이 먹고 싶으면 내가 직접 해먹으면 되고, 국수가 먹고 싶으면 직접 국수를 끓여먹으면 된다. 그런데 누군가가 해주겠지, 하고 바란다는 것은 자신의 주체성을 포기하는 것과 다름이 없다.

04. 내 인생은 내가 주인공이다. 그러나 아무리 이런 생각을 가슴에 품고 있어도 주체의식을 갖고 실행하지 않으면 아무런 소용이 없다. 실행에 옮겼을 때 비로소 주인공이 될 수 있는 것이다.

05. 주체의식은 자신을 사랑하는 사람일수록 강하다. 자신을 사랑하게 되면 자긍심이 강해지고 주인의식 또한 강해진다. 자신을 사랑하고 사랑하라.

수록자 인명록
수록 도서목록

ㄱ

- **공자**孔子 B.C 551~479. 중국 춘추전국시대 사상가. 학자. 유교의 시조. 어록모음집 『논어』
- **김종직**金宗直 1431~1492. 영남학파의 종조. 사림파의 거두. 문신. 사상가. 성리학자. 정치가. 형조판서. 지중추부사. 저서 『유두유록』, 『청구풍아』, 『당후일기』

ㄴ

- **나폴레온 힐**Napoleon Hill 1883~1970. 미국의 작가. 자기계발전문가.
- **나폴레옹 보나파르트**Napoleon Bonaparte 1769~1821. 프랑스제국의 황제1804~1815
- **넬슨 만델라**Nelson Rohihlahla Mandela 1918~2014. 남아프리카 공화국의 흑인 인권운동가. 아프리카 민족회의 회장. 남아프리카 공화국 최초의 흑인 대통령. 주요저서 『험난한 자유의 길 *No Easy Walk to Freedom*』
- **넬슨**Horatio Nelson 1758~1805. 영국의 제독.
- **노만 빈센트 필**Norman Vincent Peale 1898~1993. 목사. 저술가. 자기계발동기부여가. 뉴욕 마블 협동교회에서 시무 52년을 포함하여 60년 동안을 목사로 사역하였다. 그는 시련과 고통 속에서 절망하는 많은 이들에게 성공적인 삶을 살아가도록 용기와 꿈을 주는 일에 평생을 받쳤다. 발행부수 1,600만부인 『가이드 포스트』를 발행하여 독자들로부터 많은 사랑을 받았다. 그의 대표작인 『적극적인 사고방식』은 현재 42개 언어로 번역 되어 2,000만부 이상이 팔린 초대형 베스트셀러이다. 그 외의 저서로는 『세상과 나를 움직이는 삶의 기술』 등 45권의 저서가 있는데, 대부분의 책이 번역되어 전 세계적으로 널리 읽히고 있다.
- **노자**老子 B.C 570~ B.C 479? 도가의 창시자이자 학자. 저서 『도덕경』

ㄷ

- **단테**Dante 1265~1321. 이탈리아 시인. 세계 4대 시성 중 하나. 주요작품으로 대 서사시 『신곡』이 있음.
- **데일카네기**Dale Carnegie 1888~1955년. 자기 계발 전문가이자 강연자. 데일카네기 연구소 소장. 저서 『카네기 처세술』, 『카네기 성공철학』
- **데카르트**Descartes 1596~1650. 프랑스 철학자. 수학자. 과학자. 저서 『철학의 원리』
- **도연명**陶淵明 365~427. 중국 동진말기부터 남조의 송 초기에 시인.

ㄹ

- **래프 N. 톨스토이**^{Lev Nikolaevich Tolstoi} 1828~1910. 러시아 소설가. 사상가. 문명 비평가. 주요작품『전쟁과 평화』,『안나 카레니나』,『부활』
- **랠프 왈도 에머슨**^{Ralph Waldo Emerson} 1803~1882. 미국의 사상가. 시인. 수필가. 저서『자연』,『대표적 인물』,『영국의 특성』
- **레닌**^{Lenin} 러시아공산당을 창설함. 소련 최초의 국가원수. 마르크스 이후 가장 위대한 혁명사상가.
- **레오 버스카 글리아** 1924~1998. 교육학교수. 작가. 주요저서『살며 사랑하며 배우며』,『서로 사랑한다는 것은』

ㅁ

- **마르쿠스 툴리우스 키케로**^{Marcus Tulius Cicero} B.C 106~B.C 43. 로마시대 정치 가. 문학가. 철학자. 저서『키케로의 국가론』,『신의 본질에 대하여』,『의무론』
- **마크 트웨인**^{Mark Twain} 1835~1910. 미국의 소설가. 주요작품『왕자와 거지』,『톰 소여의 모험』,『허클베리 핀의 모험』
- **마하트마 간디**^{Mahatma Gandhi} 1869~1948. 민족운동 지도자. 저서『인도자치』,『윤리종교』
- **맹자**孟子 BC 371~BC 289. 중국의 고대철학자로 추나라 사람이다. 맹자는 사람은 누구나 태어날 때부터 착하다는 '성선설'을 주장한 것으로 유명하다. 주요저서로는 어록『맹자』가 있다.
- **몽테스키외**^{Montesquieu} 1689~1755. 프랑스 계몽사상가. 법학자. 법원장. 저서『밭의 정신』
- **묵자**墨子 B.C 5세기경. 춘추전국시대의 학자. 사상가.
- **미셸 몽테뉴**^{Michel Montaigne} 1533~1592. 프랑스 철학자. 사상가. 에세이스트. 주요작품『수상록』
- **미켈란젤로**^{Michelangelo} 1475~1564. 르네상스시대의 대표적인 화가. 건축가이자 조각가.

ㅂ

- **바뤼흐 스피노자**^{Baruch Spinoza} 1632~1677. 네덜란드 출생 포르투갈계 유대인 철학자. 주요저서『지성개선론』,『데카르트철학의 원리』,『신학 정치논고』
- **발타자르 그라시안 이 모랄레스**^{Baltasar Gracian y Morales} 16세기 스페인 작가이자 철학자. 신부. 주요작품『지혜의 기술』,『영웅론』
- **버트란트 러셀**^{Bertrand Russell} 1872~1970. 영국의 논리학자. 철학자. 1950년 노벨문학상 수상. 주요저서『수학 원리』,『결혼과 도덕』,『자유와 조직』
- **벤저민 디즈레일리**^{Benjamin Disraeli} 1804~1881. 제40대, 42대 영국 수상 역임. 소설가. 주

요작품 『비비안 그레이』, 『헨리에타 사원』
- **벤저민 프랭클린**Benjamin Franklin 1706~1790. 미국 건국의 아버지 중 한 사람. 정치가. 피뢰침, 다초점 렌즈를 발명한 발명가. 100달러 초상화의 주인공.
- **브라이언 트레이시**Brian Tracy 1944년~현재. 컨설턴트. 자기 계발 동기부여가. 강연가. 저술가. 저서 『전략적 세일즈』, 『판매의 심리학』, 『잠들어 있는 성공시스템을 깨워라』, 『위대한 기업의 7가지 경영 습관』
- **빌 게이츠**Bill Gates 1955~ 현재. 마이크로소프트사 창업자. 기술고문.

ㅅ

- **사마천**司馬遷 B.C 145~B.C 85. 중국 한나라 시대의 천문관이자 역관. 역사학자. 저서 『사기』史記.
- **사무엘 존슨**Samuel Johnson 1709~1784. 영국의 시인. 평론가. 주요작품 『런던』, 『덧없는 소망』
- **성 아우구스티누스**Sanctus AureliusAugustinus 354~430. 알제리의 타가스테에서 출생. 교부. 신학자. 사상가. 이교도인 아버지와 그리스도인인 어머니 사이에서 태어났다. 어려운 집안 형편으로 공부를 중단했지만, 16세 때 수사학을 배우기 위해 카르타고로 유학을 갔다. 그는 철학에 심취하게 되어 이단이던 마니교도로 10년 동안 지냈다. 그러나 그는 회의를 느끼고 마니교를 나와 수사학과 철학을 가르쳤다. 그러다 밀라노 주교인 암브로시우스 를 만나 회심을 하고, 세례를 받고 수도생활을 시작하였다. 그 후 사제로 서품을 받았으며, 발레리우스 주교가 죽자 히포 주교가 되어 사랑과 봉사로 일생을 보냈다. 주요저서로 『고백록』, 『행복론』, 『신국론』, 『삼위일체론』외 다수가 있다.
- **소식**蘇軾 1037~ 1101. 중국 북송시대의 시인이자 문장가.
- **소크라테스**Socrates B.C 470~ B.C 399. 고대그리스 철학자.
- **순자**荀子 BC 298~238. 중국의 전국시대 말기의 유가 사상가이자 학자. 성악설을 주창하였다.
- **시어도어 루스벨트**Theodore Roosevelt 1858~1919. 미국 제 26대, 27대 대통령.
- **시저**Caesar, Gaius Julius B.C 100~ B. C 44. 로마의 황제.

ㅇ

- **아리스토텔레스**Aristoteles B.C 384~B.C 322. 고대그리스 최대의 철학자. 물리학, 형이상학, 동물학, 논리학, 수사학 등 다양한 주제에서 서양 철학의 포괄적인 체계를 창조하였다.
- **아브라함 링컨**Abraham Lincoln 1809~1865. 미국 제16대 대통령.

- **안중근**安重根 1879~1910. 대한제국의 의병장. 정치사상가. 조선총독 이토 히로부미를 하얼빈 역에서 저격 순직함. 저서 『동양 평화론』, 『안중근 자서전』
- **안창호**安昌浩 1878~1938. 독립운동가. 교육자. 정치가. 저서 『나의 사랑하는 젊은이들에게 도산 안창호』
- **안톤 체홉**Anton Chekhov 1860~1904. 러시아 소설가. 극작가. 주요작품 『귀여운 여인』, 『개를 데리고 있는 여인』, 『세 자매』
- **알렉산더 플레밍**Alexander Fleming 1886~1955. 노벨의학상수상.
- **알렉상드로 뒤마**Alexandre Dumas 1802~1870. 프랑스 소설가. 주요작품 『삼총사』, 『몽테크리스토 백작』
- **알프레드 테니슨**Alfred Tennyson 1809~1892. 영국 빅토리아시대 계관시인. 시 집 『락슬리홀』, 『율리시스』
- **앙드레 지드**Andre Gide 1869~1951. 프랑스의 소설가이자 비평가. 1947년 노벨문학상 수상. 주요작품 『좁은 문』, 『지상의 양식』, 『전원 교향곡』
- **야부도천**冶父道川 송나라 사람으로 성은 적狄이고 이름은 삼드이다. 군의 궁수로 재임하다 도겸선사에게 부름을 받았는데, 이름 또한 적삼을 도천이라 명하였다.
- **에우리피데스**Euripides B.C 480~B.C 406. 고대그리스 3대 비극 시인 가운데 한사람.
- **에픽테토스**Epiktetos 55~135. 고대그리스 스토아학파의 대표적인 철학자.
- **오노레 드 발자크**Honore de Balzac 1799~1850. 프랑스 소설가. 19세기 사실주의 문학의 거장. 주요작품 『인간희극』, 『고리오 영감』, 『골짜기에 핀 백합』
- **요한 W. 뵌 괴테**Johann Wolfgang von Goe'the 1749~1832. 독일 최고의 시인. 스설가. 과학자. 정치가. 독일 고전주의 문학의 대표작가. 바이마르대공화국의 정무를 담당하는 추밀참사관, 추밀고문관, 내각수반으로 약 10년간 정치활동을 했다. 주요작품 『파우스트』, 『젊은 베르테르의 슬픔』, 『이탈리아 기행』
- **윈스턴 L. 스펜서 처칠**Winston Leonard Spencer Churchill 1874~1965. 영국 수상을 두 번이나 역임한 명연설가 이자 영국의 대정치가. 노벨 문학상수상. 주요저서 『제2차 세계대전 *The Second World War*』
- **윌리엄 제임스**William James 1842~1910. 미국 하버드대학교수 역임. 심리학자이자 철학자로 근대 심리학의 창시자로 불린다. 그는 철학은 인간이 활동 중에서 가장 숭고하며, 가장 사소한 것이라고 말한다. 또한 철학은 삶의 모든 것에 기초하면서 철학 없이는 어느 누구도 살아갈 수 없다며 철학을 옹호한 것으로 유명하다. 그는 또 심리적인 관점에서 삶을 통찰하는 탁월한 능력으로 심리학이 발전하는데 크게 기여하였다. 주요저서 『심리학원리』, 『프래그머티즘』, 『근본적 경험론』
- **유득공**柳得恭 1748~1807. 조선시대 후기 실학자. 문신. 시인. 저서 『발해고渤海考』
- **유령**劉伶 221~300. 위나라에서 서진 시대 시인. 죽림칠현 중 한사람.
- **율곡 이이**栗谷李珥 1537~1584. 조선시대 문인. 성리학자. 교육자. 병조판서. 주요저서

『성학집요』,『경연일기』
- **이덕무**李德懋 1741~1793. 책만 읽는 바보로 널리 알려졌으며, 서자출신으로 정조임금에 의해 규장각검서관이 되었다.
- **이백**李白 701~762. 자는 태백으로 중국 당나라 시인.
- **이오덕**李五德 1925~2003. 아동문학가. 평생을 우리말 바로쓰기 운동에 헌신함. 주요작품『별들의 합창』,『까만새』,『개구리 울던 마을』,『우리글 바로 쓰기』,『시정신과 유희정신』
- **이항복**李恒福 1556~1618. 조선 중기 문신. 영의정.
- **임마누엘 칸트**Immanuel Kant 1724~1804. 독일의 철학자. 18세기 철학에 있어 가장 뛰어난 인물로 평가 받음. 주요작품『순수이성 비판』,『실천이성 비판』,『윤리 형이상학』

ㅈ

- **정도전**鄭道傳 1342~1398. 고려말기와 조선 초기의 문신. 조선의 개국공신. 조선의 기틀을 마련한 정치가. 주요저서『삼봉집三峰集』
- **정약용**丁若鏞 1762~1836. 실학자로 조선 실학을 집대성하였다. 주요저서『경세유표』,『흠흠심서』,『여유당전서』
- **제갈량**諸葛亮 181~234. 중국 삼국시대 촉한의 정치가 겸 전략가.
- **제임스 A. 가필드**James Abram Garfield 1831~1881. 미국 제20대 대통령.
- **조업**鄴 816~875? 당나라 시인.
- **조온**趙溫 1347~1417. 고려 말에서 조선 초 문신. 제 1차 왕자의 난 때 이방원의 편에 가담하여 정사공신이 됨.
- **조지 맥도날드**George McDonald 1824~1905. 스코틀랜드 소설가이자 시인. 인간이 하나님에게 돌아가는 순례를 다룬 그리스도 우화를 많이 썼으며 아이 어른 모두 좋아하는 동화들로 유명하다. 회중교회 목사가 되어 설교와 강연을 했다. 1855년 시적인 비극『내부와 외부』를 발표하면서 본격적으로 문학을 시작하였다. 어른들을 위한 작품으로는『백일몽』,『릴리스』가 뛰어나고, 아이들을 위한 작품으로는『북풍의 등에 업혀』가 가장 유명하지만『공주와 난장이』와 그 속편인『공주와 커디 소년』도 걸작으로 꾸준히 사랑받고 있다.
- **조지 버나드 쇼**George Bernard Shaw 1856~1950. 영국의 극작가. 평론가. 노벨문학상 수상. 주요작품『인간과 초인』,『피그말리온』,『하트브레이크 하우스』
- **조지 워싱턴**George Washington 1732~1799. 미국 초대 대통령. 건국의 아버지로 불림.
- **존 F. 케네디**John Fitzgerald Kennedy 1917~1963. 미국 제35대 대통령. 저서『용기 있는 사람들』,『대통령이 된 기자』
- **존 데이비슨 록펠러**John Davison Rockefeller 1839~1937. 기업가. 스탠더드석유회사를 창업

함. 자선사업가.

- **존 러스킨**John Ruskin 1819~1900. 영국의 비평가. 사회사상가. 작가. 옥스퍼드대학 교수를 역임. 인간 정신 개조에 의한 사회 개량을 주장했으며 이 방면에서 최고로 평가받았다. 간디와 톨스토이, 버나드 쇼는 러스킨을 '당대 최고의 사회개혁자' 라고 평하였다. 주요저서 『근대화가론』, 『베네치아의 돌』
- **존 로크**John Locke 1632~1704. 영국의 철학자이자 정치사상가. 저서 『인간 오성론』, 『통치론』
- **존 휘티어**John Whiter 1807~1892. 미국 시인. 언론인. 노예폐지론자. 주요시집 『눈 속에 갇혀』, 『해변에 텐트』, 『언덕들 사이에서』
- **주자**朱子 1130~1200. 중국 남송시대 유학자. 주돈이, 정이, 정호의 사상을 이어받아 주자학을 집대성함. 저서 『자치통감강목』
- **줄리아 소렐**Julia Sorel 미국의 팝 아티스트. 소설가.

ㅊ

- **찰스 W. 엘리어트**Charles William Eliot 1834~1926. 교육자. 하버드 대학 총장. 저서 『교육개혁 평론과 연설집』, 『대학행정』
- **찰스 램**Charles Lamb 1777~1834. 영국의 수필가 및 시인. 주요작품 『엘리아 수필집』

ㅋ

- **칼 하인리히 마르크스**Karl Heinrich Marx 1818~1883. 공산주의 혁명가. 역사학자. 경제학자. 철학자. 마르크스주의 창시자. 저서 『공산당선언』, 『자본론』, 『잉여가치론』

ㅌ

- **토마스 칼라일**Thomas Carlyle 1795~1881. 사상가. 저서 『프랑스 혁명사』, 『과거와 현재』
- **토마스만**Thomas Mann 1875~1955. 독일 평론가. 소설가. 노벨문학상 수상. 주요작품 『베네치아에서의 죽음』, 『마의 산』

ㅍ

- **표도르 도스토예프스키**Fyodor Dostoyevsky 1821~1881. 러시아 소설가. 주요작품 『카라마조프의 형제들』, 『가난한 사람들』, 『죄와 벌』
- **풍도**馮道 882~954. 중국 오대십국 시대에 걸쳐 활약했던 정치가로 오대의 후량 이후 4

왕조 중 3왕조 후당. 후진. 후주에 걸쳐 재상을 지냈다. 그는 후당, 후진, 요, 후한, 후주 등 5조 11군주를 섬겨 항상 재상의 지위를 지녀 무절조無節操한 사람이라는 평과 난세에 민중을 안정적으로 보살펴 관후寬厚한 사람이라는 평을 받기도 했다.

- **프랑수아 드 라 로슈푸코**François de La Rochefoucault 1613~1680. 프랑스 고전작가. 역설적인 진실을 경구로, 간결한 문체로 표현한 대표적인 작가이다. 주요작품『잠언과 성찰』
- **프랭클린 D. 루스벨트**Flanklin Delano Roosevelt 1882~1945. 미국의 정치가. 미국 역사상 최초의 4선 대통령. 주요저서.『우리의 길On Our Way』
- **프리드리히 니체**Friedrich Wilhelm Nietzsche 1844~1900. 19세기 독일의 철학자. 시인. 주요작품『차라투스트라는 이렇게 말했다』,『인간적인 너무나 인간적인』
- **프리드리히 실러**Friedrich von Schiller 1759~1805. 독일 고전주의 극작가. 시인. 철학자. 주요작품『돈 카를로스』,『빌헬름 텔』
- **플라톤**Platon 고대그리스 철학자. 형이상학의 수립자.
- **피터 드러커**Peter Drucker 1909~2005. 작가. 경제학자. 주요저서『리더의 도전』,『미래경영』,『기업가정신』
- **필립 체스터필드**Philip Chesterfield 1694~1773. 영국의 정치가. 저서『아들아, 너는 이렇게 살아라』

ㅎ

- **한스 크리스티안 안데르센**Hans Christian Andersen 1805~1875. 덴마크시인. 동화작가. 주요작품『미운 오리 새끼』,『성냥팔이소녀』,『인어공주』
- **헨리 애덤스**Henry Adams 1838~1918. 미국의 역사학자. 문필가. 주요저서『헨리 애덤스의 교육』
- **헬렌 켈러**Helen Adams Keller 1880~1968. 교육자. 사회주의 운동가. 작가. 프랑스 레지옹 도뇌르 훈장 수훈. 자유의 메달. 주요작품『사흘만 볼 수 있다면』,『나의 스승 설리번』
- **흥선대원군**興宣大院君 1820~1898. 조선말기의 정치가이자 화가. 고종황제의 아버지.

ㅜ

- 『Talmud』 교훈, 교의라는 뜻의 유대인의 민족서인 지혜서로 5천년의 역사와 전통을 자랑하는 총 20권에 1만 2천 페이지, 2백 50만 단어로 이루어진 유대민족의 살아있는 지혜가 체계적으로 정리된 방대한 분량의 책이다. 『탈무드』에는 정치, 경제, 예술, 법, 예의, 도덕, 결혼과 연애, 돈, 바람직한 삶의 자세에 대한 주옥같은 글들이 전편을 채우고 있다. 유대인들이 세계최고의 민족이 되는데 있어 『탈무드』의 영향은 절대적이다. 유대인들은 누구나 『탈무드』를 공부하며 그 가르침에 따라 실천하는 것을 덕목으로 여기기 때문이다. 『탈무드』는 전 세계적으로 번역 되어 널리 읽히는 최고의 가치를 지닌 대표적인 책 중에 하나이다.

ㄱ

- 『경행록景行錄』 중국 송나라 때 지은 책으로 인간이 지켜야 할 착한 행실과 도리를 담았다.

ㄴ

- 『논어論語』 공자의 어록모음집.

ㄷ

- 『대학大學』 송대에 주자가 『예기』에서 『중용』과 『대학』의 두 편을 독립시켜 사서중심체재를 확립하였는데 49편의 『예기』에서 42편이 『대학』에 해당한다.

ㅁ

- 『명심보감明心寶鑑』 중국 고전에 나와 있는 경구들을 가려 뽑아 1393년 명나라의 범립본이 편찬한 것으로써, 우리나라에서는 1454년 조선시대 때 청주에서 처음 간행된 학습서이다. 『명심보감』은 충과 효와 예 등 가정교육을 중심으로 해서 엮은 것으로 유교적 교양과 심성교육을 바탕으로 하고 있다.
- 『목민심서牧民心書』 정약용이 조선시대 지방 관리들이 지켜야 할 준칙을 정리한 책으로, 지방 관헌의 윤리적 각성을 꾀하고 농민경제의 정상화를 목적으로 함.

- **『문장궤범文章軌範』** 중국 송나라 사방득謝枋得이 편찬한 산문선집.

- **『사기史記』** 중국 전한 왕조의 무제 시대에 사마천이 편찬한 역사서로, 중국의 이십사사의 하나이자 정사의 으뜸으로 꼽힌다.
- **『삼봉집三峯集』** 정도전이 평생에 걸쳐 쓴 글을 모아 편찬한 것으로 부, 오언 및 칠언 고시, 율시, 악장, 제문 등 다양한 형식의 글로 구성되었음.
- **『서경書經』** 중국의 유교 5경 가운데 하나로 중국에서 가장 오래된 역사서이다. 중국의 고대 국가들의 정사에 관한 문서를 공자가 편찬 하였다고 전한다.
- **『설원說苑』** B.C 6세기경 구체적인 사례를 들어 사회인의 마음가짐을 흥미롭게 설명한 중국고대 처세술을 집대성한 책으로 주제별로 총 20권이며, 700개의 잠언으로 이루어짐.
- **『손자병법孫子兵法』** 손자孫子, 본명 손무. 중국 춘추시대 제나라 출신의 병법 전술가가 지은 병서.
- **『시경詩經』** 고대 중국의 시가를 엮은 오경五經의 하나로 원래는 3,000편이었다고 전하나 공자에 의해 305편으로 간추려졌다고 한다.
- **『십팔사략十八史略』** 송나라 말기에서 원나라 초에 증선지가 편찬한 역사서.

- **『여씨춘추呂氏春秋』** 제자백가 중 잡가雜家의 대표적인 작품 이다. 거대중국의 거상이자 재상인 여불위呂不韋가 전국의 논객들과 식객들을 모아 춘추전국시대의 모든 사상을 절충, 통합시키고 세밀하게 분석하여 정치와 율령의 참고로 삼기위해 저술한 일종의 백과사전이다.
- **『여자독본女子讀本』** 1908년 장지연이 여성교육을 위해 만든 한글 책.
- **『역경易經』** 유학의 삼경 중 하나로, 세계의 변화에 관한 원리를 기술한 책으로 주역周易이라고도 한다.
- **『예기禮記』** 중국 5경중 하나로 공자가 편찬했다고 전한다. 공자가 직접 쓴 책에는 '경'자를 붙이는 관계로 원래 이름은『예경』이다. 그런데 B.C 2세기경 대대와 소대가 원문을 손질을 하는 가운데 '경'자가 빠지게 되었다고 한다. 『예기』에서는 그 주제의 곡례, 단궁, 왕제, 월령, 예운, 학기, 악기, 대학, 중용 등을 다루는데 있어 도덕적인 면을 매우 중요하게 보았다. 1190년 성리학파의 주자는『예기』중의 대학, 중용 2편을 각각 별개의 책으로 편찬하여 유교 경전인『논어』, 『맹자』와 더불어 4서에 포함시켰다. 4서는 중국에서 유교입문서로 사용된다.

• 『위략^{魏略}』 중국 삼국시대 우 나라를 중심으로 쓴 역사서.

ㅈ

• 『자치통감^{資治通鑑}』 북송 때 사마광이 지은 것으로 고대 중국 16개조 1362년의 역사를 다루었으며 모두 16기紀 294권으로 구성되었다.
• 『장자^{莊子}』 도가 계열의 책으로 여러 사람의 글을 편집한 것이다. 33편이 현존하는데 장자 자신이 쓴 책은 내편^{內篇} 7편이며, 나머지는 장자의 문하생들이 지은 것이라고 한다.
• 『주자백선^{朱子百選}』 정조 18년 내각에서 간행한 것으로 주자의 서신 중 가장 긴요한 100가지 서신을 모은 서간집.

ㅊ

• 『채근담^{採根譚}』 명나라 고전문학가인 홍자성 본명 홍응명의 어록으로 삼교일치의 처세철학서이다. 채근담은 경구풍의 단문 350여 조로 구성되어 있다. 중국에서는 잘 알려지지 않았으나 한국에서는 널리 읽혔다.
• 『춘추좌씨전^{春秋左氏傳}』 공자가 편찬한『춘추』의 대표적인 주석서로『좌전』,『좌씨전』,『좌씨춘추』라고도 한다.

ㅎ

• 『한비자^{韓非子}』 중국 전국시대의 책으로 한비자 등이 쓴 법가 사상을 집대성한 것이다.
• 『한서^{漢書}』 후한의 반고^{班固}가 편찬한 전한의 역사를 서술한 역사서로 중국 이십 사사에 포함 된다.『전한서』라고도 한다. 총 100편 120권으로 구성되었다.
• 『화서아언^{華西雅言}』 고종 4년에 김평묵, 유중교 등이 화서 이항로의 글을 편집 간행했다.
• 『황석공소서^{黃石公素書}』 황석공이 장량에게 주었던 책.
• 『효경^{孝敬}』 공자와 증자가 효에 관하여 문답한 것을 기록한 13경 중 하나로 유교경전이다. 이 책은 부모에 대한 효도를 바탕으로 집안의 질서를 세우는 일이 나라를 다스리는 일의 근본이며 효도야말로 천天, 지地, 인人 3재를 관철하고 신분여하에 관계없이 동일하게 적용되는 최고덕목의 윤리교본으로 정해지는데 큰 역할을 했다. 한국, 중국, 일본 봉건사회에서는 '효'가 통치사상과 윤리관의 중심으로 자리 잡는데 큰 역할을 했다. 우리나라에서는 삼국시대부터 필수교과목으로 중요시 했다. 특히, 조선시대에는 여러 차례 간행하여 보급했다.
• 『후한서^{後漢書}』 중국 이십사사 중의 하나로 후한의 역사를 남북조 시대 송나라의 범엽이 정리한 책으로 현재 전하는 것은 120편 130권이다.

백범白凡
김구의 28원칙
: 자주정신과 주체의식, 자존감을 갖게 하는 중요한 마인드

1판 1쇄 발행 2015년 8월 10일
지은이 김옥림 **펴낸곳** 북씽크
주 소 서울시 성동구 행당동 192-29 성동샤르망 1019호 **전 화** 070-7808-5465
등록번호 제206-86-53244
ISBN 978-89-97827-70-1 **이메일** bookthink2@naver.com
Copyright ⓒ 2015 김옥림

＊잘못된 책은 구입처에서 교환해 드립니다